대한민국 중년을 치밀하게 분석한 보고서

지금, 중년을 말할 때

대한민국 중년을 치밀하게 분석한 보고서

지금, 중년을 말할 때

한경혜 · 이정화 지음

(주)교 문 사

책머리에

중년은 우리 사회의 근간을 이루는 연령 집단이다. 일터에서는 활동적인 생산 인구로서 자녀세대와 노인 인구의 부양을 책임지고 있으며, 가족 단위에서는 독립하지 않은 자녀세대에 대한 부모 역할과 의존성이 커지는 노부모에 대한 자녀 역할을 동시에 수행한다.

따라서 중년의 건강과 복지는 개인적 · 사적 영역에서만이 아니라 사회적 · 정책적으로 중요하다. 특히 베이비붐 세대로 일컬어지는 1955년에서 1963년에 출생한 사람들이 중년기에 해당하여 중년층의 절대적 규모가 커졌고, 우리나라 인구 분포에서 이들이 차지하는 상대적 중요성이 높아졌다는 점에서도 중년의 삶의 모습은 어떻고 그들의 복지수준은 어느 정도인지가 사회적 · 학문적 관심사가 되고 있다.

베이비붐 세대가 노년기에 들어설 즈음이면 노인 인구의 절대적 크기가 커지고 상대적 비중이 높아지는 것은 물론이고, 부양 부담, 의료비 부담을 포함한 사회적 부담이 가중될 것이라는 우려 때문에 중년을 건강하게 보내는 데 관심이 커진 것이 사실이다. 노년기의 건강과 의존성, 생활의 질 등은 중년기 삶의 모습, 생활양식 등에 크게 영향을 받기 마련이다. 따라서 중년기 발달과 관련된 요인을 탐색하는 작업은 미래 노인 인구가 성공적으로 적응하기 위한 투자 성격을 띠며 노인 인구에게 들어가는 사회적 비용을 절감하고자 하는 노력의 하나라고도 볼 수 있다. 하지만 이러한 관심과 중요도의 크기에 비해 우리나라 중년의 삶을 탐색한 연구들이 매우 산발적이고, 단편적이라는 점이 아쉽다.

이에 저자들은 우리나라 중년의 삶을 집중 탐색한 지난 10여 년 간의 연구 결과를 기반으로 하여 이 시대를 살아가는 한국 중년의 모습을 구체적이고 생생하게 전달하고자 한다. 내용은 크게 중년의 건강, 가족 및 세대관계, 부양문제, 일-가족, 부정적 생애사건 등과 같이 중년이 인생에서 당면하는 이슈와 과제에 대한 탐색을 기반으로 하였다.

우리나라 중년세대를 체계적이고 실증적으로 연구한 사례가 매우 부족한 실정에서 이 책이 중년세대에 대한 학문적 이해를 넓히고, 가족학, 사회학, 심리학, 인류학 등의 분야에서 꾸준히 제기되어온 인간 발달과 관련된 사회문화적 배경의 영향력에 관한 논의에 중요한 이론적 시사점을 제공할 것으로 기대한다. 이와 아울러 여기에서 다룬 내용이 우리 사회의 인구 고령화를 고민하고 이를 극복하기 위해 노력하는 많은 분에게 부족하나마 많이 활용될 수 있기를 바란다.

끝으로 이 책이 나오기까지 연구실에서 동고동락하며 많은 작업을 같이한 가족발달 연구실 식구들—강혜원, 김경민, 김주현, 김진희, 윤성은, 차승은, 한민아—에게 고마움을 표한다. 특히 원고를 작성하는 데 도움을 준 주지현 박사에게도 감사의 말을 전한다.

2012년 7월

저자 일동

차례

제4장

중년의 역할, 비공식적 **부양**

제5장

중년기의 **일과 가족**

제6장

위기의 중년, 부정적 생애사건

제7장

중년의 사회적 역할, **사회적 관계망과 정신건강**

제1장

지금, 중년을 말할 때

제1장 지금, 중년을 말할 때

1. 중년의 의미

중년기는 노년학에서 'fan' 현상이라고 일컫는 '연령 증가에 따르는 개인차(inter-individual variability)의 증가' 현상이 극대화되는 시점이다. 즉, 다른 어느 생애 단계보다도 물적 자원, 건강, 심리적 복지 등 삶의 제반 차원에서 개인 차이가 뚜렷하게 드러나는 시기이다. 이는 인간발달에 생물학적 요인의 힘이 강하게 작동하는 아동기나 노년기에 비하여 중년기에는 사회경제적 지위나 삶의 경험 등과 같은 사회적 요인의 힘이 커지기 때문이다. 어떤 직장에서 무슨 일을 해왔으며, 가정생활은 어떠한지, 어떤 생애사건을 경험하였는지 하는 사회적 요인에서 개인차가 뚜렷해지면서 중년기 발달이 다양성을 띠는 것이다. 이때 같은 환경에서 비슷한 생애사건을 경험했더라도 개인의 인성 특성이나 대처 양식, 사회적 지원 등에 따라 중년기의 발달 유형이나 심리적 건강 상태가 달라진다.

흔히 중년이 되면서 충격적인 통찰을 경험하게 된다고 한다. 중년에 들어서면 자신이 더는 젊지 않다는 것을 느끼고, 꿈을 성취할 수 있는 시간이 얼마 남지 않았다는 사실을 깨닫는다. 중년은 때때로 '젊음의 마법을 잃어버린' 시기로, 자유는 포기한

채 막중한 책임과 의무만 지고 사는 당나귀에 비유된다. 그런가 하면, 이렇게 암울하고 우울한 모습과는 대조적으로 중년은 '불혹의 나이'와 '지천명의 나이'로 일컬어진다. 이 시기가 되면 젊은 날에 품었던 주관적 확신성을 넘어서는 보편적 기준을 가지고 세상을 바라보게 된다. 불혹과 지천명의 나이에서 그려지는 중년은 주변의 복잡한 사안을 자신 있게 풀어나가는 실무 담당자 같은 모습이다. 이처럼 중년은 대조적인 두 모습이 공존하는 시기이다. 따라서 성인기 발달을 다룬 이론에서는 중년기가 '청 · 장년기까지 지녔던 이상을 떨쳐버리고 새로운 생의 목적성을 가지고 생산성과 보편성을 실현하는 시기'라고 본다.

중년은 또한 생의 양면성이 복합적으로 드러나는 시기인 동시에 인생에서 가장 바쁘고, 변화가 많은 시기이기도 하다. 중년에 경험하게 되는 생애사건들은 인생의 전환점(turning point)으로 작용하는 경우가 많다. 이러한 인생 전환기를 겪으면서 중년의 삶의 경로는 수정되고 보완된다. 여기에 더하여 전환기라는 중년의 시기적 특성과 아동 · 청소년기와 성인기를 거치면서 쌓아온 과거 경험의 파편이 맞물려 '개개인의 삶에서의 다양성'이라는 스펙트럼으로 나타난다. 따라서 중년에 보이는 개개인의 삶의 모습 차이는 개인이 생애 과정에서 어떠한 일을 해왔고, 어떠한 사건을 겪어왔으며, 삶의 양식이 어떠하였는가 하는 경험의 영역과 밀접하게 연관되어 있다.

미국에서는 1980년대 이후 중년기 발달에 대한 연구논문과 저서가 늘어나기 시작하였으며, 앞으로 20~30년 동안 중년기에 대한 연구가 폭증할 것으로 예견된다. 이러한 움직임을 주도하는 대규모 연구사업 중 하나가 1989년 맥아더재단의 재정적 지원으로 구성된 '성공적 중년기 발달을 위한 연구연계망(The John D. and Catherine T. MacArthur Foundation Research Network on Successful Midlife Development, MIDMAC)'의 활동이다. MIDMAC은 사회학, 심리학, 인간발달 및 가족학, 보건학 등의 분야를 대표하는 13명의 학자로 구성되었으며, 발족된 이후 미국 중년세대의 삶의 실태를 정확히 파악하기 위한 다양한 작업을 진행해왔다.

그 결과 '중년기 발달 평가척도(The Midlife Development Inventory, MIDI)'를 개발하여 미국 전역에서 대표성을 가진 표집으로 중년기에 대한 자료인 MIDUS(The Midlife Development in the United States)를 구축하였다. 이 책에서 소개하는 한국의 중년에 대한 논의는 대부분 중년기 발달에 관한 한 · 미 간 비교를 위해 저자들이 한국의 중년들을 대상으로 미국의 MIDUS에 상응하는 자료를 수집하여 분석한 연구 결과에 기반하고 있다.

중년기의 범주에 대해서는 학자들 사이에 합의가 되지 않았지만 대개 35~55세를 중심축으로 한다(Moen & Wethington, 1999). 저자들이 한국의 중년에 대한 연구를 시작하면서 이러한 중심연령집단을 중년기 진입 이전 및 이후 연령집단과 비교하는 것이 가능하도록 설계된 MIDUS 자료와 맥을 같이하여, 30세 이상 35세 미만 연령집단, 55세 이상 60세 미만 연령집단을 표집에 포함시켰다. 이러한 비교분석 작업은 중년기 전후의 변화와 연속성을 탐색하는 데 그 목적이 있다. 조사 도구는 MIDI를 우리말로 번역하여 우리 실정에 맞도록 수정・보완작업을 거친 뒤 자료수집에 이용하였다.

Tip

한국의 중년 자료 수집과정

MIDI는 우울증과 심리적 복지를 포괄하는 정신건강, 신체건강 및 건강관련 행동, 직업 및 가족 영역에서의 역할 등 사회적 책임, 사회적 관계망과 지원, 그리고 생애사건 적응기제, 스트레스 관리행동, 중년기에 대한 사회적 이미지와 주관적 평가 등 중년기 발달과 관련된 광범위한 영역의 하위척도로 이루어졌다. 한국의 질문지 자료는 MIDI에서 하위척도 몇 개를 제외한 것으로, 연구대상이 자기기입식 질문지에 스스로 응답하는 데에 1시간 내외의 시간이 소요되는 양으로 이루어졌다. 이 연구에서는 한국의 중년남녀들이 비교적 장시간 조사에 익숙하지 않다는 점을 고려하여 면접원을 활용하였다.

연구대상은 구체적으로, 제주도를 제외한 전국 16개 광역시, 도에 거주하는 만 30세 이상 59세 이하의 성인 남녀를 모집단으로 하였고, 조사한 총표본 수는 1,700명이다. 1차적으로 30대, 40대, 50대 인구비에 비례해서 1,500명을 표집하였으나 50대 인구가 30대 인구에 비해 상당히 적었기 때문에 연령비교를 위해 2차로 180명의 50대 부스터 표본(Booster sample)을 추가하였다.

표본추출은 다음과 같은 방법으로 실시하였다. 먼저 기본조사표본을 전국의 시도별, 성별, 연령대별 주민등록 인구분포의 비율에 맞추어 지역별로 할당하였고, 지역별로 할당된 표본을 기준으로 각 지역에서 조사대상 지역을 시・군・구 단위별로 2~3개 지역을 선정하였다. 다음으로, 선정된 시・군・구에서 응답자를 성별, 연령별 비율에 맞추어 무작위로 선정하여 조사를 진행하였다. 50대의 부스터 표본도 기본조사표본과 동일한 방법으로 선정하여 조사하였다.

자료수집방법은 조사전문기관을 통하여 그 기관전속의 훈련된 면접원이 응답자를 방문하여 개별대면면접조사 방법으로 자료를 수집하였다. 1차 기본표본에 대한 조사는 2000년 11월 25일부터 2000년 12월 23일까지 실시하였고 부스터 표본에 대한 조사는 2001년 2월 5일부터 2월 16일까지 실시하였다.

2차 조사는 1차 조사 대상자 가운데 200명을 추적조사(follow-up)하는 방식으로 진행했다. 조사도구는 주로 1년간의 삶의 변화를 살펴볼 수 있는 문항으로 구성하였는데, 이는 1차 조사 때와 동일한 척도이다. 다양한 반개방형 문항을 동원하여 심층 면접이 가능하도록 하였는데, 이러한 문항은 대부분 중년기의 시기적 특징과 중년기 발달 과업과 관련된 것들이며, 샌드위치 세대로서 중년의 특징을 살펴보기 위해 자녀 세대 지원 문항과 부모 세대와의 관계, 정서를 살펴볼 수 있는 문항이 포함되었다.

2. 중년의 특징

(1) 한국에 사는 중년

한국에서 살고 있는 중년은 과연 어떠한 모습인가? 중년기를 살아가는 사람들의 특징을 살펴보기 위해 구체적으로, 중년기는 언제인지, 중년기의 시기적 특징은 무엇인지, 중년에는 어떤 고민을 하는지, 어떤 생애사건을 경험하는지, 그 생애사건에 어떻게 대처하는지 그리고 자신의 삶에 대해, 사회에 대한 기억에 대해 어떻게 평가하는지를 분석하였다.

조사 대상자들의 일반적인 특성은 다음과 같다. 남녀는 50.3% 대 49.7%로 거의 비슷한 수로 맞추었다. 연령별로는 30대가 41.2%로 가장 많고 그다음이 40대, 50대 순이다. 가계 총수입은 100만 원대가 39.6%로 가장 많으며, 200만 원대, 100만 원 이하, 300만 원대 순이다. 대부분 결혼했으며 학력은 고졸과 전문대졸 이상이 비슷한 분포를 나타냈다.

거주형태[1]는 핵가족이 전체의 80.7%이고, 첫째 자녀 연령은 20세 이상이 가장 많아 성인으로 성장한 첫 자녀를 둔 사람이 많았다. 직업 형태에서는 직업이 있는 사람들이 약 74%인데 사무직이 27.5%로 가장 높은 비율을 차지했다. 반면 직업이 없는 사람들은 주부와 무직(퇴직, 실직 등을 포함)을 포함하여 전체의 26%를 차지했다.

성차와 연령차를 보았을 때 남성은 여성보다 교육 수준이 높고 직업이 있는 비율

1) 확대가족은 조사 대상자들이 부모를 모시는 경우 또는 자녀를 출가시킨 후 그 자녀와 함께 사는 경우, 그리고 3대가 함께 사는 경우를 모두 포함한다. 핵가족은 부부와 자녀로만 이루어진 가족을 나타낸다. 또 기타의 형태는 친척과 함께 사는 경우, 친구와 함께 사는 경우였다.

표 1-1 조사 대상자의 일반적 특성

(표본집단 1,667명)

변수	구분	빈도(%)	변수	구분	빈도(%)
성	남	838(50.3)	가족형태	부부가족	138(8.3)
	여	829(49.7)		핵가족	1201(80.7)
연령	30대	687(41.2)		확대가족	225(13.5)
	40대	524(31.4)		독거	63(3.8)
	50대	456(27.4)		기타	32(1.9)
교육수준	초등학교 이하	114(6.9)	첫 자녀 연령	미취학	267(17.3)
	중학교 졸업	179(10.8)		초등학교	415(26.9)
	고등학교 졸업	808(48.6)		중고등학교	278(18.0)
	전문대졸 이상	563(33.8)		20세 이상	582(37.7)
월소득	100만 원 이하	195(13.4)	직업 있음	사무관리직	340(27.5)
	101~200만 원	576(39.6)		전문 · 기술직	125(10.1)
	201~300만 원	396(27.2)		생산직	253(20.5)
	301~400만 원	172(11.8)		판매서비스직	191(15.4)
	401만 원 이상	116(8.0)		자영업	314(25.5)
결혼상태	미혼	72(4.3)	직업 없음	주부	366(82.4)
	기혼	1505(90.3)		기타	78(17.6)
	이혼/별거/사별	90(5.4)			

이 높으며 기혼 비율도 더 높았다. 연령에 따라서 교육 수준은 30대가 40대보다, 40대가 50대보다 높고, 40대에서 기혼율이 가장 높았다. 소득이 월 100만 원 이하인 응답자는 30대나 40대보다 50대에서 더 많으며, 핵가족 형태를 취하는 비율이 40대에서 가장 높았다.

(2) 중년기는 몇 살부터 몇 살까지?

우리나라 사람들은 언제 자신이 '중년'에 접어들었다고 생각할까? 이를 파악하기 위해 조사 대상자들에게 남성 또는 여성이 중년에 들어선다고 생각하는 나이가 몇 살인지 구체적으로 물어보았다(표 1-2 참조).

표 1-2 연령 이미지에 대한 성별, 연령별 차이 (표본집단 1,667명)

	성별		연령별		
	남	여	30대	40대	50대
남자들이 중년에 들어서는 나이	44.31	44.44	42.69	44.36	46.96
남자들이 노년에 들어서는 나이	63.44	62.63	62.14	62.84	64.35
여자들이 중년에 들어서는 나이	43.42	44.11	42.33	43.73	45.69
여자들이 노년에 들어서는 나이	61.77	61.98	61.21	61.60	63.02

출처: 한경혜 · 이정화 · Ryff, C. · Marks, N.(2001)

조사 대상자들은 일반적으로 사람들이 '중년'이라고 보는 시기를 평균 44세라고 했다. 보편적으로 40대 중반이면 '중년'이라고 지각하는 것이다. 중년이라고 지각하는 시기는 남성과 여성, 즉 성에 따라 차이가 거의 없었지만 연령 집단에 따라서는 중년에 대해 약간 달리 생각했다. 40대가 평균과 가장 가까운 연령을 중년이라고 지각한 반면, 30대는 중년을 평균보다 어리게 지각하였고, 50대는 그 시기를 좀 더 높게 잡았다. 이는 어느 연령 집단에 속해 있느냐와 상관없이 스스로 중년의 범주에 가깝게 지각했기 때문이다. 특히 50대는 자신들을 중년기와 가깝게 지각하는 한편 노년으로 접어드는 시기는 다른 연령 집단보다 높게 보면서 스스로 노년이 되려면 아직 시간이 있다고 생각하는 경향이 있었다.

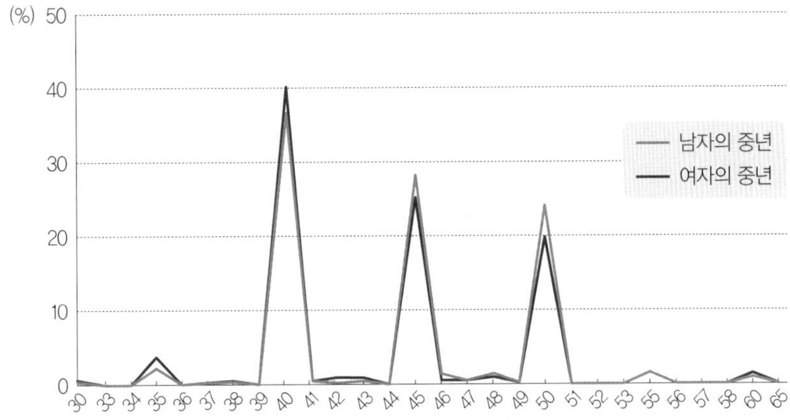

그림 1-1 조사 대상자가 인식하는 '남자와 여자가 중년에 들어서는 나이'

출처: 한경혜 · 윤성은(2003)

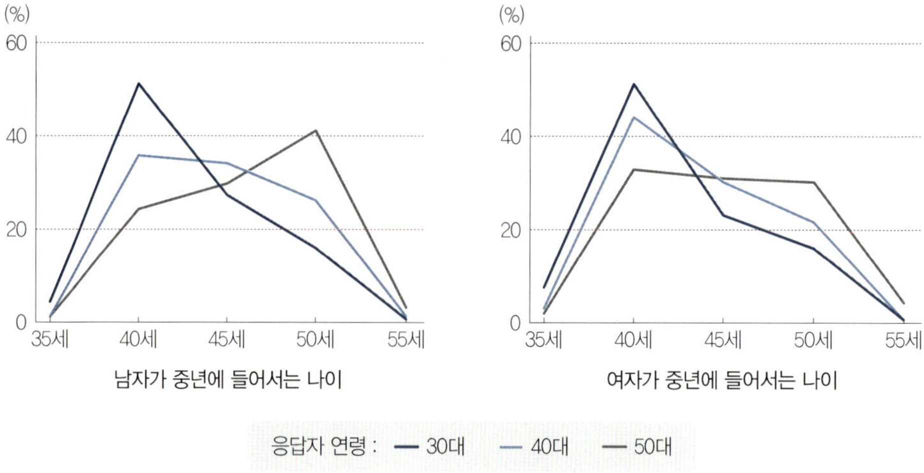

그림 1-2 연령별 '남자와 여자의 중년기 진입 연령'에 대한 인식

출처: 한경혜 · 윤성은(2003)

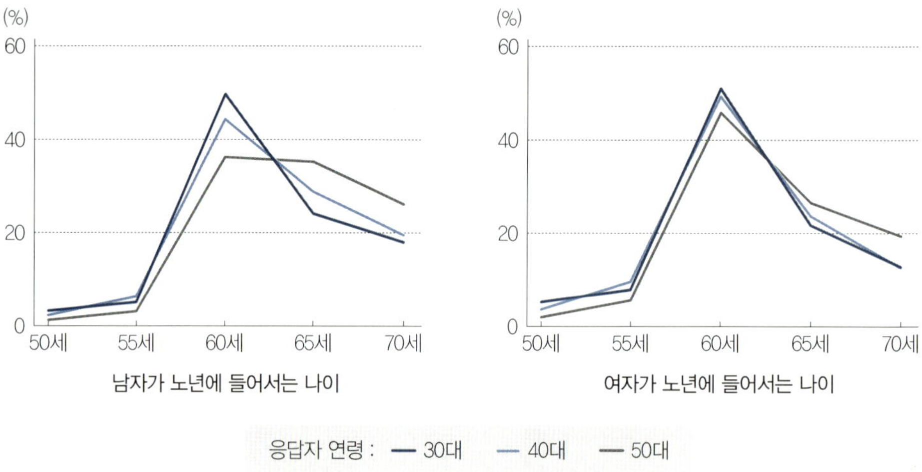

그림 1-3 연령별 '남자와 여자의 노년기 진입 연령'에 대한 인식

출처: 한경혜 · 윤성은(2003)

(3) 중년의 관심사

우리나라 중년들이 우려하고 관심을 가지는 사안이 무엇인가를 깊이 있게 알아보고자, 1차 조사 대상자 중에서 200명을 추적 조사하여 그들의 현재 관심사와 고민거리가 무엇인지를 알아보았다(그림 1-4 참조).

조사 결과, 중년층의 가장 큰 관심거리는 노부모의 질병과 부양 문제로 나타났다. 중앙값이 3점인 5점 리커트 척도에서 노부모의 질병과 부양 문제에 관심이 있다는 응답에 대한 점수는 평균 4.46으로 상당히 높은 수준을 보여주었다. 이는 건강 문제

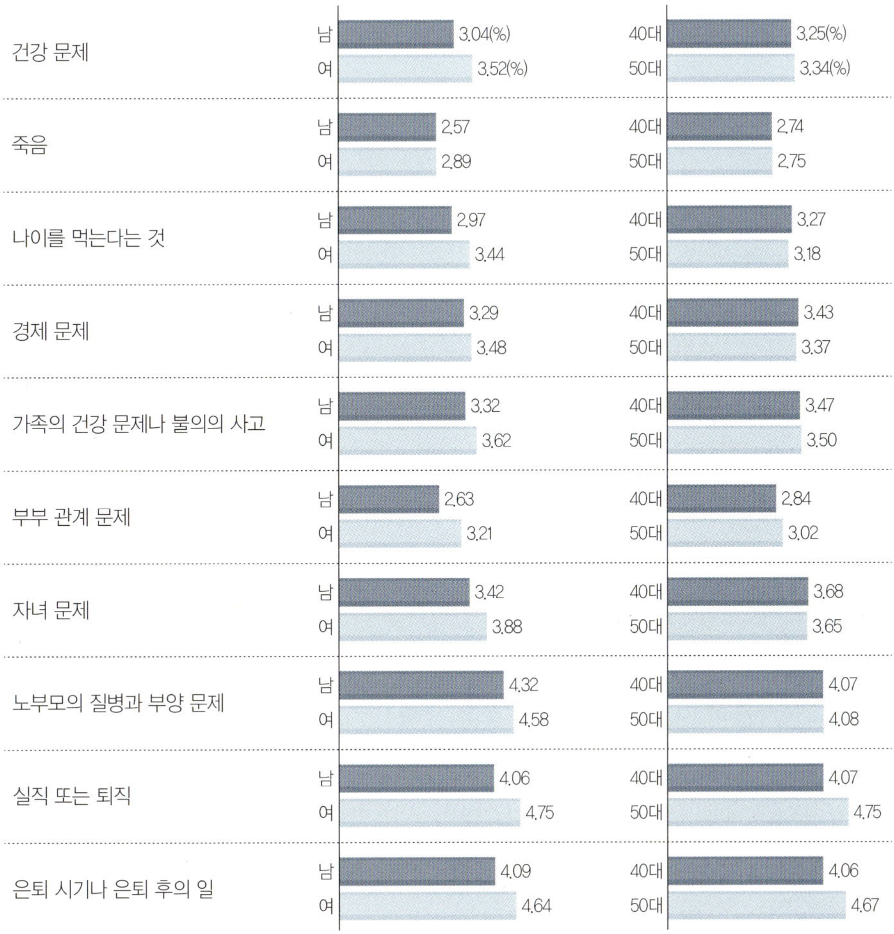

그림 1-4 관심사의 종류와 관심 수준(표본집단 200명)

나 부부 문제, 심지어 자녀 문제보다도 부모의 건강과 그에 따른 부양 문제가 중년의 가장 큰 관심거리라는 것을 의미한다. 즉 자식에게 부양받을 것을 기대하지는 않지만 부모는 부양해야 하는 샌드위치 세대인 40~50대는 노부모의 질병과 그에 따른 부양에 부담을 가장 많이 느끼고 이러한 문제를 그만큼 가장 큰 걱정거리로 생각한다는 것을 알 수 있다.

그다음이 실직 또는 퇴직, 은퇴 시기나 은퇴 후의 일 그리고 경제적인 문제로 나타나 직장을 그만둔 이후 경제적 어려움에 대한 걱정이 이들에게 큰 스트레스임을 짐작할 수 있다. 이 역시 샌드위치 세대로서 고민이 엿보이는 부분이다. 그런가 하면, 관심거리 항목에서 평균 점수가 상대적으로 낮은 항목은 자신의 죽음과 부부 관계 문제였다. 조사 대상자들에게 이런 문제는 상대적으로 큰 비중을 차지하지 않았다.

성별에 따른 관심거리의 차이를 보면, 모든 항목에서 여성이 남성보다 관심거리도 많고 고민도 많았다. 여성이 특히 많이 지적한 부분은 실직 또는 퇴직으로, 1~5점 범위 척도에서 평균 4.75를 기록했다. 그다음이 은퇴 시기나 은퇴 후의 일이었고, 노부모의 질병과 부양 문제는 3위를 차지하였다. 남성의 경우 가장 큰 관심 사항은 노부모의 질병과 부양 문제였고, 그다음이 실직과 퇴직 그리고 은퇴였다. 중년기 내에서도 연령집단 간 차이가 있어서 전반적으로 50대는 40대보다 관심거리와 고민이 더 많은 것으로 나타났고, 노부모 질병과 부양 문제와 실직, 퇴직 문제에 대해 50대가 40대보다 더 많이 고민하고 걱정했다.

(4) 중년에 겪는 생애사건

중년기에는 어떠한 생애사건을 경험하는가? 연구자들은 한국에서 살아가는 중년이 경험하는 부정적 생애사건에 초점을 두고 조사하였다. 전반적인 경향을 살펴보면, 조사 대상자들이 1년 동안 겪은 부정적 생애사건은 평균 1.8건으로 중년에는 적어도 한두 건의 부정적 생애사건을 경험하는 것으로 나타났다. 가장 많이 경험한 생애사건은 '만성질환으로 항상 약을 먹는 가족이 있었다'이며, 이는 조사 대상자 가운데 30%가량이 경험한 사건이었다. 그다음으로는 '지난 1년 동안 경제적으로 큰 어려움을 겪었다', '직장이나 사업문제로 어려움을 겪은 일이 있다'가 많았는데, 전반적인 경제 상황이 나빠지면서 경제적으로 어려움을 겪은 가정이 상당수 있었던 것을 알

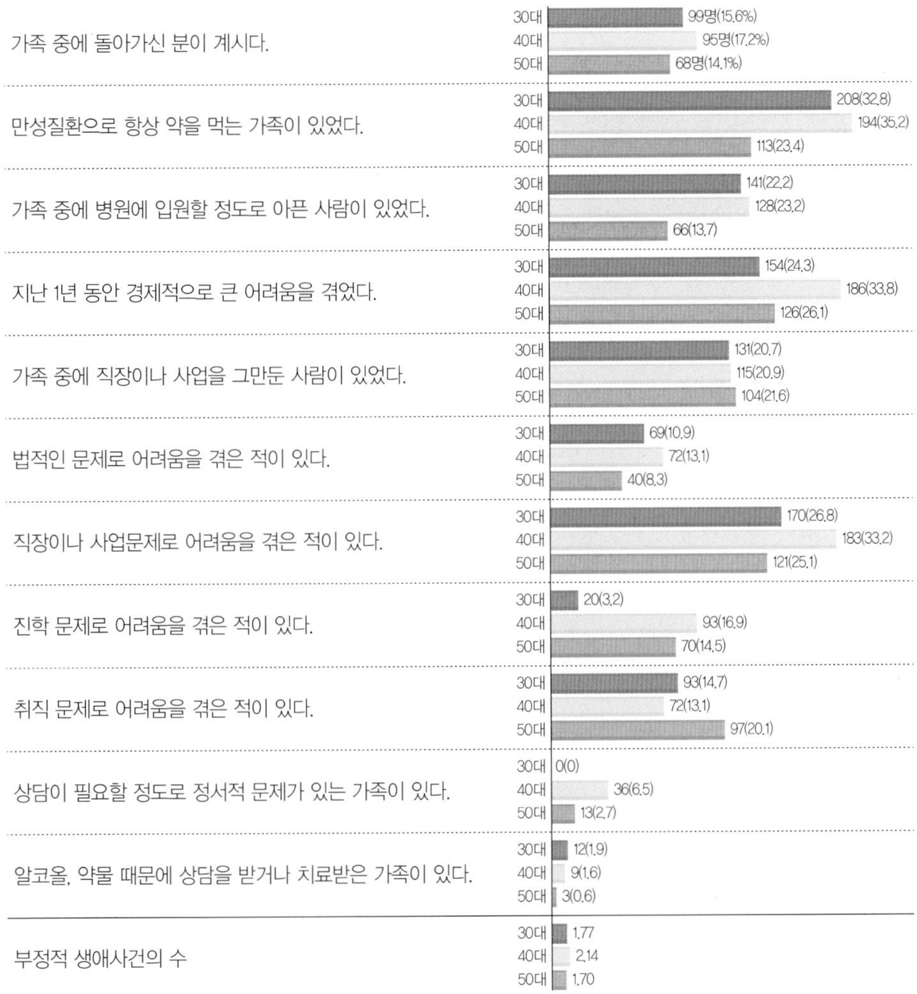

그림 1-5 생애사건을 경험한 사람들의 연령별 차이(표본집단 1,667명)

수 있다(그림 1-5 참조).

생애사건을 가장 많이 겪은 연령층은 40대로, 이들은 평균 2.14건을 경험한 것으로 나타났다. 이는 1.7~1.8건을 기록한 30대나 50대보다 많이 경험한 것이다. 40대의 경우, 약 70%가 생애사건을 1건 이상 경험하였고, 3건 이상 경험한 경우도 전체의 25% 수준을 웃돌았다. 50대의 경우 64%가량이 부정적 생애사건을 경험했는데, 이들은 보통 1~2건의 생애사건을 겪었으며, 3개 이상 겪은 사람은 매우 드물었다. 따라서 40대는 다른 연령과 비교해볼 때, 부정적 생애사건을 동시에 여러 건 경험했다.

문항별로 살펴보면, 40대가 다른 연령층보다 특히 높은 비율로 경험한 생애사건은 '가족 중에 돌아가신 분이 계시다', '가족 중에 입원한 사람이 있었다', '진학 문제로 어려움을 겪은 일이 있다'였다. 반면, 50대는 다른 연령층보다 '직장을 그만둔 사건'과 '취업 문제'가 중요한 부정적 생애사건으로 드러나 40대와 비교해볼 때 50대의 생애사건은 질적으로 차이가 있었다.

이를 통해 부정적 생애사건은 30대에 시작되어 40대에 집중되고 50대에까지 그 여파가 이어지는 것으로 이해할 수 있다. 이는 중년이 다양한 생애사건을 겪는 상당히 역동적인 시기라는 점을 말해준다.

그러면 이렇게 어렵고 힘든 상황을 겪을 때 중년들은 어떻게 느끼고 행동할까? 전반적으로 중년층은 정서적으로 대응하기보다는 문제해결적 대응양식을 더 취하는 것으로 나타났다. 즉 공상을 하거나 잠을 자거나 관심을 다른 데로 돌려 회피하기보다는 문제를 극복하기 위한 노력을 하고, 해결하기 위한 직접적 행동을 해나가는 것으로 나타났다. 이는 정서 대응과 문제 해결 대응의 평균 점수 차이로도 나타나는데, 이를 통해 사람들이 대체로 어려움을 극복하려고 적극적으로 대처한다는 것을 알 수 있다(그림 1-6 참조).

그런데 부정적 생애사건에 대처하는 방식은 성에 따라 다소 다른 양상으로 나타났다. 문제 해결 대응의 빈도에서는 남성과 여성의 차이가 없었으나, 정서 대응에서는 여성의 평균값이 남성보다 높은 것을 볼 수 있다. 정서 대응에 잠을 자거나 공상을 하는 행동이 포함되어 있는 것을 고려한다면, 문제 상황에 부딪혔을 때 여성이 남성보다 수동적으로 문제에서 벗어나고자 하는 경향이 강하다는 것을 알 수 있다. 이러한 성향은 대응 행동의 개별 문항에서도 나타난다. 성차가 나타난 개별 문항은 주로 행동 측면을 나타낸 것으로, 이들 문항은 문제를 회피하는 경향을 나타내는 것인데 이 문항들에서 여성의 점수가 남성보다 유의미하게 높았다.

(5) 자신의 삶에 대한 평가

중년으로 살아가는 지금, 이들은 자신이 여태 살아온 삶을 어떻게 평가할까? 조사대상자들은 대체로 직업과 가족이라는 서로 다른 영역에서 성공적인 삶을 살았다고

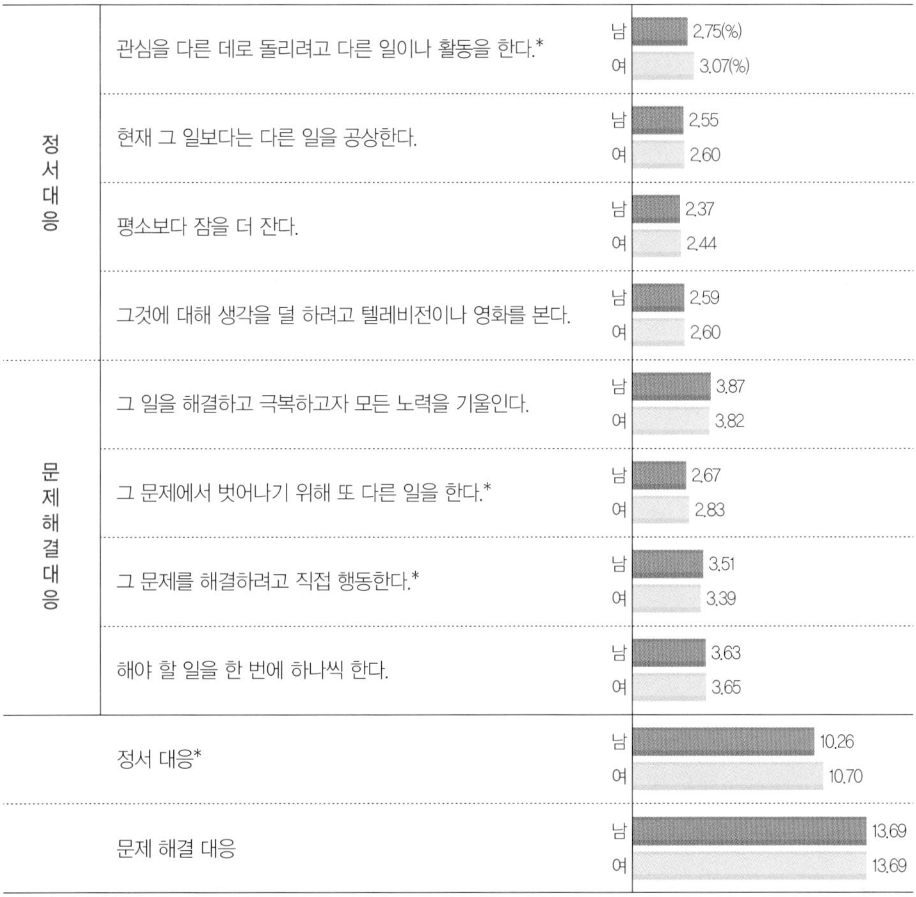

그림 1-6 대처(coping)행동의 성별 차이(표본집단 1,667명)

* 성에 따른 차이가 의미 있게 나타난 항목

평가하였다. 조사한 6개 항목 가운데 중앙값 3점을 넘은 항목은 두 개로 '직장에서의 성공'과 '가족관계에서의 성공'이었다. 반면 경제적인 성공에 대해서는 흥미롭게도 6개 항목 중에서 가장 낮은 수준으로 평가했다. 한편, 삶에 대한 평가에서 남녀 차이는 두드러지지 않았고, 대부분의 항목에서 연령 집단 간 차이도 나타나지 않았다. 하지만 교육 부분에서는 40대가 50대보다 상대적으로 교육받을 기회가 많았다고 평가하는 비율이 높았다(표 1-3 참조).

표 1-3 삶에 대한 평가

(표본집단 200명)

	40대	50대
다른 사람들과 비교해볼 때 나는 직장에서 성공한 편이다.	3.28	3.04
다른 사람들과 비교해볼 때 나는 가정적으로 성공한 편이다.	3.32	3.25
다른 사람들과 비교해볼 때 나는 교육을 많이 받은 편이다.*	3.10	2.66
다른 사람들과 비교해볼 때 나는 경제적으로 성공한 편이다.	2.79	2.85
다른 사람들과 비교해볼 때 나는 다른 사람에게 시간, 돈, 보살핌을 베푸는 경우가 많다.	3.05	2.97
다른 사람들과 비교해볼 때 나는 이만하면 인생에서 성공한 편이다.	2.85	2.91

* 연령별 차이가 통계적으로 의미 있게 나타난 항목

출처: 한경혜 · 이정화 · Ryff, C. · Marks, N.(2001)

(6) 중년의 사회기여

우리나라 중년들이 어떠한 식으로 사회에 기여하고 있는지는 생성감(generativity) 척도 적용결과를 중심으로 살펴보았다. 생성감은 다음 세대를 구축하고 이끄는 데 관심을 기울이고 사회를 위하여 기여함으로써 형성된다. 중년기의 중요한 발달과업인 생성감 욕구가 충족되지 못하면 침체감에 빠지고 중년기 위기를 경험할 수 있다. 주변에 대한 기여 정도에서는 '다른 사람들이 나를 필요로 한다', '다른 사람들에게 좋은 영향을 주어왔다고 생각한다', '다른 사람들에게 무엇을 가르쳐주기를 좋아한다' 세 항목에서 중앙값이 3점을 넘어 긍정적으로 평가되었다. 그런가 하면, 사회에 특별한 기여를 한다거나 기술이나 전문지식을 전수하고 조언하는 항목에는 비교적 평가를 낮게 하였다. 따라서 조사 대상자들은 주변의 가까운 연결망에 주로 소극적인 기여를 하는 것에 머무르고 있으며 사회에 적극적으로 기여하는 부분이 부족하다고 스스로 평가하는 것을 알 수 있다(표 1-4 참조).

성과 연령 집단에 따라 주변에 대한 기여 정도에 차이가 있는지 살펴보았을 때, 남성이 여성보다, 40대가 50대보다 전수해줄 기술이나 전문지식이 있다는 항목에 더 긍정적으로 응답했다. 이는 40대가 50대보다, 남성이 여성보다 평균 교육 수준이 더 높고, 취업한 이들도 더 많은 것과 관련이 있다고 하겠다.

표 1-4 주변에 기여하는 정도

(표본집단 200명)

	성별		연령별	
	남	여	40대	50대
사람들은 내가 사회에 특별한 기여를 하고 있다고 말한다.	2.52	2.46	2.54	2.44
다른 사람들에게 전수해줄 기술이나 전문지식이 있다*	2.72	2.30	2.65	2.36
많은 사람이 나에게 조언을 구하러 오는 편이다.	3.01	2.83	2.93	2.89
나는 다른 사람들이 나를 필요로 한다고 생각한다.	3.15	3.17	3.17	3.16
나는 많은 사람의 삶에 긍정적인 영향을 주어왔다고 생각한다.	3.10	3.09	3.12	3.07
나는 다른 사람들에게 무엇을 가르쳐주기를 좋아한다.	3.10	2.99	3.10	2.99

* 성차와 연령차가 통계적으로 의미 있게 나타난 항목

출처: 한경혜 · 이정화 · Ryff, C. · Marks, N.(2001)

3. 소결

우리나라 중년은 퇴직 · 실직 · 은퇴 고민을 가장 많이 하며, 부모의 건강 악화와 그에 따른 부양 문제로 고민하고 있다. 역동적이고 변화무쌍한 삶을 살고 있지만 자신들에게 닥친 문제를 적극적으로 해결하려는 노력과 의지 역시 가지고 있다. 또 기술을 전수하거나 도움을 주고, 다른 사람의 삶에 긍정적 영향을 줌으로써 사회에 기여하고자 한다. 이들은 지역사회 활동에도 다양하게 참여하면서 사회와 비교적 활발하게 접촉하고 있다.

특히 40대는 다양한 삶이나 생의 관심사에서 나타나는 복잡다단한 생애사건을 경험하고, 생의 전환점을 마련하는 시기인 것으로 보인다. 40대는 가족 구성원의 사망, 가족원의 입원, 자녀의 진학 등과 같은 사건을 가장 많이 치른다. 이러한 사건들은 대부분 개인 문제라기보다는 부모나 자녀와 관련 있다. 특히 40대가 가장 많이 고민하는 부분은 노부모의 건강과 그에 따른 부양 문제이다. 이들은 부모가 노쇠해지고 건강이 악화되면서 자신들에 대한 의존성이 커짐에 따라 이제 더는 부모에게 기댈 수 없음을 깨닫는다. 세대 간 역전 현상은 40대에게 스트레스원이다. 게다가 40대는 직업 영역에서 서서히 퇴직과 은퇴 후의 삶을 생각해야 한다. 이때 경제적 압박에 대한 예측은 부모 부양 문제와 맞물려 커다란 고민거리다. 이러한 부담과 스트레스는

50대에서 더욱 증폭된다.

그런데 이러한 중년의 시기적 특성은 여성과 남성이 다르게 경험하는 것을 알 수 있다. 여성은 남성보다 고민거리도 많고 고민하는 수위도 높다. 여성이 고민이 많은 것은 여성 자신의 일이라기보다는 퇴직이나 노부모 부양 그리고 진학 문제같이 중요한 가족 구성원의 사안 때문이라는 점을 생각해본다면, 이는 친족 네트워크 조절자라는 여성의 특성과 관련지어 이야기할 수 있겠다. 결국 중년기 여성은 가족 구성원의 고민을 함께하느라 고민이나 걱정거리가 많은 반면 이에 대한 대응은 남성에 비해 소극적으로 하는 것으로 나타난다. 즉, 문제와 맞닥뜨렸을 때 여성은 잠을 자거나 관심을 다른 데로 돌리거나 아예 다른 일을 하는 등 어려움을 회피하는 경향을 보이는데 이러한 여성의 대응 행동 양식은 문제 해결에 별로 도움이 되지 않는다.

한편, 여성들은 거의 대부분의 항목에서 남성보다 사회 기여도가 낮았다. 특히 기술 전수 부분에서는 여성이 남성보다 유의미하게 낮았다. 이는 여성의 취업 비율이 남성보다 낮고 남성보다 교육기회가 적으며 사회적 역할을 덜 하는 것과 관련이 있다고 하겠다.

살아간다는 건 곧 나이 든다는 것이지만 자신이 나이 들어간다는 사실을 늘 느끼면서 살아가는 것은 아니다. 달릴 때는 모른다. 하지만 늘 달리기만 할 수는 없다. 멈추고 싶을 때도 있고, 멈추어야만 할 때도 있다. 그때 비로소 내가 얼마만큼 와 있나 돌아보고 앞으로 또 어떻게 갈 길을 갈 것인가 내다보게 되는 거다. 남들이 어떻다는 것이 아니라 바로 내가 그랬다는 말이다.

– 박혜란, 『나이듦에 대하여』 중에서

사실, 내 안에는 모든 나이가 다 있네, 난 3살이기도 하고, 5살이기도 하고, 37살이기도 하고, 50살이기도 해. 그 세월들을 다 거쳐 왔으니까. 그때가 어떤지 알지. 어린애가 되는 것이 적절할 때는 어린애인 게 즐거워. 또 현명한 노인이 적절할 때는 현명한 어른인 것이 기쁘네. 어떤 나이든 될 수 있다는 것을 생각해보라고. 지금 이 나이에 이르기까지 모든 나이가 다 내 안에 있어. 이해가 되나? 이런데 자네가 있는 그 자리가 어떻게 부러울 수 있겠나. 내가 다 거쳐 온 시절인데?

– 미치 앨봄, 『모리와 함께한 화요일』 중에서

세상읽기

한국의 중년-베이비붐 세대

베이비붐 세대란 전쟁 혹은 극심한 경제침체 이후 출산율이 급격하게 증가하는 시기에 태어난 코호트 집단을 지칭하는 용어로, 한국의 경우 통상적으로 1955년에서 1963년 사이에 출생한 사람을 베이비 붐 세대라고 간주한다. 이 기간에 810만 명에 달하는 아이가 태어났고, 2010년 기준으로 712만 5,000여 명(전체 인구의 14.6%)의 베이비부머가 살아가고 있다(통계청, 2010).

베이비붐 세대의 출현은 한국뿐 아니라 다른 많은 나라에서도 제2차 세계대전을 전후하여 나타났는데, 일본의 경우 전후에 태어나 단카이세대라고 일컬어지는 베이비붐 세대가 있다. 단카이세대는 1947년에서 1949년 사이에 태어난 세대를 의미하며 9년에 걸친 한국의 베이비부머보다 훨씬 적은 수의 코호트로 구성되어 있다. 반면, 미국의 경우는 1946년에서 1964년까지 거의 20여 년의 비교적 긴 기간에 걸쳐 베이비붐 현상이 지속되었다.

이렇게 나라마다 높은 출산율이 관찰되는 시점과 지속되는 기간에 차이가 있기는 하지만, 대체로 전쟁 이후의 사회적 안정, 연기했던 출산에 대한 욕구, 의료기술 발달 등이 베이비붐 현상을 가져온 공통 요인인 것으로 지적된다.

2010년 베이비붐세대의 본격적인 은퇴가 시작되었으며, 더 이상 경제적 활동을 하지 못해 소득이 줄면서 생활수준이 전반적으로 낮아지고, 재취업 등 사회적 안전망조차 충분하지 않아 넉넉한 노후생활을 기대하기 어려울 것이라는 어두운 전망이 한국사회에 팽배해 있다. 그러나 현재 중년기 후반에 해당하는 이들 인구집단의 경우 이전 세대에 비해 높은 학력과 경제력을 보유하고 있다는 점에서, 앞으로의 노인 · 노년기 모습에 대해 긍정적인 전망을 가능하게 한다.

우리보다 앞서 베이비붐 세대의 대량 은퇴가 시작된 일본에서는 베이비부머들이 노년기로 접어들면서 생산과 소비의 전반적인 감소, 베이비부머 이후의 낮은 출산율에 따른 부양부담 증가 등 엄청난 경제적 · 사회적 비용(cost)의 대상이 될 수도 있음을 경고하는 목소리가 높다. 그런가 하면 은퇴자들의 삶의 질 문제를 어떻게 접근하고 해결하느냐에 따라 이들 집단이 고령화, 저출산 시대의 소중한 사회적 자원(resources)이 될 수도 있다는 점에 주목하는 시각도 만만치 않다.

출처: 한국베이비부머들의 삶의 지평(한경혜 외, 2011)

베이비부머들의 연령 정체감

한자문화권에서 나이 50은 지천명(知天命), 즉 하늘의 뜻을 아는 나이라고 한다. 자신과 주변의 상황이 상당히 안정되고 자신이 가야 할 길, 해야 할 일들이 보인다는 의미이지만, 현대 사회에서 50세는 그렇게 긍정적이지만은 않은 나이다. 신체적으로 노화 증후가 보이기 시작하고, 수입보다 지출이 더 많은 시기적 특성상 경제적 불안감도 클 수 있다.

2010년을 기준으로 47세에서 55세에 해당하는 한국의 베이비부머들에게 50세가 되는 것이 심리적으로 얼마나 부담이 되는지를 살펴본 결과(그림 참조), 절반 이상의 베이비부머가 50세라는 연령이 심리적으로 부담된다고 응답하였다. 50세 전환기가 심리적으로 부담되지 않는다고 응답한 비율은 11.1%에 불과하였다. 50세 전환기에 대한 심리적 부담에서 남성이 여성보다 부담된다고 응답한 비율이 더 높아서, 남성 베이비부머의 53.2%, 여성 베이비부머의 49.1%가 심리적으로 부담된다고 응답하였다.

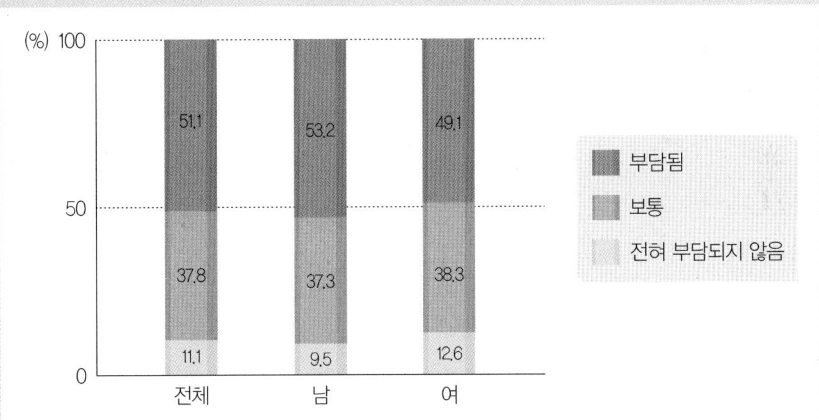

베이비부머들의 50세 전환기에 대한 인식

출처: 한국베이비부머들의 삶의 지평(한경혜 외, 2011)

제2장

중년기 화두, 건강

제2장 중년기 화두, 건강

1. 중년의 건강

중년에 이르면 건강이 악화되는 증후를 하나둘 경험하기 시작한다. 그래서 중년기는 "몸이 우리에게 더 이상 젊지 않다는 신호를 보내는 시기이다"라고 표현하기도 한다. 씨글러(Seigler, 2000)에 따르면, 이전 시기까지의 상이한 경험의 축적, 라이프스타일의 차이, 그리고 과거 건강력의 차이로 중년기 건강은 개인차가 크게 나타나는 특징이 있다고 한다. 이는 중년기 삶의 다양성이 건강 문제에 그대로 투영되었음을 의미하는 것이다.

거시적인 지표에서 나타나는 우리나라 중년세대의 건강은 심각한 수준에 이르렀다고 판단된다. 근래 10년 이상 지속적으로 중 · 장년기 사망률 성비가 높게 유지되는 등[2] 한국 남성의 사망률은 40대 이후 급격히 높아지는 현상이 관찰되고 있고, 40대 사망은 암, 자살, 간질환 순으로 성인질환 이환율과 정신건강의 문제가 주요 원인으로 보고되고 있다(통계청, 2011).

2) 사망률 성비는 50대에 2.9배까지 높다. 즉 남성의 사망률이 여성의 2.9배에 이르고 있다.

연령이 증가함에 따라 사망률과 이환율이 점진적으로 높아지는 자연스러운 경향을 고려한다고 하더라도 우리나라 40대 전후의 높은 사망률과 이환율은 세계적으로 보기 드문 현상이라고 지적되고 있다(권태환, 1989). 중년기가 직업 및 가족 역할 수행에서 중추적 역할을 하는 세대라는 측면에서 본다면, 중년층의 건강 문제는 개인적 · 사적 영역의 문제를 넘어 사회적 중요성을 띠는 문제라고 할 수 있다(한경혜 외, 2002).

중년의 건강 문제는 또한 노년기의 건강 문제로 연결된다. 노년기 이전까지 얼마나 건강을 유지하였는지, 건강에 해로운 행동에 얼마나 많이 노출되어 왔으며 건강 증진을 위해 어떠한 노력을 기울여왔는지에 따라 노년기의 건강 상태가 결정되기 때문이다. 따라서 중년이 훗날 건강하게 노년을 맞지 못한다면 당사자들의 삶의 질 문제는 물론, 의료비 부담 등 사회 전반에 압박으로 작용하게 될 것이다. 따라서 중년의 건강은 가족과 사회 전반에 영향을 미치는 중요한 주제라고 할 수 있다.

건강은 '신체적으로 질병이 없는 상태'라는 종래의 소극적인 건강 개념을 뛰어넘어 '신체, 정신, 사회적 안녕의 복합적 산물(WHO, 1947)'로 여겨지므로 최근 연구들은 이러한 다차원적 건강 개념을 반영하여 신체적 · 정신적 · 사회적 건강을 포괄하는 다양한 측면에서 건강 상태를 살펴보고 있다. 하지만 이러한 접근 방법은 아동이나 청소년, 노인의 건강 상태를 살펴보는 데 주로 사용할 뿐 중년층에게는 잘 적용되지 못하고 있다.

중년기 건강에 관한 연구들은 학문 분야에 따라 다루어지는 건강문제가 구분되는 양상을 보여, 사회과학 분야 연구들의 경우 주로 정신건강 측면에만 초점을 맞추고 있고, 신체건강 측면은 의학이나 간호학 분야에서 다루어져 왔다. 중년기 건강에 대한 사회과학 분야의 연구들이 주로 정신건강 측면만 다루는 것은, 이들 연구들이 주로 중년기를 다양한 스트레스로 '위기'를 겪는 시기로 간주하는 것과 밀접하게 관련되어 있다. 즉, 중년기는 자녀 양육과 노부모 부양으로 가족 내 부담이 다른 어떤 시기보다 클 뿐 아니라, 직업적으로는 새로운 지식과 기술로 무장한 아랫세대와의 경쟁에서 살아남아야 하는 어려운 시기라는 것이다. 또 신체적으로도 각종 성인성 질환과 노화로 인한 신체적 문제들이 발생하기 시작하는 시기이기도 하다. 따라서 중년기에 경험하게 되는 다양한 스트레스와 생애사건들이 심리적 복지감을 떨어뜨리고 우울감을 증가시키는 등 정신건강 문제를 초래하게 된다는 '중년기 위기' 가설에 초점을 맞추고 이와 관련한 연구들이 진행되는 것이다.

건강을 신체, 정신, 사회 측면의 통합체로 보는 생심리사회적[3] 관점에서 본다면, 신체 건강과 정신 건강은 서로 밀접하게 관련되어 있다. 신체적 변화 혹은 신체건강의 악화가 정신건강 문제를 초래하기도 하고, 반대로 사회심리적 문제들이나 정신건강 악화가 신체적 문제로 발현되기도 한다. 따라서 중년기 건강을 이해하기 위해서는 신체건강과 정신건강을 통합적으로 살펴볼 필요가 있다.

같은 맥락에서 애난데일과 헌트는 질병이 발생하는 원인은 대개 그 사람이 속해 있는 환경과 생활유형 그리고 역할과 관련된 일상생활에서의 경험과 관련이 깊다고 주장했다(Annandale & Hunt, 2000). 이런 관점에서 본다면, '남성은 여성보다 수명이 짧고, 여성은 남성보다 질병으로 고생하는 경향이 강하다'는 남성과 여성의 건강 관련 패턴이 남녀의 생리학적 차이 때문이 아니라 서로 다른 사회적 과정의 산물이라고 볼 수 있다는 것이다.

특히 역할 이론의 관점에서는 건강 문제에서의 성차가 그 사회의 성 층화(sex-stratification)를 반영한다고 보고(Ross & Bird, 1994), 남녀의 서로 다른 역할, 사회의 성역할 규범, 가부장적 가치와 남녀 건강의 관련성을 탐색하였다. 예를 들어 고용시

3) 그동안 현대 서양의학은 생의학적 모형(biomedical model)에 기반하여 건강과 질병에 접근해왔다(Nettleton, 1997). 모든 질환이 검출 가능한 특정 '질환체(disease entity)'로 인해 발생한다는 '병원균 이론(germ theory)'을 근간으로 하는 생의학적 모델은, 건강 형성 과정이 시간과 공간을 초월하며 그 형태도 보편적이라고 간주한다. 그러나 20세기 동안 생의학적 모형에 대한 비판이 꾸준히 제기되어왔는데, 생의학적 모형이 건강과 질병에 대한 사회적 · 심리적 요인을 상대적으로 무시하고 생물학적 측면에만 초점을 맞춤으로써 의료의 효능을 과대평가하게 되고 건강의 사회 · 환경적 맥락을 간과하게 된다는 것이다. 또 생의학적 모델에서는 과학적 방법을 통해 질환의 실체를 밝힌다고 주장해왔지만, 사회학자들은 다양한 문화 · 역사적 사료를 통해 무엇이 '질환'으로 간주되느냐 역시 사실은 사회적으로 구성된 것이라는 점을 입증해왔다. 더욱이 질환의 양상 역시 급성 · 전염성 질환에서 암이나 순환계 질환, 심장 문제, 당뇨병 같은 만성질환으로 변화되면서, 질병에 영향을 미치는 요인으로 가족력 등과 함께 개인의 라이프스타일, 건강 습관, 환경 같은 행동적 요인의 중요성이 증가하면서 생의학적 모델에 비판이 제기되고 있다. '신체적으로 질병이 없는 상태'를 건강한 상태로 간주하는 생의학적 모델과 달리, 생심리사회적 모델(biopsychosocial model)은 건강이라는 개념을 예방적 차원의 행동으로부터 건강 문제의 발생과 인지, 그리고 이에 대한 대처 방식에 이르는 포괄적이고 광범위한 개념으로 본다. '육체적 · 정신적 · 사회적으로 건강한 삶'을 건강한 상태로 보는 생심리사회적 관점에서 본다면 건강은 신체 · 정신 · 사회적 건강의 복합체 성격을 갖는다.

장에서의 남녀 불평등, 여성의 가사노동 전담 등이 '여성이 남성보다 더 아프다'는 결과를 가져왔다고 본다. 즉 성별에 따른 건강의 차이는 여성의 사회적 위치에서의 불평등과 생애 과정에서 서로 다른 남녀의 경험이 쌓여서 생겼다는 것이다(Annandale & Hunt, 2000; Graham, 1993; Lahelman & Rahkonen, 1998). 또 남성과 여성의 건강 상태는 서로 다른 차원에서 취약성이 있으며, 남성과 여성이 경험하는 건강 경로는 다르다는 견해가 있다(Erickson, 1998; Annandale & Hunt, 2000에서 재인용). 그런데 중년기 건강에 대한 국내 선행연구들의 경우 남성만을 대상으로 하거나(강모성, 전영주, 손태홍, 2008; 김양호, 2005; 김태현, 김양호, 2003; 김향은, 정옥분, 1992; 이미숙, 2003; 이은아, 정혜정, 2007; 장미자, 김득성, 2011) 여성만을 대상으로 하기 때문에(김순안, 김승용, 2011; 김혜순, 이은자, 2006; 변외진, 김춘경, 2006a, 2006b; 성준모, 2010; 이은희, 최정화, 2004; 장하경, 1992), 중년기에 경험하는 건강 문제에서 남성과 여성이 어떠한 차이가 있는지, 그리고 중년 남성과 여성이 경험하는 건강 경로가 얼마나 유사한지 혹은 차이가 있는지에 대해서는 정보가 매우 제한되어 있다.

한편, 중년기는 30대 후반에서 40~50대까지의 비교적 광범위한 연령대를 포괄하는 생애 단계로, 중년기 내에서도 연령 집단에 따라 경험하게 되는 건강 문제의 양상이 상이할 가능성이 있다. 그러나 건강에서의 연령집단 차이에 주목한 국내 선행연구들의 경우 대부분 노인을 대상으로 하기 때문에(이정화, 2006; 차승은, 한경혜, 이정화, 2002), 국내의 중년세대 내부에서 연령 집단에 따라 어떠한 차이가 있는지에 대한 정보가 극히 부족한 실정이다. 이러한 인식을 기초로 이 책에서는 건강 상태의 성별 차이와 함께 연령 집단별 차이도 탐색하였다. 특히 본격적인 중년기로 여겨지는 40~50대의 건강 상태가 중년 진입 전기인 30대와 어떻게 다른지 눈여겨보았다.

따라서 이 장에서는 우리나라 중년의 신체적 건강수준과 정신적 건강수준을 다차원적으로 진단하고자 한다. 신체적 건강에서는 주관적 건강, 신체적 건강을 위협하는 증상과 건강 관리 행동을 살펴보고, 정신건강에서는 심리적 복지감과 행복감, 우울감을 다룰 것이다. 이와 아울러 이러한 중년기의 건강이 성, 연령, 배우자 유무, 취업 여부에 따라 어떻게 다른지, 즉 연령과 사회적 역할에 따라 어떤 차이가 있는지 살펴보고자 한다.

2. 중년의 신체건강

신체적 건강 상태는 독립적이고 활기찬 생활을 유지하는 데 필수적인 요소이다. 여기서는 중년의 신체건강을 주관적 건강(subjective health)과 증상으로 본 신체건강, 건강 관리 행동으로 나누어 살펴보았다.

주관적 건강은 개인의 건강 상태에 대한 주관적인 평가를 나타내는 개념이다. 인류학이나 사회학적 전통에서는 지각된 건강이 삶의 총체성을 반영한다는 점에서 복합적인 의미를 갖는다고 지적한다(Blaxter, 1985). 또 주관적 건강은 개인의 전반적인 건강 상태를 나타내는 중요한 건강 관련 지표이며 사망률을 예측하는 강력한 변수로 알려져 있다. 건강이 신체 · 정신 · 사회적 건강을 포괄하는 복합적 특성이라는 점에서 주관적 건강 역시 단순히 질병 유무에 대한 주관적 평가가 아니라 신체 · 정신 · 사회적 건강의 복합적 특성이 반영된 개인의 총체적 건강 상태를 나타낸다고 지적되어왔다(Benyamini, Leventhal & Leventhal, 1999; Strawbridge & Wallhagen, 1999). 이러한 측면에서 주관적 건강평가는 이론적으로 인간의 행동, 사회현상의 주관성(subjectivity)을 강조하는 사회 구성주의와 접목되어 있다.

다음으로, 객관적인 신체건강을 측정하기 위해 경험하고 있는 질환에 대해 조사하였다. 이러한 신체질환은 의사에게서 진단받은 질환을 기준으로 하였는데, 중년기에 흔히 나타나는 고혈압, 혈당이상, 심장질환, 위장질환, 기관지와 호흡기 질환, 간기능, 관절염을 그 대상으로 하였다.

마지막으로 중년기의 신체 건강과 관련하여 다양한 건강 관리 행동을 살펴보았다. 2000년을 전후로 하여 중년층의 건강 문제가 사회적 이슈로 등장하면서 중년세대의 건강 증진에 대한 관심이 커지고 건강 관리 행동도 늘고 있다. 수많은 헬스클럽, 찜질방, 다이어트 식품, 정력제 등이 중년을 겨냥하고 있으며, 각종 언론에서는 중년을 대상으로 한 건강 관련 기획물을 쏟아내고 있다. 앞서 언급한 바와 같이 건강이라는 개념이 특정한 질환이 있는지 여부에 머물지 않고, 질환에 대한 예방과 대응, 관리 행동까지를 포함하는 포괄적 개념이라는 점을 고려해볼 때, 신체적 건강 문제를 예방하거나 이에 대응하기 위해 수행하는 건강 관리 행동 역시 신체건강의 중요한 한 부분이라 할 수 있겠다.

건강 관리 행동은 질병 치료와 예방 행위는 물론 건강을 유지하고 증진하기 위한 행위까지 포함한다. 이러한 건강 관리 행동은 신체 · 정신 건강에 긍정적인 영향을 미치며(박재순, 1995; 이순영, 1993; Berkman & Breslow, 1983; Grzwarcz & Marks, 1999), 사망률과 이환율을 낮추고, 노화 과정을 지연시킨다고 알려지면서 그 중요성이 부각되었다(Albert, 1995; Rowe & Kahn, 1987).

실제로 만성질환이 대부분 음주, 흡연, 비만, 운동 부족, 식습관 등 바람직하지 못한 생활양식에서 기인한다는 사실이 밝혀지자 개인의 건강 행동에 대한 학문적 관심도 커지고 있다. 최근 많은 연구에서 건강 상태와 건강 행동을 함께 살펴보는 이유도 건강 행동을 실천하는지 살펴봄으로써 현재 건강 상태를 간접적으로 진단하고 미래의 건강 상태도 예측할 수 있기 때문이다.

이렇듯 국내에서 중년기 건강에 대한 대중적 관심이 높아지고 있지만 이에 대한 학문적 관심은 상당히 부족한 실정이다. 성인층의 건강에 대한 관심은 주로 노년층의 건강 문제에 집중되고 있기 때문에, 중년층의 건강에 대한 국내 선행연구의 절대적 수가 매우 부족하다. 또 이미 언급한 것처럼, 중년기 건강에 대한 국내 연구들이 학문 영역에 따라 연구되는 건강 측면이 구분되어, 중년기 신체건강은 주로 간호학이나 의학 및 보건학 분야, 혹은 체육학 분야에서 주로 연구되고 있다.

이러한 학분 분야에 따라 연구되는 건강 측면이 구분되는 현상은, 건강을 신체적 건강과 정신적 건강의 통합체로 이해하는 데 큰 장애요인으로 작용하고 있다. 또한 보건 분야나 체육학 분야에서 수행되고 있는 중년기 신체건강에 대한 국내 연구들도 비만 여성이나 비만 남성, 저소득층 등의 특정 대상에 한정되어 있을 뿐 아니라(김정아, 정승교, 2004; 손연정, 송주은, 윤현경, 2009; 배진희, 김규태, 2009; 이 경우 외, 2009; 공성아, 한상완, 2009; 이동준, 박태섭, 2009), 연구주제 측면에서도 비만도나 성인병, 갱년기 증상 등 신체건강의 특정 측면에만 초점을 맞추고 있다는 제한점이 있다(김남진, 2002; 김정아, 정승교, 2004; 김희은, 김초강, 1993; 손연정, 송주은, 윤현경, 2009; 배진희, 김규태, 2009; 공성아, 한상완, 2009; 이동준, 박태섭, 2009; 김광숙 외, 2009; 최광심, 오현이, 심정신, 2008).

중년기 건강에 대한 서구 연구들이 대규모의 대표성 있는 표본을 통해 이들의 건강 문제를 신체와 정신 · 사회적 측면 등 다양한 각도에서 조명하고, 삶의 경험과 자원 보유 등을 결정짓는 사회 구조적 측면이나 가족, 혹은 개인적 특성이 어떻게 중년기 건강에서 개인 및 집단 차이를 가져오게 되는지를 탐색하는 것과는 상당히 대조적인 모습이라 할 수 있다. 더욱이 서구의 경우 '건강 창출의 사회적 단위'로서 가족의 역할에 주목하여, 가족원의 건강과 가족구조, 가족 관계의 상호 관련성에 대한 실증 연구가 축적되고 있는 데 비해, 국내의 경우 가족과 중년기 건강과의 관련성을 다루는 연구들은 매우 제한되어 있는 실정이다.

(1) 주관적 건강

우리나라 중년을 대표하는 조사 대상자들의 주관적 건강 평가 결과는 평균 3.47로 나타났다. 척도의 범위가 1~5점, 중앙값이 3점이므로 조사 대상자들은 자신의 건강을 비교적 긍정적으로 평가한 것이다. 그런데 주관적 건강 평가 경향은 성과 연령에 따라 달랐다(표 2-1, 그림 2-1 참조).

여성의 주관적 건강 평가 점수는 남성보다 낮았다. 여성이 남성보다 자신의 건강을 부정적으로 평가한 것인데, 모든 연령대에서 같은 경향을 보였다. 또 연령이 증가할수록 건강에 대해 부정적으로 평가했다. 연령 증가에 따라 건강지각이 변화할 가능성에 주목한 연구들에 따르면 나이가 들수록 개인이 지각하는 건강과 신체적인 건강 상태의 괴리가 커지는 경향이 있다고 한다.

표 2-1 성, 연령에 따른 주관적 건강 평가

	성별		연령별		
	남	여	30대	40대	50대
주관적 건강 평가	3.6	3.4	3.6	3.5	3.3
t or F	t=4.9***		F=23.8**		
Scheffe			A	B	C

출처: 한경혜 · 이정화 · Ryff, C. · Marks, N. · 옥선화(2003)

실제로 연령 증가에 따른 주관적 건강 평가 패턴은 남녀 간에 차이가 있었다. 남성의 건강 평가는 연령이 증가함에 따라 떨어지기는 하지만 그 변화가 점진적이다. 따라서 30대 남성과 50대 남성의 건강 평가는 크게 차이나지 않았다. 반면, 여성의 경

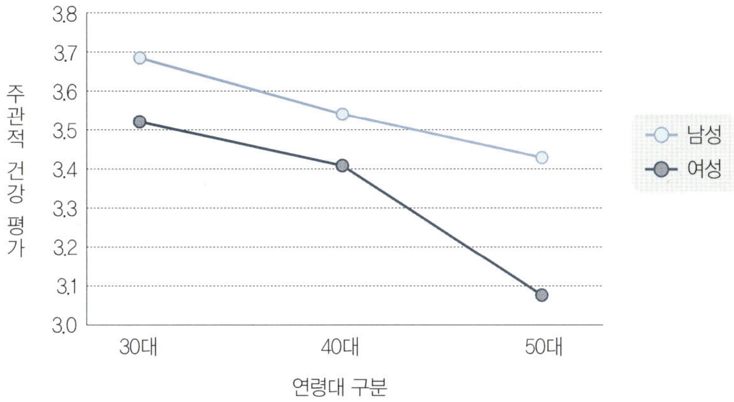

그림 2-1 성, 연령에 따른 주관적 건강 평가
출처: 한경혜 · 이정화 · Ryff, C. · Marks, N. · 옥선화(2003)

우에는 40대 이후 자신의 건강을 특별히 더 부정적으로 지각했으며, 50대 여성의 건강 평가는 30대나 40대 여성에 비해 상당히 낮았다. 50대 남성과 비교했을 때, 남녀의 건강상 격차는 연령이 증가함에 따라 더 커졌다.

(2) 증상에 따른 신체적 건강 상태

건강 상태를 좀 더 자세히 살펴보기 위해 응답자들에게 특정 성인병 질환과 관련된 몇 가지 불편한 신체적 증상을 경험하는지 조사하였다. 응답자의 66.8%는 혈압이나 혈당치, 관절과 같은 부분에서 적어도 하나 이상의 문제를 경험하고 있는 것으로 나타났고, 세 가지 이상의 신체 이상을 느끼고 있는 경우도 31.1%에 이르고 있다. 한편, 아무런 신체 이상도 없다고 응답한 사람은 전체의 33.2%로 나타나서 신체적 건강에서 조사 대상자들의 편차가 심했다.

신체에 이상증상이 있다고 한 남성과 여성의 수는 비슷했다. 즉 증상 수를 기준으로 건강의 심각성을 판단한다면, 남성과 여성은 크게 다르지 않았다. 그러나 각 이상증상을 성에 따라 분석해보니, 남성들의 경우 간 기능장애, 위장장애, 기관지 및 호흡기 장애 순이었고, 여성들은 관절이상, 위장장애, 기관지 및 호흡기 장애 순이었다. 따라서 여성은 남성보다 관절, 위장, 심장 계통의 질환을 더 많이 경험하는 반면, 남성은 간기능, 혈당, 혈압 같은 건강 상태가 여성보다 좋지 않은 것을 알 수 있다.

표 2-2 증상으로 본 신체적 건강 상태

	성별			연령별			
	남	여	t	30대	40대	50대	x^2
혈압이 높은 편이다.	19.7	9.8	32.6***	9.0	13.4	25.0	56.8***
혈당이 높은 편이다.	6.2	2.4	56.8***	2.5	3.4	8.1	22.5***
심장이 약한 편이다.	10.4	23.6	52.0***	13.2	18.9	20.8	11.9**
위장이 약한 편이다.	27.2	35.0	11.8***	32.5	28.4	32.0	2.5
기관지와 호흡기가 약한 편이다.	26.8	25.1	.7	28.7	25.6	22.4	5.7
간 기능이 좋지 않다.	27.7	9.3	93.4***	19.2	18.9	17.1	.9
관절이 나쁘다.	22.2	37.0	44.1***	24.0	31.7	35.5	21.9

* 표 안의 수치는 각 항목에 '그렇다'고 긍정적으로 응답한 비율이다.
출처: 한경혜 · 이정화 · Ryff, C. · Marks, N. · 옥선화(2003)

연령 집단에 따른 차이에서는 50대가 다른 연령보다 신체 이상을 더 많이 경험했다. 연령차에서 주목할 부분은 경험하는 신체 이상증상 종류가 연령에 따라 다르다는 점이다. 30대는 상대적으로 위질환이나 기관지질환을 많이 경험하지만 50대로 갈수록 혈압, 혈당, 심장 등의 기능이 젊은 연령층보다 약화되었다.

(3) 건강 관리 행동

중년층의 건강 관리 행동을 파악하기 위해서 건강 관리 행동을 '건강을 증진하기 위하여 개인이 행하는 행위'로 정의하고, 건강 검진을 비롯하여 운동과 식이, 건강 보조제 같은 비공식적인 행동까지 건강 관리 행동으로 보았다(표 2-3). 조사 대상자의 70% 정도는 1년 동안 정기 검진, 외래, 입원 등을 이유로 병원에 다녀온 것으로 나타났으나, 입원 치료까지 받은 대상자는 전체의 10% 정도여서 질병으로 입원하는 경우는 그렇게 많지 않음을 알 수 있다. 성별 정기 건강 검진율은 남성이 41.9%, 여성이 37.2%로 여성보다 남성이 높았다. 그에 반해, 아파서 병원을 찾은 적이 있는 여성은 36.8%, 남성은 32%였고, 입원한 적이 있는 여성은 11%, 남성은 8%여서 여성이 남성보다 병원 진료 경험이나 입원 경험이 많은 것을 알 수 있다. 즉 남성이 건강 검진을 하려고 병원을 찾았다면 여성은 아파서 병원을 찾았다.

연령별로 보면 50대가 40대나 30대보다 정기 검진, 간단한 치료, 외래 방문, 응급,

표 2-3 건강 관리 행동(health behavior)

N=1,667(괄호 안 단위: %)

		성별		연령별		
		남	여	30대	40대	50대
건강검진	의료 기관에서 정기검진을 받은 적이 있다.	351(41.9)	308(37.2)	237(34.5)	207(39.5)	215(47.1)
	아파서 외래진료를 받은 적이 있다.	267(31.9)	305(36.8)	232(33.8)	165(31.5)	175(38.4)
	병원에 입원한 적이 있다.	72(8.6)	92(11.1)	66(9.6)	44(8.4)	54(11.8)
운동	운동을 한다.	700(83.5)	630(76.0)	521(75.8)	426(81.3)	383(84.0)
건강관리	수지침이나 침을 맞아본 적이 있다.	142(16.9)	243(29.3)	105(15.3)	133(25.4)	147(32.2)
	건강상 한증막을 이용한 적이 있다.	170(20.3)	331(39.9)	171(24.9)	164(31.3)	166(33.1)
	건강상 지압, 마사지를 받아본 적이 있다.	91(10.9)	132(15.9)	75(10.9)	69(13.2)	79(17.3)
	한약이나 보약을 먹은 적이 있다.	365(42.5)	361(44.6)	283(41.2)	219(41.8)	(49.1)
	건강상 식이요법을 한 적이 있다.	87(10.4)	118(14.2)	64(9.3)	72(13.7)	69(15.1)
	단식이나 금식을 한 적이 있다.	27(3.2)	78(9.4)	42(6.1)	27(5.2)	36(7.9)
	흡연을 중단하였다.	156(18.6)	65(7.8)	85(12.4)	64(12.2)	72(15.8)
	음주를 중단하였다.	118(14.1)	82(9.9)	65(9.5)	65(12.4)	70(15.4)

* 빈도(%)는 각 항목의 건강 관리 행동을 한 응답자의 수와 비율이다.

출처: 한경혜 · 이정화 · Ryff, C. · Marks, N. · 옥선화(2003)

입원 등 모든 면에서 병원을 더 많이 찾았다. 따라서 건강 상태와 병원 방문 빈도는 관련이 있다고 할 수 있다.

조사 대상자 가운데 79.8%가 운동을 하고 있었다. 조사 대상자들은 주로 걷기 · 산책(60.4%)을 하거나 등산(13.4%), 조깅 · 달리기(6.9%)를 했으며, 축구, 배구, 농구 등 구기 종목(3.5%)도 즐겼다. 그밖에 헬스, 수영, 테니스, 스쿼시, 골프, 볼링, 맨손 체조 등 상당히 다양한 운동을 하고 있었다. 운동한다고 대답한 사람 가운데 운동을 자주 한다는 사람은 6.9%에 불과했다. 운동은 하지만 자주 하지는 않는다는 사람이 53.6%인 것으로 보아 운동 수행 빈도가 넓게 분포하는 것을 알 수 있다. 운동하는 사람들의 성별 비율은 남성이 여성보다 높았으며, 연령에 따라서는 50대가 30~40대보다 운동을 많이 하고 있었다.

두 가지 이상의 건강 관리를 하는 사람도 69.7%나 되었다. 특히 운동을 하는 사람들은 운동을 하지 않는 사람들보다 건강 관리를 더 많이 했다. 따라서 우리나라 중년은 전반적으로 운동과 식사조절, 운동과 한약 복용과 같이 몇 가지 건강 관리 행동을 복합적으로 하는 것을 알 수 있으며, 건강에 대한 관심도 그만큼 크다고 할 수 있다.

건강 관리 항목 중에서 가장 많이 해본 것은 한약이나 보약을 먹은 것이었다(43.3%). 남성의 42.5%, 여성의 44.6%가 지난 1년간 한약이나 보약을 먹었다. 이 외에 한증막·찜질방·사우나를 이용했으며(29.9%), 침이나 수지침을 맞는 비율도 비교적 높았다(23.2%). 그렇지만 건강을 위해 흡연이나 음주를 중단(각각 13.5%, 12.2%)하는 비율은 상대적으로 낮았고, 식이요법(12.1%)을 하는 비율도 높지 않았다.

중년의 건강 관리를 성별로 살펴보면, 한약을 먹거나 침을 맞거나 마사지를 받는 것과 같은 비공식적인 건강 행동은 여성이 남성보다 많이 해서 남성이 여성보다 의료기관 검진율이 높았던 것과 대조를 이룬다. 금연, 금주를 한 비율은 남성이 더 높았는데 이는 여성의 흡연·음주 비율이 남성보다 낮기 때문이다.

연령별로 살펴보면, 모든 건강 관리 항목에서 50대가 1위를 차지했는데, 이로써 이들이 가장 활발하게 건강 관리 행동을 한다는 것을 알 수 있다. 이는 50대가 자신들의 건강에 대해 불안해하고 건강이 좋지 않다고 자각하다 보니 적극적으로 행동하기 때문이다. 건강 관리 행동을 연령별로 살펴보면, 건강 관리를 하는 사람의 비율이 30대, 40대, 50대 순으로 높아졌다.

3. 중년의 정신건강

중년의 정신건강은 매우 다차원적으로 이야기할 수 있으나, 여기에서는 중년의 정신건강을 심리적 복지감, 행복감, 우울감으로 살펴보고자 한다.

심리적 복지감은 개인의 심리적 건강 상태를 측정해주는 지표이다(신기영, 1999).

기존에는 심리적 복지감을 살펴보기 위해 행복감(happiness)과 삶의 만족도(life satisfaction) 등 단일 문항을 이용했다. 그런데 심리적 복지감을 연구하는 연구자들은 심리적 복지감을 단일 차원의 삶의 만족도로 이해할 때 이론적 근거가 약하다고 지적한다(Ryff, 1989; Ryff & Keyes, 1995). 심리적 복지감에는 얼마나 행복하게 만족스러운 삶을 사느냐만 아니라 한 개인이 사회 구성원으로서 얼마나 잘 기능하는지(well-functioning)도 반영되기 때문이다(Keyes & Ryff, 1999). 따라서 심리적 복지감을 다양한 하위 차원으로 구성된 복합적 개념이라고 보았다.

리프(1989)는 개인이 불안이나 우울증, 다른 형태의 심리적 병리현상을 보이지 않는 것이 심리적 복지감의 개념을 대표할 수 없다는 전제 아래, 긍정적인 정서와 경험에 바탕을 둔 심리적 복지감의 개념을 제안하였다. 리프는 기존의 여러 심리학이론[4](Allport, 1961; Burhler, 1935; Erikson, 1959; Jung, 1933; Maslow, 1968; Neugarten, 1968, 1973; Rogers, 1961; Ryff 1995에서 재인용)에서 설명하는 긍정적인 심리 기능의 특성을 통합해 심리적 복지감의 구조를 개념화했다. 그래서 복합적이고 총체적인 개념으로서의 심리적 복지감을 '자기수용, 타인과 긍정적인 관계, 자율성, 환경의 통제력, 삶의 목적, 개인의 성장'이라는 여섯 개 하위 차원[5]으로 구성하

4) 매슬로(Maslow, 1968)의 자아성취감(self-actualization), 로저스(Rogers, 1961)의 기능적 인간에 대한 기술, 융(Jung)의 개체화론, 올포트(Allport, 1961)의 성숙(maturity), 에릭슨(Erickson, 1959)의 성인기 발달과업 그리고 뉴가튼(Neugarten, 1968, 1973)의 성격 변화와 노년기 삶의 변화 개념.

5) **자기수용**(self-acceptance): 자기 자신에 대해 긍정적으로 느끼고 부정적이거나 복잡한 모습까지도 인정하는 것으로, 자아실현이나 성숙의 특성을 반영한다. 자신의 현재 모습뿐 아니라 과거도 수용하며 자기 자신에게 긍정적인 자세를 유지한다.

타인과의 긍정적인 관계(positive relationship with others): 다른 사람들과 따뜻하고 신뢰할 만한 관계를 형성하고 지속하는 것으로, 인류에 감정이입을 하고 애정과 친밀감(intimacy)을 느끼며 다른 사람을 지도(generativity)한다.

자율성(autonomy): 자기결정, 독립심, 행동 통제 등을 추구하는 것으로, 일상생활의 규율에서 자유를 느끼며 자기 기준대로 자신을 판단한다.

환경의 통제력(environmental mastery): 자신의 심리 상태에 맞는 환경을 선택하거나 창조하는 것으로, 심리적·정신적 활동을 하면서 환경을 창조적으로 변화시키며, 주변의 기회에서 장점을 취한다.

삶의 목적(purpose in life): 자신의 삶의 목적과 의미를 추구하는 것으로, 자기 인생의 방향성과 목적을 이해한다. 다양하게 변하는 삶의 목적을 잘 통합하는 것이 중요하다.

개인의 성장(personal growth): 자신의 잠재력을 의식하고 성장하기 위해 도전하는 것으로, 예를 들면 다양한 경험에 개방되어 있으며, 성장 단계마다 새로운 도전에 직면하는 능력이다.

였다(Keyes & Ryff, 1999; Ryff, 1989).

그런데 심리적 복지감의 하위 차원으로 무엇이 중요하고, 어떠한 요소들이 포함되느냐는 개인이 속한 상황이나 조건에 따라 달라질 수 있다. 한 예로, 성이나 연령 같은 인구 사회학적 특성과 심리적 복지감의 관련성을 살펴본 연구들에서는 성에 따라 심리적 복지감을 구성하는 개별 하위 차원의 중요도나 취약점이 다르다고 하였다. 또 심리적 복지감의 하위 차원의 발달 수준은 연령에 따라 각각 속도나 정도에 차이가 있었다(Keyes & Ryff, 1998).

한편, 개인의 정신건강은 객관적인 여러 가지 상황에 영향을 받기는 하지만 개인의 경험 안에서 이루어지는 주관적 지각이며, 개인의 삶의 양상을 총괄적으로 포함하는 개념으로서 긍정적인 측면과 부정적인 측면 두 가지를 모두 가지고 있다는 견해가 있다. 여기서 정신건강의 두 차원은 독립적으로 존재하는데, 이 두 정서를 비교함으로써 얻어지는 총체적인 판단을 정신건강으로 보기도 한다. 긍정적 · 부정적 두 측면은 구체적으로 만족감, 행복감과 같은 긍정적인 정서와 우울감, 고독감과 같은 부정적인 정서를 포함한다.

정신건강을 살펴볼 때 서구에서는 중년기 건강과 관련 요인을 노년기 건강과 연관지어 탐색한다. 특히 일상의 스트레스부터 심각한 우울증에 이르기까지 정신건강에 대한 실증 연구가 급증하고 있다. 반면, 우리나라에는 중년기의 정신건강에 체계적으로 접근한 실증 연구는 매우 부족하다. 더구나 우리나라 중년 남녀에게 서구에서 보고되는 것과 비슷한 '정신건강에서의 성차'가 있는지 연구한 예는 거의 없다. 따라서 여기에서는 우리나라 중년 남녀의 정신건강 상태를 구체적으로 살펴보고, 정신건강에서 남성 집단과 여성 집단 사이에 실제로 차이가 있는지 알아본다.

(1) 심리적 복지감

중년기의 성과 연령에 따른 심리적 복지감의 수준을 살펴보면, 남녀에 따라 그리고 각 연령 집단에 따라 심리적 복지감의 차이가 나타났다(표 2-4와 그림 2-4~2-9 참조). 전체적으로 살펴보면, 심리적 복지감의 모든 하위 차원[6]에서 남성의 점수가 여

6) 각 차원의 신뢰도는 다음과 같다. 자존감 α=.54, 삶의 목적감 α=.40, 통제감 α=.46, 타인과의 관계 α=.83, 성숙 α=.15, 자율성 α=.49, 심리적 복지감 α=.70.

표 2-4 성별 · 연령별 심리적 복지감

	성별		t	연령별			F
	남	여		30대	40대	50대	
삶의 목적감	10.8	10.3	5.5***	10.9	10.6	10.0	29.1***
자존감	9.1	9.0	1.2	9.1	8.9	9.1	2.3
자율성	9.4	9.0	4.1***	9.1	9.2	9.4	4.1**
통제감	10.5	10.6	−1.0	10.5	10.5	10.5	0.0
성숙	9.6	9.3	3.1**	9.8	9.4	9.1	21.3***
타인과의 긍정적 관계	10.9	10.8	0.5	11.1	10.8	10.6	7.1***
심리적 복지감	61.4	60.4	2.9**	61.8	60.7	60.1	7.2***

*** $p < .001$, ** $p < .05$

출처: 한경혜 · 이정화 · Ryff, C. · Marks, N.(2001)

성에 비해 높았다. 이는 남성이 여성보다 심리적으로 더 양호하다는 것을 의미한다. 그런데 이러한 성별 양상은 연령 증가에 따른 변화에서도 차이를 드러낸다. 연령에 따른 심리적 복지감의 변화 패턴을 분석한 결과 크게 세 가지 유형으로 집약되었다.

첫째 유형은 연령 증가에 따라 하강하는 경우이다. 이에 해당하는 심리적 복지감 차원은 삶의 목적감과 성숙 그리고 타인과의 긍정적 관계였다(그림 2-2~2-4 참조). 연령에 따라 심리적 복지감이 하강하는 경향은 여성과 남성에게서 동일하게 관찰된다. 다만 하강 속도나 시기는 남성과 여성이 다르게 나타났다.

삶의 목적감에서 여성의 그래프는 30대에서 40대 그리고 50대까지 심리적 복지감 감소에서 속도상 변화는 나타나지 않았다. 즉 연령이 증가할수록 점진적으로 삶의 목적감이 하강하는 것으로 나타났다.

그런데 남성의 그래프는 40대를 거치면서 50대에 이르기까지 삶의 목적감에서 큰 폭의 하강을 경험한다. 이는 남성의 경우 40대를 전후로 삶의 목적에서 큰 전환기를 겪고 있음을 의미한다. 그런가 하면 성숙 차원에서는 남성과 여성의 하강 모습이 거의 비슷해서 연령이 증가함에 따라서 성숙도는 낮아지는 것으로 보인다. 타인과의 관계 그래프에서는, 남성의 경우 연령이 증가함에 따라 지속적이고 점진적인 하강이 나타나지만, 여성의 경우는 30대에서 40대까지 하강하다가 40대에서 50대에는 그 수준이 유지되고 안정되는 것이 관찰된다.

이렇게 삶의 목적감과 성숙의 점수가 30대에 가장 높은 것은 이 시기가 바로 가족이나 자신의 일 영역에서의 성취에 많이 투자하는 생의 전반기이기 때문으로 생각된다. 반면 50대는 인생에서의 목적이나 성숙을 접고 서서히 노년기를 준비하는 시기이기 때문에 이러한 측면에서의 심리적 복지감이 감소하는 것으로 보인다.

두 번째 유형은 연령 증가에 따라 상승하는 경우인데 자율감이 여기에 속한다(그림 2-5 참조). 이러한 패턴은 남성과 여성의 경우에서 동일하게 40대를 기점으로 상승 속도가 빨라지는 것으로 나타났다. 이는 50대에 접어들면서 미래에 대한 투자나 노력이 줄어드는 대신 삶에서 자율성을 확보할 여유가 생겼기 때문에 자율성이 상승하는 것으로 생각된다.

마지막 유형은 상승-하강/하강-상승의 역동적인 변화를 겪는 경우이다. 지금까지 다른 그래프들이 연령이 올라가면서 상승 혹은 하강의 일정한 경향을 보여준 것과는 대조적으로 자존감(Self-acceptence)(그림 2-6)과 통제감(그림 2-7)의 경우는 연령에 따라 큰 변화를 겪는 것으로 나타난다. 자존감 그래프를 보면, 남녀 모두 공통적으로 30대에서 40대를 거치면서 그 수준이 낮아지다가 40~50대에 이르는 시기에 상승하여 50대에 이르면 자존감이 최고조에 이른다. 다만 40대의 하강-상승 속도나 변화의 폭은 남성보다 여성이 크게 나타나서 여성이 자존감의 변화를 더 급격하게 겪는 것으로 보인다.

한편, 통제감 그래프를 살펴보면, 여성의 통제감은 30대에 가장 높다가 급격한 하강 경향이 40대까지 지속되다가 40대를 거치면서 약간 상승하기 시작해서 50대까지 계속된다. 반면에 남성의 통제감은 30대에 가장 낮았으나 꾸준히 상승하여 40대에 최고점을 기록하고 다시 점진적인 하강 국면에 접어들어 50대까지 완만한 경사를 이룬다. 따라서 30대에는 여성의 통제감이 남성에 비해 높았으나 40대에 이르면 남성의 통제감이 여성보다 우위에 있게 되는 역전 현상이 일어나서 50대까지 지속된다.

(2) 행복감과 우울감

중년기 정신건강의 부정적 측면과 긍정적 측면을 살펴보기 위해서 부정적 측면은 우울감을, 긍정적 측면은 행복감을 살펴보았다. 우울감에는 '너무나 슬퍼서 아무것도 위로가 되지 않는다', '걱정거리 때문에 잠을 못 이루는 때가 있다'와 같은 문항

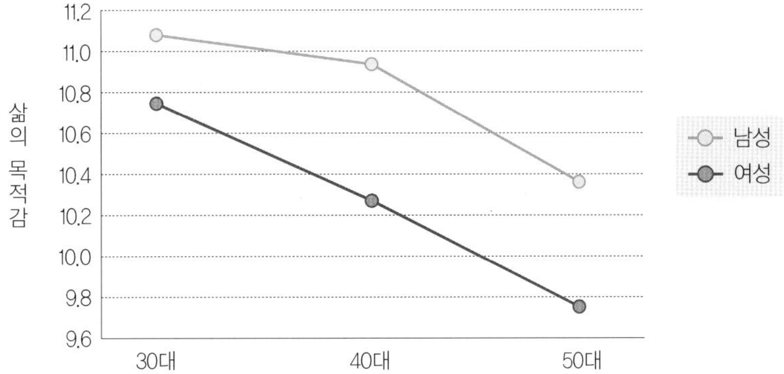

그림 2-2 성별 · 연령별 삶의 목적감(purpose in life)

출처: 한경혜 · 이정화 · Ryff, C. · Marks, N.(2001)

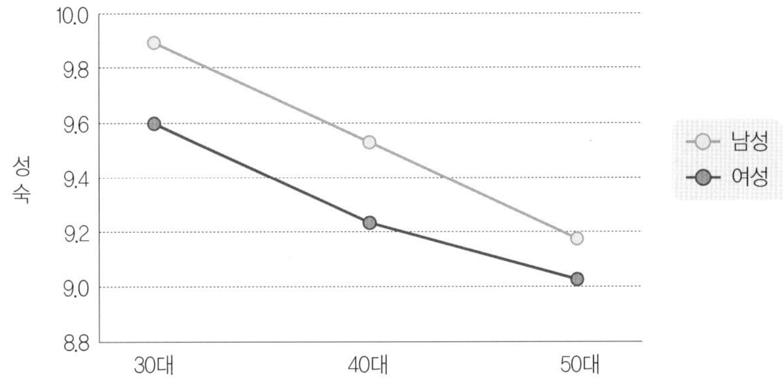

그림 2-3 성별 · 연령별 성숙(growth)

출처: 한경혜 · 이정화 · Ryff, C. · Marks, N.(2001)

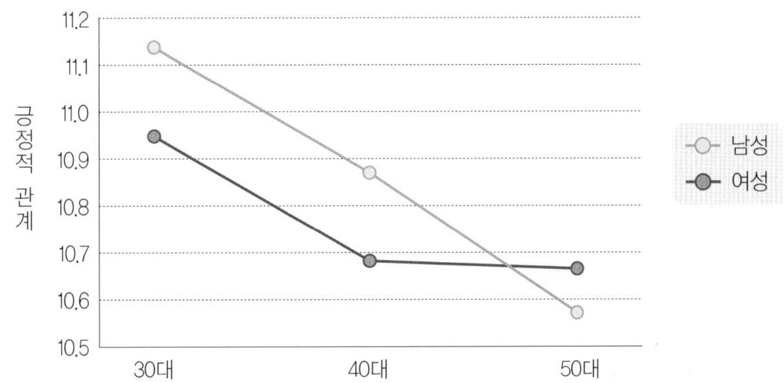

그림 2-4 성별 · 연령별 타인과의 긍정적 관계(positive relationship with others)

출처: 한경혜 · 이정화 · Ryff, C. · Marks, N.(2001)

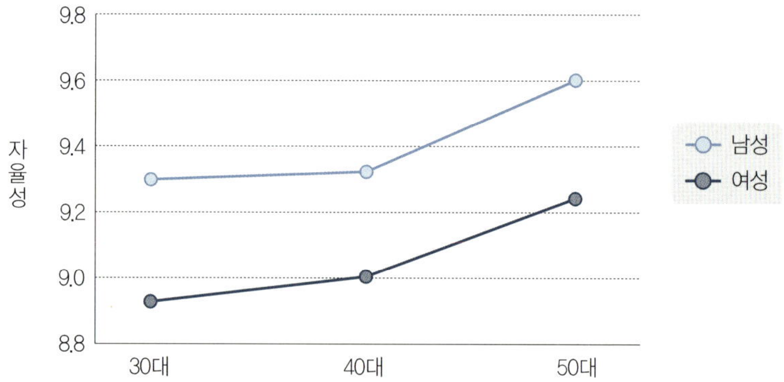

그림 2-5 성별 · 연령별 자율성(autonomy)

출처: 한경혜 · 이정화 · Ryff, C. · Marks, N.(2001)

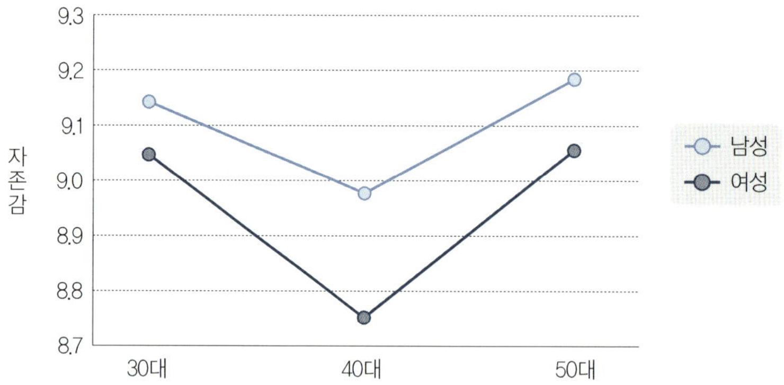

그림 2-6 성별 · 연령별 자기수용성(self-acceptance)

출처: 한경혜 · 이정화 · Ryff, C. · Marks, N.(2001)

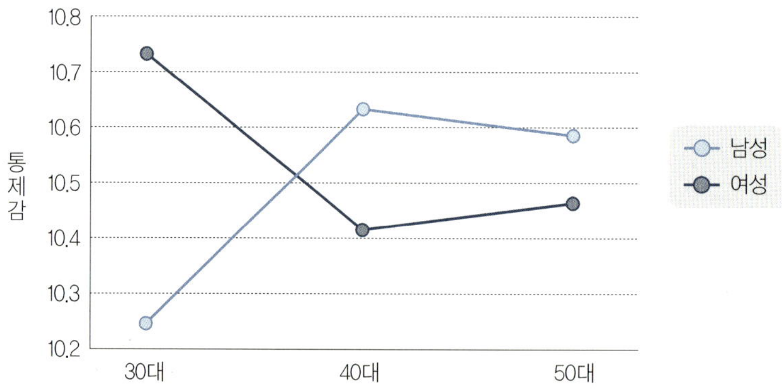

그림 2-7 성별 · 연령별 통제감(control)

출처: 한경혜 · 이정화 · Ryff, C. · Marks, N.(2001)

이 포함되어 있으며, 6문항짜리 5점 리커트 척도로 이루어져 있다. 척도의 범위는 6~30점에 이르며, 점수가 높을수록 우울감이 커지는 것으로 해석하였다. 행복감은 '생활에 활기가 넘친다', '지금 나는 행복하다고 느낀다' 등의 내용이 포함되어 있으며, 이 역시 6~30점의 점수 분포를 이루고, 점수가 높을수록 행복감이 크다고 볼 수 있다.[7)]

〈표 2-5〉를 보면, 여성이 남성보다 우울감 수준이 유의하게 높은 반면 행복감은 남성이 여성보다 유의미하게 높았다. 이러한 결과는 우울감 수준의 남녀 차이를 살펴본 선행 연구(김현주, 1998; Barnett, 1997; Pugliesi, 1995; Simon, 1992; Thoits, 1992)와 일치하며, 남녀의 스트레스 수준을 살펴본 선행 연구(백기청, 1991; 조정아 등, 1999)와도 맥을 같이한다. 또 남성의 심리적 복지감이 여성보다 높으므로 우리나라 중년 남성과 여성도 정신건강에 성차가 있으며, 전반적으로 볼 때 남성보다 여성의 정신건강 상태가 취약한 것을 알 수 있다.

우울감을 연령과 성에 따라 살펴보면, 남성보다 여성의 평균 점수가 높았다. 연령이 증가하면서 우울감도 커졌는데 여성이 남성보다 더 우울해하고, 연령이 높은 집단이 낮은 집단보다 더 우울해하는 것을 알 수 있다. 연령 집단에 따른 우울감의 차이는 남녀가 서로 다른 양상을 보였다. 〈그림 2-8〉을 보면, 30대에서 40대까지는 남성과 여성이 비슷한 기울기로 증가했다. 남성은 40대의 우울감 수준과 50대의 우울감 수준에 차이가 없지만, 여성은 40대에서 50대로 갈수록 우울감이 커져 50대 여성 집단이 가장 우울해하는 것을 알 수 있다. 즉 우울감 수준에서 남녀 차이는 다른 연령 집단보다 50대에서 편차가 가장 컸다.

행복감의 경우, 우울감과 같은 응답 범위에서 조사 대상자들의 평균이 18.83, 표준편차가 4.18로 나타나 점수가 높은 쪽에 많이 분포되어 있었다. 이러한 경향은 성, 연령에 따라 다른 경향을 보였다. 전반적으로 남성이 여성보다 행복감이 높았으며 연령이 높은 집단은 행복감이 낮았다. 이러한 행복감 변화 패턴은 성에 따라 다른데, 여성의 행복감은 30대에서 50대로 갈수록 점진적으로 하강하지만, 남성은 30대에서 40대로 오면서 감소하다가 40대 이후 50대로 가면서 그 수준을 유지했다. 따라서 우울감과 마찬가지로 50대 남성과 여성의 행복감의 차이는 크게 벌어지는 것을 알 수 있다.

---

7) 우울감과 행복감의 신뢰도는 각각 α=.87과 α=.85로 신뢰할 만한 수준이었다.

표 2-5 성별 우울감과 행복감, 심리적 복지감

	성별	표본 집단	평균	t값
우울감	남성	829	14.3	−4.5***
	여성	818	15.4	
행복감	남성	829	19.1	2.4**
	여성	818	18.9	
심리적 복지감	남성	813	61.5	3.0**
	여성	808	60.4	

*** $p<.001$, ** $p<.05$

출처: 한경혜 · 이정화 · Ryff, C. · Marks, N.(2001)

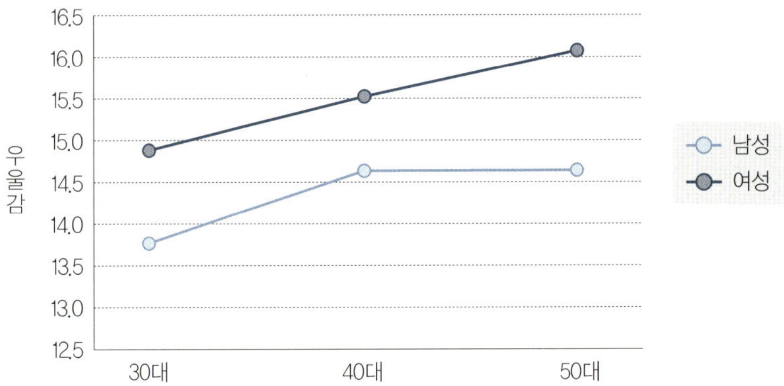

그림 2-8 성, 연령에 따른 우울감

출처: 한경혜 · 이정화 · Ryff, C. · Marks, N.(2001)

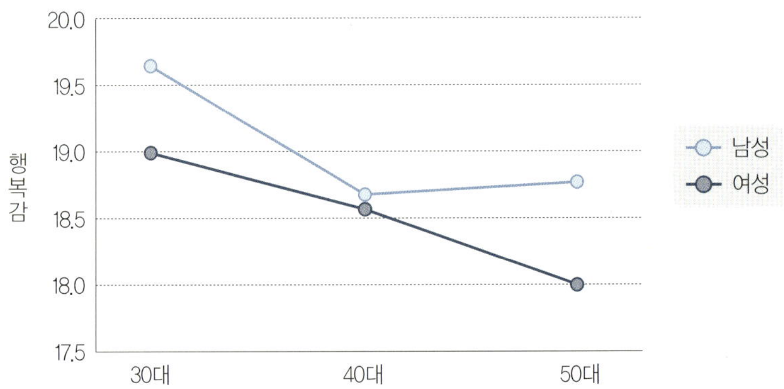

그림 2-9 성, 연령에 따른 행복감 평균 비교

출처: 한경혜 · 이정화 · Ryff, C. · Marks, N.(2001)

우울감과 행복감을 기준으로 정신건강을 살펴보면, 여성은 남성보다 우울감이 높고 행복감은 낮았으며, 연령이 증가함에 따라 부정적인 방향으로 상승과 하강을 반복했다. 또 40대를 기점으로 정신건강이 계속해서 나빠졌다. 하지만 남성은 30대까지는 부정적인 방향으로 증가하다가 40대 이후에는 정신건강 변화의 폭이 매우 작았다.

Tip

마음의 감기 우울증 자가진단해보세요

우울증은 자살과 관련되는 대표적인 정신과 질환으로 해외 연구결과 우울증으로 진단받은 환자의 2~15%가 자살로 사망하는 것으로 보고되고 있다.

우울증의 증상과 진단

우울증은 연령, 성별, 사회적 환경, 문화 등에 따라 다양한 양상을 보이지만 비교적 공통적으로 나타나는 증상은 다음과 같다.

- 지속되는 슬픔, 걱정 혹은 공허한 느낌
- 희망이 없는 것 같은 느낌
- 죄책감, 무의미함, 무엇으로도 도움받을 수 없을 것 같다는 느낌
- 과민하고 예민해지거나 초조해짐
- 예전에 즐기던 활동이나 취미에 대한 흥미가 없어짐
- 항상 피곤한 느낌
- 주의를 집중하기 어렵고, 세세한 것들을 기억하기 힘듦
- 우유부단해지고 결정을 내리기 어려움
- 잠을 들 수 없거나 자꾸 깨어남(불면증) 또는 하루 종일 자게 됨
- 폭식하거나 식욕이 없어짐
- 자살에 대해서 생각하거나 자살 시도를 함
- 기운이 없고 이유 없이 두통, 복통, 소화불량 등의 증상이 나타남

우울증의 진단기준과 자가검진

아래 증상 가운데 4개 이상의 증상이 연속 2주 동안 나타나는 경우 우울증을 의심할 수 있다.

※ 정신과 분야에서 널리 사용되는 진단기준인 DSM-IV-TR(미국정신과협회)의 주요 우울장애 기준에 따른 것임

- 2주 이상 거의 매일 지속되는 우울한 기분 또는 흥미나 즐거움의 상실
- 체중 증가나 체중 감소 또는 식욕 증가나 감소
- 거의 매일 나타나는 불면이나 과다수면
- 정신 운동성 초조나 지체
- 피로나 활력상실

- 무가치감 또는 과도하거나 부적절한 죄책감
- 사고력이나 집중력 감소 또는 우유부단함
- 반복되는 죽음에 대한 생각이나 반복되는 자살생각 또는 자살기도나 자살계획

ㅇ 우울증의 자가검진을 위한 여러 척도가 있지만 그중 Zung의 우울척도가 가장 널리 쓰이고 있다.

항 목	아니다	가끔 그렇다	자주 그렇다	항상 그렇다
1. 나는 매사에 의욕이 없고 우울하거나 슬플 때가 있다	1	2	3	4
2. 나는 하루 중 기분이 가장 좋은 때는 아침이다.	4	3	2	1
3. 나는 갑자기 얼마 동안 울음을 터뜨리거나 울고 싶을 때가 있다.	1	2	3	4
4. 나는 밤에 잠을 설칠 때가 있다.	1	2	3	4
5. 나는 전과 같이 밥맛이 있다(식욕이 좋다).	4	3	2	1
6. 나는 매력적인 여성(남성)을 보거나, 앉아서 얘기하는 것이 좋다.	4	3	2	1
7. 나는 요즈음 체중이 줄었다.	1	2	3	4
8. 나는 변비 때문에 고생한다.	1	2	3	4
9. 나는 요즈음 가슴이 두근거린다.	1	2	3	4
10. 나는 별 이유 없이 잘 피로하다.	1	2	3	4
11. 내 머리는 한결같이 맑다.	4	3	2	1
12. 나는 전처럼 어려움 없이 일을 해낸다.	4	3	2	1
13. 나는 안절부절못해서 진정할 수 없다.	1	2	3	4
14. 나의 장래는 희망적이라고 생각한다.	4	3	2	1
15. 나는 전보다도 더 안절부절못한다.	1	2	3	4
16. 나는 결단력이 있다고 생각한다.	4	3	2	1
17. 나는 사회에 유용하고 필요한 사람이라고 생각한다.	4	3	2	1
18. 내 인생은 즐겁다.	4	3	2	1
19. 내가 죽어야 다른 사람들 특히 가족이 편할 것 같다.	1	2	3	4
20. 나는 전과 다름없이 일하는 것이 즐겁다.	4	3	2	1

해석: 총점은 80점 / 50점 미만: 정상 / 60점 미만: 경증의 우울증 / 70점 미만: 중등도의 우울증–전문가의 정신건강상담 필요 / 70점 이상: 중증의 우울증–전문의 상담 및 진료 필요

출처: 보건복지가족부 2010. 2. 10 보도자료

노인 우울증의 증가 이유와 치료방법

- 남성보다 여성이 우울증이 많은 이유로는 먼저 여성 호르몬의 영향을 들 수 있다. 모든 여성은 월경, 출산, 폐경 등에 따른 호르몬의 변화가 극심한 경우 감정의 흔들림을 경험할 가능성이 커진다.
- 특히, 중년기 여성들이 폐경 전후에 겪게 되는 호르몬 변화는 자존심 손상, 무가치함, 자신감의 부족 등과 같이 자신을 부정적인 방향으로 생각하게 되는 심리적 요소와 함께 우울과 불안을 초래한다.
- 대표적인 우울증의 원인으로서 뇌의 신경전달물질인 세로토닌의 감소를 들 수 있는데, '뇌 내 세로토닌의 농도가 여성이 남성보다 낮다는 보고가 있다. 이는 생물학적으로 여성이 남성보다 우울증에 취약할 수 있음을 시사한다.

출처: 국민건강보험 2011. 3. 14 보도자료

4. 소결

이상에서 살펴본 중년층의 신체적·정신적 건강 관련 주요 내용들을 정리해보면 다음과 같다.

첫째, 우리나라 중년 여성의 건강은 중년 남성보다 좋지 않다. 주관적 건강 평가에서 여성은 남성보다 자신의 건강 상태를 부정적으로 평가했다. 신체적 이상증상의 수는 남녀 차이가 없었으나, 신체 이상증상의 종류는 남성과 여성이 차이를 보여 중년기 건강 문제의 경험에 성차가 있음을 알 수 있다.

둘째, 연령 집단별 건강 상태를 보면, 나이가 듦에 따라 신체·정신 건강 상태가 대체로 나빠졌다. 50대는 30~40대보다 신체적 이상을 더 많이 경험해 신체건강이 하향곡선을 그렸다. 이러한 연령 집단 간 차이는 30대와 40대 사이보다 40대와 50대 사이에 더 컸다. 즉 40대에서 50대에 이르는 시기에 신체·정신 건강상 변화가 크게 일어났다. 40대 후반기부터 중년은 부모의 죽음, 자녀의 결혼, 퇴직 등 다양한 사건을 경험하는데, 이러한 생애사건들은 종종 인생의 전환점이 된다. 40~50대의 신체·정신건강의 변화도 이러한 생의 변화와 관련이 있다. 중년 후기 세대의 신체·정신건강 상태가 상당히 취약하다는 점을 반영하듯 50대는 30~40대보다 건강에 많이 투자

하고 더 노력한다.

셋째, 중년의 신체적 건강 상태는 성에 따라 차이를 보인다. 남성의 경우는 간 기능, 혈당, 혈압 계통이 여성보다 좋지 않은 것으로 나타난 반면, 여성의 경우는 관절, 위장, 심장 계통의 질환을 더 많이 경험하는 것으로 나타났다. 연령에 따른 차이도 보이는데, 30대는 상대적으로 위나 기관지 질환을 많이 경험하지만 50대로 갈수록 혈압이나 혈당, 심장 등의 기능이 젊은 연령층보다 약화된 것을 볼 수 있다.

넷째, 건강에서의 성별 차이는 건강 관리 행동에도 나타났다. 남성은 여성보다 정기 검진율이 높고 운동을 더 많이 했다. 여성은 예방적 성격의 정기검진보다 외래 진료 경험이 많고, 수지침, 마사지, 사우나 · 한증 이용 등 비공식적 건강 행동 실천율이 높았다. 이는 여성이 건강에 대해 부정적으로 평가하는 것이나 정신건강과 관련이 있을 것이다.

다섯째, 우리나라 중년 남녀는 건강 상태에서의 개인차가 크다. 신체적 · 정신적 건강이 매우 좋은 사람이 있는가 하면 아주 나쁜 사람도 있었다. 중년기에 해당하는 사람도 교육 수준, 직업 지위, 소득, 가족 형태, 결혼 지위 등에서 차이가 많았다. 이는 중년기가 개인차가 극대화되는 시기라는 점과 맞물려 개개인의 다양한 삶이 건강 상태에도 반영된다는 것을 시사한다. 개인의 건강 상태에 차이가 크다는 것은 중년기 건강의 특징으로, 서구의 선행 연구에서도 지적된 바 있다.

스피로는 중년 이전 시기의 서로 다른 생애 경험의 축적, 라이프스타일 차이, 건강 증진 행동의 차이가 중년기 건강 상태에 큰 개인차를 가져온다고 주장하였다(Spiro, 2001). 중년기는 어떤 직장에서 무슨 일을 해왔으며, 가정생활은 어떠하였고, 어떤 생애 사건을 경험하였느냐에 따라 발달 곡선에서 개인차가 확연하게 나타나는 시기로, 이러한 삶의 다양성이 건강 상태에 그대로 반영된다는 것이다. 따라서 중년기를 건강하게 맞이하려면 다양한 생애사건 중 어떤 요인이 구체적으로 중년기 건강에 결정적인 영향을 미치는지 파악해야 한다.

한편, 정신건강의 측면을 살펴보면, 여성이 남성보다 우울감 수준이 높고 행복감, 심리적 복지감은 낮은 것으로 나타나서 전반적으로 남성에 비하여 여성의 정신건강 수준이 낮은 것으로 나타났다.

건강이 악화되는 시기와 변화의 폭은 성에 따라 달랐다. 여성의 경우, 30대보다 40

대가, 40대보다 50대가 정신건강 상태가 나빴다. 특히 50대 여성의 정신건강은 40대보다 큰 폭으로 나빠졌다. 반면 남성의 경우, 30대에 비해 40대는 행복감 수준이 낮고 우울감 수준은 높아 정신건강이 취약해지나, 40대 이후에는 하강 속도가 느려져 50대의 정신건강 수준은 40대와 별로 다르지 않았으며 행복감은 오히려 상승하였다. 따라서 50대 연령층에서는 남성과 여성의 정신건강에 차이가 컸다.

이렇게 50대 여성이 특히 다른 연령층보다 정신건강에 취약한 까닭은 정신건강과 사회적 역할의 관련성을 탐색한 연구들에서 찾아볼 수 있다. 즉 남성은 노동시장에 참여하여 직업 역할을 수행하는 반면, 여성은 주로 가정 역할만 수행하는 데 그 원인이 있다는 것이다. 이 연구들은 취업 여성이 전업주부보다 정신건강이 좋다는 실증연구 결과를 주장의 근거로 삼는다.

같은 맥락에서 우리나라 50대 여성의 정신건강 상태가 남성이나 다른 연령대의 여성보다 나쁜 것은 여성이 남성보다, 50대가 젊은 연령층보다 노동시장 참여율이 낮다는 사실과 연결해서 해석할 수 있다. 과거보다 현재, 그리고 현재보다 미래에는 여성의 사회참여가 남성 못지않게 증가할 것이므로 이러한 남성과 여성의 사회적 역할 공유가 남성과 여성의 정신건강에서의 차이를 줄이는 방향으로 작용하는지 앞으로 관심을 가지고 지켜볼 필요가 있다.

세상읽기

계층적 지위와 건강 관리 행동

계층에 따라 중년기 건강 관리 행동에 차이가 있다. 현재 중년기에 있는 한국의 베이비붐 세대를 대상으로 하여 계층적 위치에 따라 건강 행동 및 건강 유지를 위한 자원에서 어떠한 차이가 있는지를 살펴보면(그림 참조), 교육 수준이 높고 가구 소득 수준이 높은 집단일수

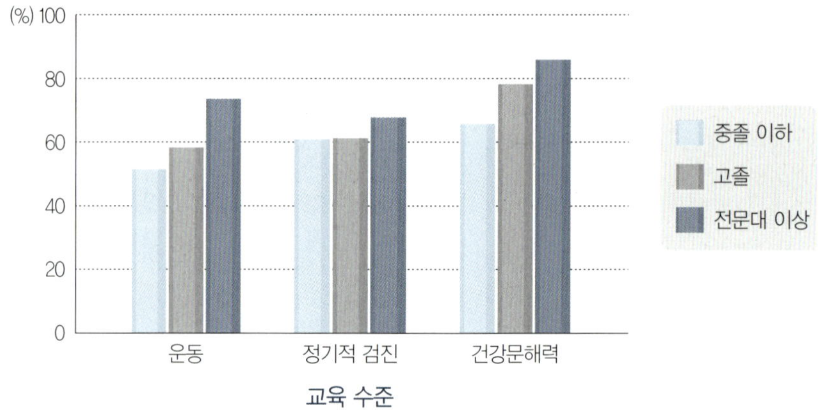

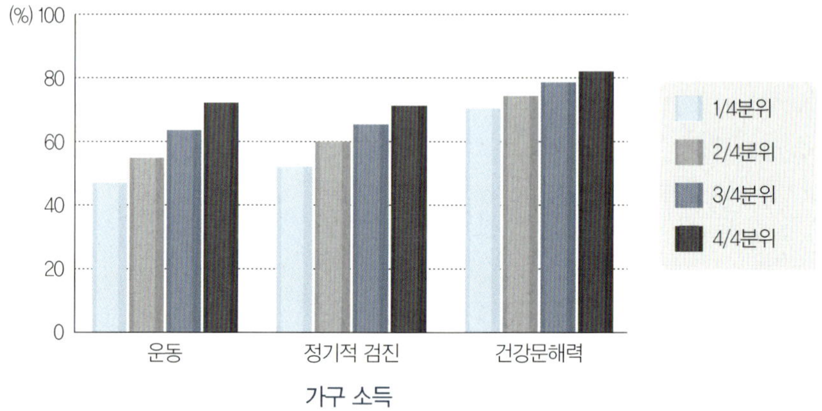

계층적 위치에 따른 건강 행동 및 건강 문해력 차이

* 건강 문해력에서 어려움을 느끼지 않는 사람들의 비율로 표시함.

록 운동하는 비율이 더 높고, 건강검진을 정기적으로 하는 비율도 더 높은 것으로 나타난다. 건강을 유지, 관리하고 이상이 생겼을 때 의료 서비스를 적절히 받는 데 자원 역할을 하는 건강 문해력(health literacy) 역시 계층적 위치에 따라 차이가 관찰되어, 교육 수준이 높을수록, 소득 수준이 높을수록 건강 문해력 수준이 높은 것으로 나타난다.

이렇게 건강 행동 및 건강 유지를 위한 자원에서 관찰되는 계층 간 차이는, 현재의 건강 상태뿐 아니라 이들이 노년기로 접어들수록 건강 상태에서 계층 간 격차가 더 커질 수 있음을 의미한다. 따라서 노년기 건강 불평등성(health inequality)의 확대를 예방할 수 있는 사회적 대책을 시급히 마련해야 할 것이다.

출처: 한국베이비부머들의 삶의 지평(한경혜 외, 2011)

제3장

중년을 지탱하는 버팀목, 가족

제3장 중년을 지탱하는 버팀목, 가족

한국 사람에게 가족은 심리적 안정의 기초가 될 뿐만 아니라 행복감에 가장 중요한 영향을 미치는 존재이다. 그런데 한국 가족은 그 구조와 기능 등에서 이전에 경험해보지 않았던 급격한 변화를 겪고 있다. 전반적으로 가족원 수가 감소하고 과거 3세대 가구가 두 개의 핵가족으로 분리되면서 1인 가구, 부부만이 거주하는 가구는 증가하는 반면, 부부와 그 자녀로 구성된 가구나 3세대 이상 가구는 줄어드는 추세이다. 이와 아울러 가족해체 증가와 함께 한부모가족, 조손가족은 증가하고 있다.

중년기의 가족관계를 떠올릴 때, 보통 위로는 연로하신 부모, 옆에는 갖은 풍랑을 함께 헤쳐 온 배우자, 그리고 아래로는 살뜰히 돌봐야 할 자녀들을 두고 있는 모습을 생각한다. 하지만 오늘날 한국에서 살아가는 중년과 그 가족이 실제 어떠한 모습으로 구성되어 있으며 가족 내의 세대 관계는 어떠한지, 중년기 부부관계의 역동은 어떠한지 등에 대한 체계적 정보는 매우 제한적으로 제공되고 있다.

현대 한국의 가족관계에서 가장 큰 특징은 혈연중심의 확대가족(extended family)에서 부부중심의 우애적 핵가족(nuclear family)으로 변화한 것이다. 전통적으로 수직적인 세대 관계가 중시되던 한국 가족이 사회변화와 함께 부부중심의 우애적인 관계, 수평적이고 민주적인 가족관계로 변화되었다. 부부관계 역시 과거 남편과 부인의 수직적 · 위계적 관계에서 친구 같은 관계, 동반자적 관계로 변모하고 있다. 현재 중년기에 해당하는 사람들은 대가족 내에서 사회화 과정을 겪으며 성장하였다. 그러나 이전세대보다 더 교육받은 세대로서 1970년대 이후 핵가족으로 가족구조를 변화시켰고 가족관계 전반, 특히 부부관계에서의 변화 역시 주도한 세대라고 할 수 있다.

다른 한편, 한국 가족이 과거에 비해 부부중심적인 방향으로 변화하였다고는 하지만 가부장적 특성 및 혈연중심성은 아직도 가족관계 전반에 깊이 남아 있다는 지적이 있다. 과거 한국 가족의 혈연중심성이 유교적 효 규범에 기초한 부계, 가부장, 윗세대에 대한 복종과 부양이었다면, 현재 한국 가족의 혈연중심성은 자녀세대에 대한 투자와 관심으로 변모되어 여전히 남아 있으며, 그런 면에서 서구의 부부중심 가족과는 성격이 다르다는 것이다.

즉 한국 가족에서 세대 관계가 차지하는 비중은 전혀 줄지 않았으며, 지금의 중년은 인구대체수준 이하까지 출산율이 낮아질 정도로 적은 수의 자녀를 두었으므로 자녀에 대한 투자가 극히 많은 세대로서 자녀에 대한 관심이 많고 염려가 클 것이라는 것이다. 특히 자녀는 부모에게 여러 가지 측면에서 만족과 기쁨을 주기도 하지만 중년기에는 자녀의 진수기, 즉 졸업, 취업, 결혼 등으로 자녀를 독립시키는 시기와 중첩되면서 자녀에 대한 걱정과 고민, 갈등이 증가할 것임을 추측해볼 수 있다.

평균수명이 급격히 늘어나면서 중년은 세대 관계의 다른 측면인 노부모와의 관계에서도 교류 기간이 늘어난 세대이기도 하다. 지금의 중년은 부모 부양의 이데올로기를 고수하고 있는 세대로서 이들의 부모 부양부담이 적지 않을 것으로 예상된다. 그러나 실제로 이들이 얼마만큼 노부모를 부양하는지에 대해서도 거의 정보가 없는 실정이다.

따라서 여기에서는 한국 중년의 가족 관계를 부부관계, 자녀와의 관계, 노부모와의 관계 등으로 나누어 다각적으로 접근하고자 하였다. 조사 대상자들의 성과 연령을 가족 간의 관계에서의 다양성을 가름하는 주요한 축으로 보고 이를 비교하였다.

1. 중년기 부부관계

현재 중년의 부부들은 자녀를 적게 낳았기에 자녀 양육기와 자녀 독립기가 줄어들고 평균수명이 길어지면서 부부가 중년에 함께 지낼 수 있는 기간이 늘어났다. 부부가 함께할 기간의 증가는 중년기 부부관계가 더 중요해졌음을 의미하는 동시에 부부관계가 좋지 않은 경우 가족이 해체될 개연성도 높였다. 우리나라 이혼율은 1990년 이후 지속적으로 증가하다가 2003년을 정점으로 다소 줄어드는 추세라고는 하지만 여전히 상당수 부부가 이혼을 하고 있다.

이혼은 이제 특별한 사람들의 일이 아니라 우리 주변에서 흔히 일어나는 일이 된 듯하지만 실제로 이혼 당사자는 물론이고 자녀에게 치명적인 상처를 남기는 생활사건이며 이혼의 증가로 다양한 사회문제가 파생되고 있다. 이렇듯 증가하는 이혼은 '행복하지 못한 결혼생활에 대한 해결대안으로 이혼을 생각하는 비중이 높아진 결과(이현송, 1999; 한경혜, 김주현, 강혜원, 2004)'로 설명할 수 있다. 과거에는 외도, 폭력과 같이 부부관계의 근본을 해치는 심각한 문제행동이 이혼사유였다면 점차 이른바 '성격차이'로 이야기되는 부부간 의사소통이나 이해부족과 같은 정서적 문제가 중요 이혼사유가 되고 있다.

이러한 배경에서 중년의 부부관계를 살펴보기 위해서 전반적인 부부관계의 질, 부부간 대화 정도, 이혼 고려 여부, 헤어질 가능성을 살펴보았다. 중년기 부부관계는 현재 배우자가 있는 사람을 대상으로 하여 알아보았다. 기혼자는 연구대상 전체의 90%를 차지하였다.[8)]

먼저, 전반적인 중년기 부부관계의 질을 살펴보기 위해 '요즘 부부관계는 어떻습니까'라고 질문하였다(그림 3-1). 이에 대해 740명은 '대체로 좋은 편이다', 356명은 '매우 좋다'고 응답하여 전체의 72.9%가 부부관계를 긍정적으로 평가했다. 이러한 경향은 남녀 차이가 거의 나지 않지만 남성의 경우 긍정 응답이 전체의 74.9%이나 여성의 긍정 응답은 70.8%여서, 남성이 여성보다 자신들의 부부관계를 더 긍정적으로 평가하는 것을 알 수 있다.

성별로 보면, 30대의 긍정 응답이 82.4%로 가장 높았고, 다음이 40대로 71.5%였으

8) 미혼자는 72명이었는데 주로 30대에 속해 있었고, 별거, 이혼, 사별을 경험한 사람들은 50대에 가장 많았다.

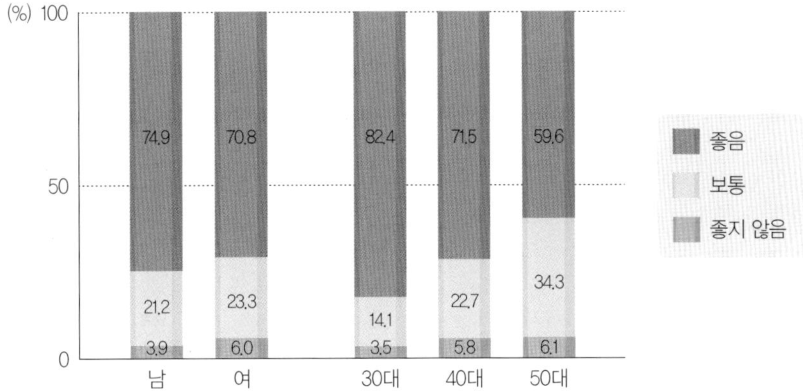

그림 3-1 부부관계의 질

며, 50대는 59.6%로 세 집단 중 가장 낮았다. 50대의 경우 긍정 응답 비율이 상대적으로 낮은 반면, '보통이다'로 답한 비율이 34.3%로 상대적으로 높았다. 그러나 부정 응답의 경우 30~40대와 50대 집단에서 크게 차이가 나지 않아 부부관계가 좋지 않다고 응답하는 사람은 많지 않았다.

다음으로, 부부간 대화 정도를 살펴보았다(그림 3-2). 행복한 부부, 긍정적인 부부관계의 배경에는 소통이 잘되는 것, 즉 긍정적인 의사소통이 있다고 한다. 응답자 1,502명 가운데 87.0%는 부부가 중요한 문제에 대해서 대화를 자주 한다고 대답하였

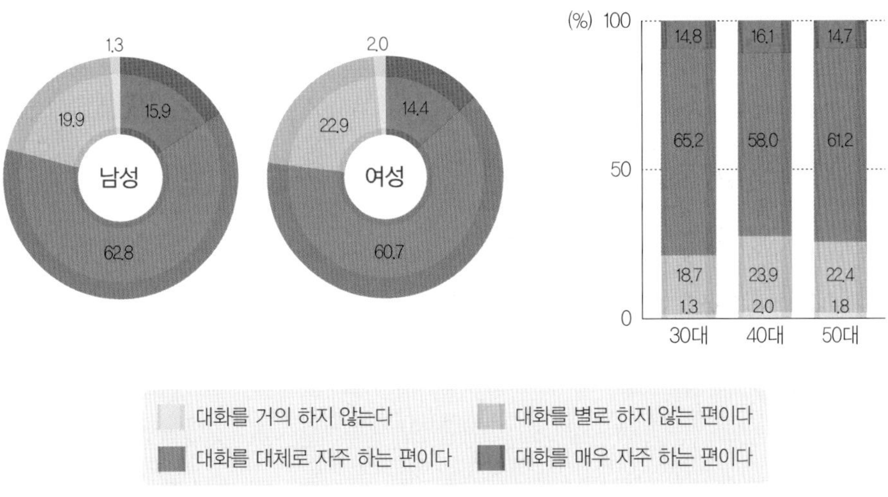

그림 3-2 부부의 대화 정도

고, 23.1%는 거의 대화를 하지 않는다고 대답해 응답자 대부분이 대화를 많이 하는 것을 알 수 있다. 성별로 보면, 남녀의 차이가 유의하지 않았고, 연령별로 보면, 30대는 80%가 비교적 대화를 많이 한다고 응답하였고, 40대는 74.1%, 50대는 75.9%가 대화를 많이 한다고 응답하여 세 연령 집단 중에서 40대가 부부간 대화를 가장 적게 하는 것으로 나타났다. 대화를 거의 하지 않는다는 응답도 40대에서 약 26%로 나타나 이러한 사실을 뒷받침했다.

부부간의 대화결핍이나 단절은 주로 부부갈등에 기인한 것으로 보인다. 중년기 부부갈등에 관한 연구결과들을 보면, 이희백(2009) 연구에서는 부부갈등이 성격문제, 가사관리, 의사소통, 자녀문제 때문에 일어나는 것으로 나타나고 있다. 베이비부머(1955~1963년생)를 대상으로 한 연구(한경혜 외, 2011)에서는 경제문제로 부부 간 갈등을 겪었다는 비율이 가장 높고 성격차이, 자녀문제, 부부 성관계 순이었다.[9]

다음으로 부부관계의 부정적 측면인 이혼을 고려하는지와 헤어질 가능성은 어느 정도인지 조사하였다(그림 3-3, 그림 3-4). 이혼에 대한 태도는 결혼관계의 질에 영향을 받기도 하지만 추후 결혼관계의 질에 영향을 미치기도 한다.

전체 응답자 1,502명 가운데 이혼을 고려한 적이 전혀 없다고 응답한 사람은 736

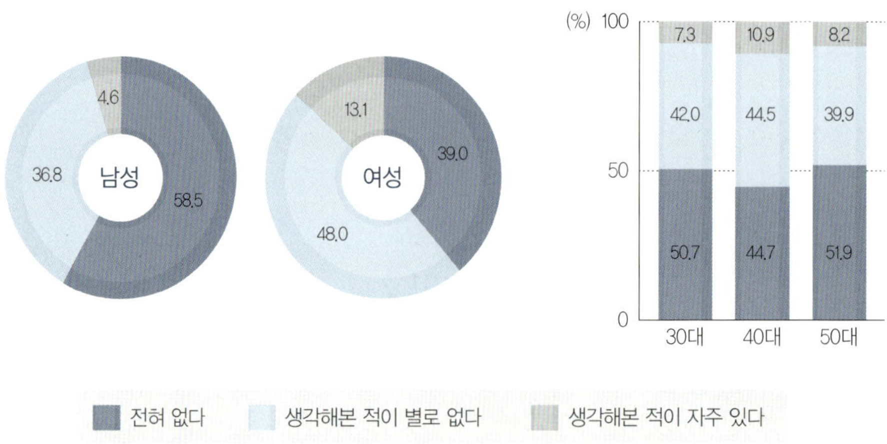

그림 3-3 이혼 고려 여부

9) 베이비부머의 부부갈등영역별 갈등을 겪는 비율: 경제문제(75.6%), 성격차이(66.9%), 자녀문제(61.8%), 부부 성관계(53%), 인척관계문제(시가나 처가 51%), 여가활동문제(48.1%), 가사분담문제(47.1%), 문제행동(31.4%), 종교(10.7%), 외도(7.4%)

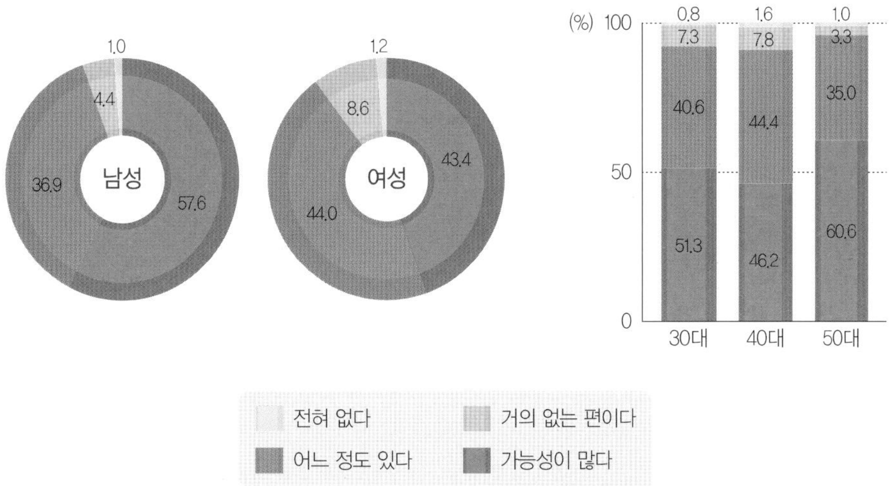

그림 3-4 헤어질 가능성

명이었으며, 생각해본 적이 별로 없다는 사람은 635명으로 대부분이 이혼을 고려하지 않았다는 점을 알 수 있다. 그런데 흥미로운 점은 이혼에 대한 생각을 자주 해보았다는 사람이 131명에 달한다는 것이다. 이는 부부관계가 어떠냐는 질문에 부정적 응답을 한 사람이 10명에 불과하였다는 결과와 매우 대조되는 수치이다. 이렇게 자주 이혼을 생각하는 사람들은 여성이 13.1%, 남성이 4.6%로 여성 응답자가 많았으며, 연령대별로는 30대가 7.3%, 40대가 10.9%, 50대가 8.2%로, 40대에서 응답 비율이 조금 높았다.

부부가 헤어질 가능성이 있는지에 대해서는 '헤어질 가능성이 많다', '헤어질 가능성이 어느 정도 있다'고 응답한 사람이 114명이었다. 앞에서 이혼을 고려해본 적이 있다고 응답한 131명 가운데 114명이 헤어질 가능성이 있다고 응답한 것이다. 그런가 하면 '헤어질 가능성이 전혀 없다'는 사람이 783명, '거의 없는 편이다'가 608명이어서 조사 대상자는 대부분 헤어질 생각을 하지 않는 것을 알 수 있다. 여성이 남성보다 이혼을 더 자주 생각하며, 헤어질 가능성이 있다고 생각하는 비율도 높았다.

그렇다면 이혼을 생각해본 적이 있고, 헤어질 가능성이 어느 정도 이상 있다고 생각하는 부부들은 '그럼에도 불구하고' 이혼하지 않고 결혼을 유지하는 이유가 무엇일까? 이들 중 상당수는 어떤 생활사건을 겪으면서 생겼던 배우자에 대한 불만이 시간이 지나면서 사라져 더는 이혼을 적극적으로 고려하지 않게 되지만 또 다른 한편으로는 한국 부부들이 결혼생활을 유지하는 가장 큰 이유는 '자녀' 때문이라고 한다.

돌봐주어야 할 자녀가 있는 경우 불만스러운 부부관계를 참고 버티게 하는 요인이 될 수 있는데 그러한 부담, 즉 자녀독립기 이후 자녀양육에 대한 부담이 줄어드는 시기에 불만족스러운 부부관계를 청산할 가능성도 높아진다고 하겠다. 이는 결혼 지속

Tip

한국 가족의 변화

- 청장년층의 미혼, 장년층의 이혼, 고령층의 사별 증가로 유배우율이 지속적으로 감소
  - 1995~2010년 유배우율은 77.6%에서 66.6%로 감소
- 2010년 1인 가구의 주된 혼인상태는 고연령대로 가면서 미혼 · 이혼 · 사별로 변화

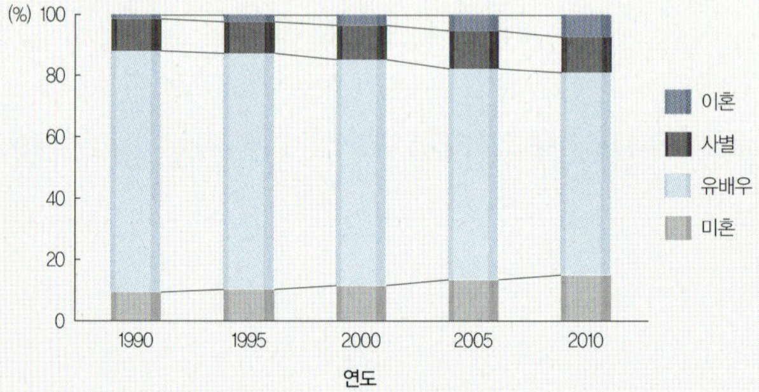

혼인상태 변화

- 1995~2010년 주된 가구 유형이 3 · 4인 가구에서 1 · 2인 가구로 변화
  - 1995년: (4인) 31.7%, (3인) 20.3%
  - 2010년: (2인) 24.3%, (1인) 23.9%

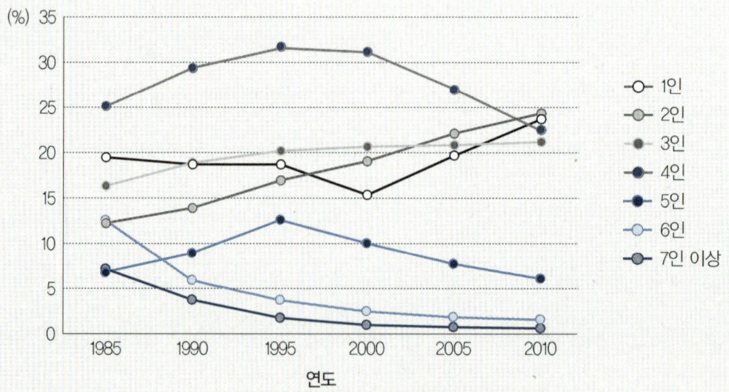

가구원수별 가구 비율 변화

기간이 20년이 넘는 부부들이 자녀에 대한 부양책임이 거의 완료되는 시점까지 기다려서 이혼하는, 황혼이혼이 증가하는 현상과 관련된다.

- 1인 가구의 주된 혼인상태가 저연령대에서 고연령대로 가면서 미혼 · 유배우 · 사별(1995년)에서 미혼 · 이혼 · 사별(2010년)로 이행 패턴 변화
  - 이러한 이행 패턴 변화는 2005년에 최초로 나타남

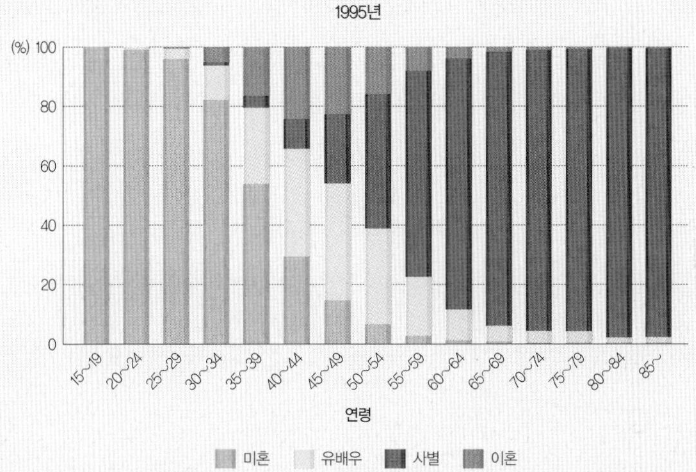

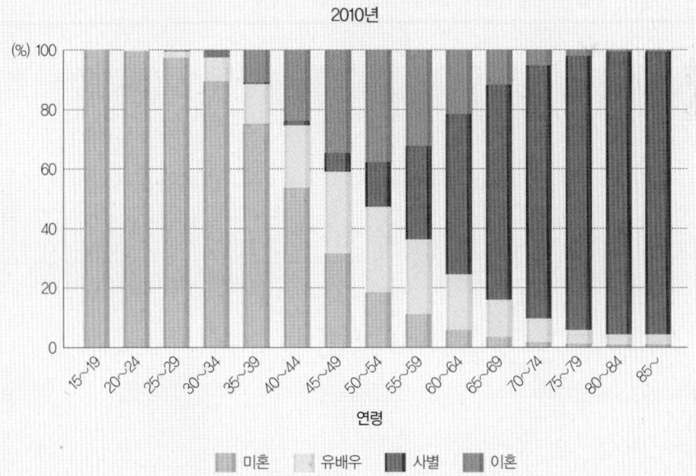

연령대별 1인 가구 가구주의 혼인상태(1995~2010)

출처: 통계청, 2012, '한국 가족의 변화' 보도자료

세상읽기

중년부부와 이혼

남녀 모두 50대 이상의 이혼이 2006년 이후 계속 증가하고 있다. 전체 이혼 중 가장 높은 비중의 연령층은 남성은 40대 초반, 여성은 30대 후반이고, 2000년 이후 비중이 급증하고 있는 연령층은 남녀 모두 40대 후반 이상인 것으로 나타났다.

이와 더불어 평균 이혼연령은 남성 45.0세, 여성 41.1세로 2009년 대비 각 0.5세, 0.4세 상승하였는데, 2000년에 비해 남성은 4.9세(40.1→45.0세), 여성은 4.6세 상승(36.5→41.1세) 하였다.

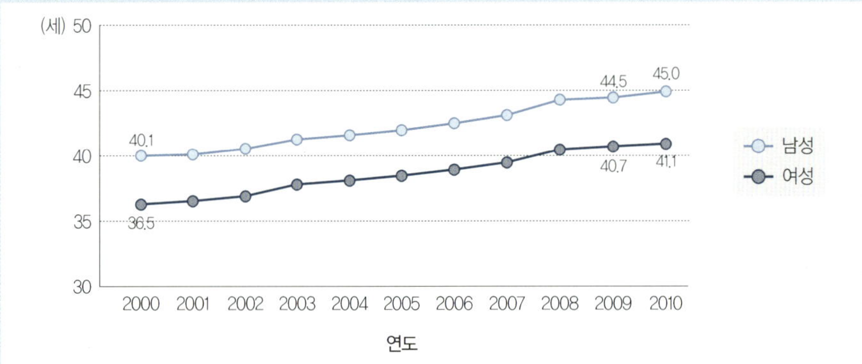

남녀 평균 이혼연령 추이

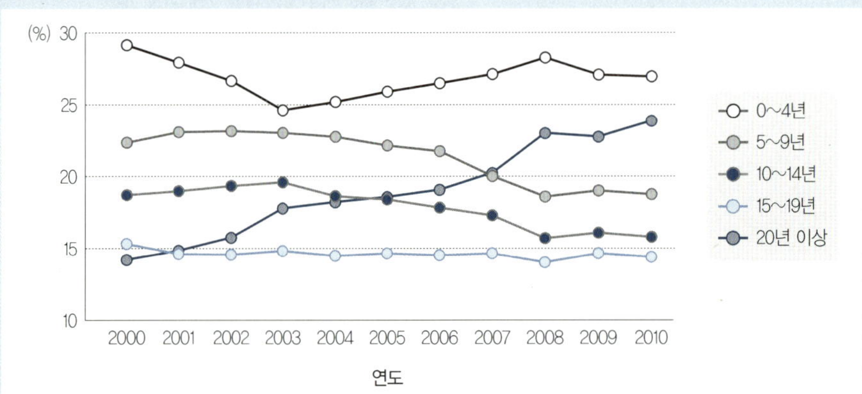

동거기간별 이혼 구성비

• 이혼 부부의 평균 동거기간은 13.0년으로 2000년 대비 2.1년 길어지는 등 지속적인 증가세를 보이고 있으며, 동거기간별로 비교해보았을 때 전체 이혼자 중 2000년에 비해 비중이 급증한 층은 동거기간 20년 이상으로, 9.6%p 증가하였다.

출처: 통계청, 2011, 2012년 혼인 이혼 통계

베이비부머의 가족생활주기(family life cycle)

남자와 여자가 결혼을 해서 가족을 이루면 이때부터 가족생활주기가 시작된다. 가족생활주기는 결혼, 첫 자녀 출산, 막내 자녀 출산, 첫 자녀 초등교육기, 첫 자녀 중등교육기, 첫 자녀 고등교육기 등 결혼과 자녀 성장을 중심 지표로 단계가 구분된다.

현재 중년기에 속하는 베이비부머 여성들은 평균적으로 25세에 결혼했고, 결혼한 지 약 1년 후 첫아이를 낳았다. 평균 2자녀(1.92명) 정도 출산했기 때문에 첫아이를 낳고 막내를 출산하기까지 3년 내외가 소요되었고 이때 30세 내외가 되었다. 30대 중반에 첫아이를 초등학

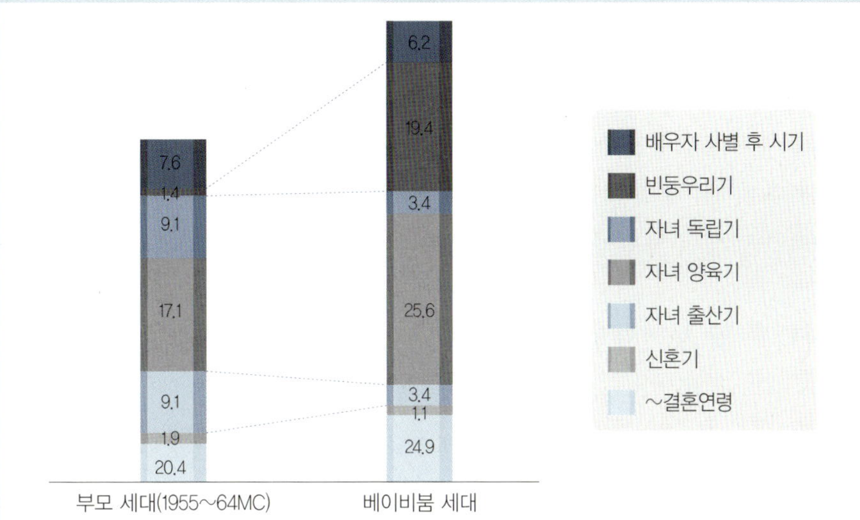

베이비부머의 가족생활주기

교에 입학시키고 40대 초반에는 중학생, 40대 중반에는 고등학생, 대학생 자녀를 두게 되었다. 베이비부머 여성들은 이전 세대에 비해 자녀를 적게 출산해 자녀 출산기가 부모 세대에 비해 약 3분의 1로 축소되었고, 자녀 양육기가 짧아졌다. 또 평균수명이 길어지면서 자녀 독립 후 부부만 생활하는 빈둥우리기가 19.4년으로 부모 세대의 1.4년에 비해 무려 14배 정도 증가할 것으로 전망된다. 부부만 남게 되는 기간이 증가하면서 부부관계의 중요성이 커진 것이 중년기 이혼의 증가와 연관된다는 지적이 있다.

출처: 한국 베이비부머들의 삶의 지평(한경혜 외, 2011)

2. 중년기 부모와 자녀 관계

중년기 부모에게 자녀는 시간과 정력의 대부분을 투자해온, 이들의 자아와 인생에 가장 의미 있는 대상이다. 레빈슨은 이를 인생구조(life structure)의 중심요소라고 표현했다. 자녀의 성장은 중년기 부모와 자녀 관계의 성격에 변화를 가져오면서 자녀가 중년기 자신의 인생구조에서 차지하는 중요성을 돌아보게 함으로써 인생구조 기획을 변화시키는 요인이 된다. 리프 등(Ryff et al, 1994)에 따르면 이때 자녀가 얼마나 잘 자랐다고 지각하는가 하는 점이 자신의 삶에 대한 잣대로 작용하면서 중년기의 심리적 복지에 결정적인 영향을 미치게 된다고 한다.

이러한 배경에서 중년기 부모와 자녀의 관계를 파악하기 위하여 총자녀수, 자녀와의 전반적인 관계, 부모됨의 의미 그리고 자녀 지원에 대한 태도를 살펴보았다.

(1) 자녀수 및 자녀와의 관계

자녀가 없는 조사 대상자는 125명으로 중년 남녀는 대부분 자녀가 있었다. 자녀를 두 명 둔 사람이 전체의 절반을 넘어 자녀가 둘인 핵가족 형태가 중년기의 가장 보편적인 가족 형태라고 볼 수 있다. 연령별로 보면, 30대는 아이가 없는 사람들이 있어서 '자녀 없음'의 비율이 14.4%로 조금 높았다. 자녀 없음의 비율은 40대, 50대로 올

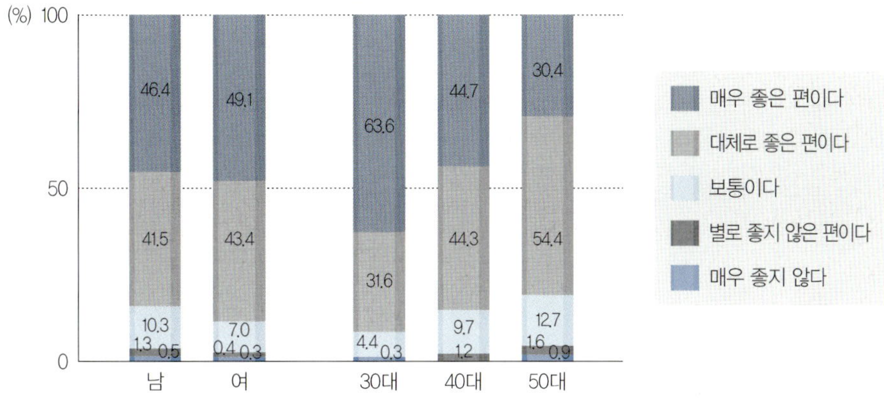

그림 3-5 자녀와의 관계

라갈수록 점차 줄어들었다. 40대는 자녀를 두 명 둔 사람의 비율이 66.8%로 다른 연령대보다 높았고, 50대는 자녀가 셋 이상인 사람의 비율이 다른 연령대보다 높았다.

조사 대상자의 전반적인 자녀와의 관계를 살펴보면, 응답자의 90.2%가 '대체로 좋은 편이다' 또는 '매우 좋은 편이다'와 같이 관계가 좋다고 응답하였다. 반면 '좋지 않은 편이다'나 '매우 좋지 않다'와 같이 관계가 좋지 않다고 응답한 사람은 1.2%였다.

이러한 경향을 성별로 보면, 남녀 모두 자녀와의 관계를 좋다고 평가했다. 연령별로 보면, 30대는 자녀와의 관계를 좋다고 지각하는 사람이 전체의 약 95%를 차지해 어느 연령대보다도 자녀와의 관계를 긍정적으로 지각했다. 하지만 50대는 다른 연령층보다 상대적으로 많은 사람이 '보통이다', '별로 좋지 않은 편이다'로 응답했다.

(2) 부모됨의 의미[10)]

중년의 부모들이 지각하는 부모됨의 의미는 무엇인지 알아보기 위해 부모됨의 경험에 대하여 성과 연령에 따라 어떤 분포를 보이는지 살펴보았다(그림 3-6). 부모됨의 의미는 부모됨의 긍정적인 경험과 부정적인 경험에 대한 7개 문항을 사용했는데,

10) '부모됨의 의미'는 부모로서의 자기 평가 및 자녀와의 생활에 대한 전반적인 평가로서 5점 리커트 척도 7문항으로 구성되어 있다. '부모됨의 의미'의 전체평균값은 26.5로서 중간값인 20보다 높아 전반적으로 부모됨을 긍정적으로 지각하는 것을 알 수 있다.

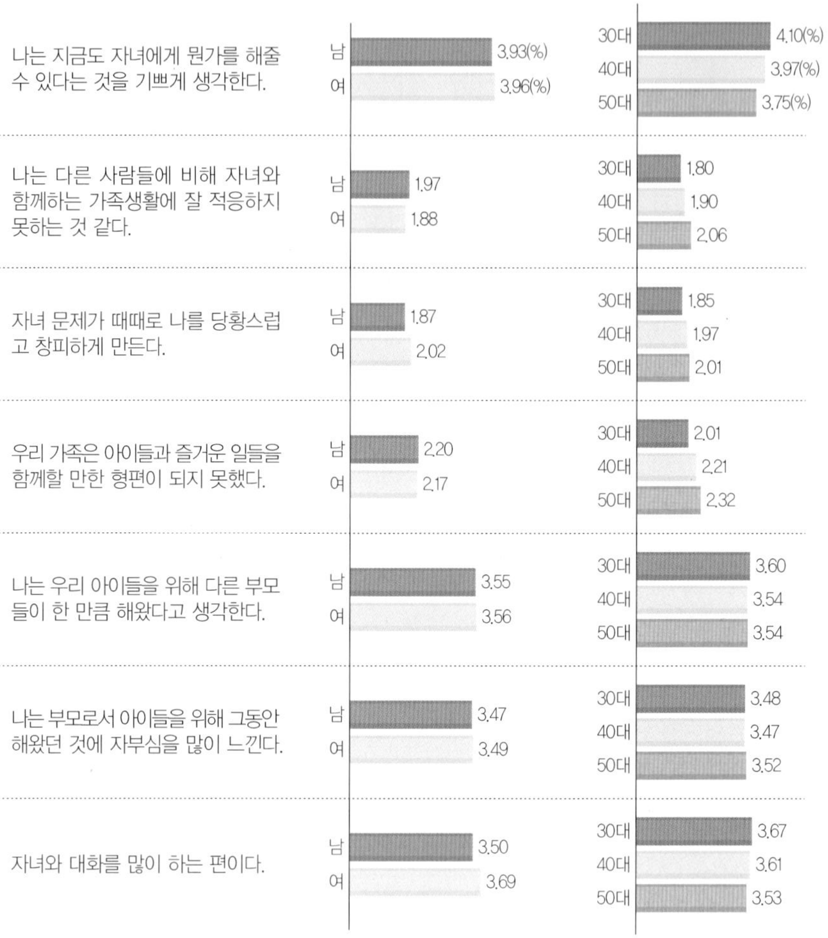

그림 3-6 부모됨의 의미

이는 리프가 고안하여 MIDI에 처음으로 도입된 것으로, 점수가 높을수록 부모로서 자신의 역할 경험이나 자녀와의 관계에 대해 긍정적으로 평가하는 것이다. 부정적 경험 문항은 역코딩하여 점수화하였다.

중년은 전반적으로 부모로서 자신들의 경험과 그에 대한 평가, 자녀에 대한 의무 등을 긍정적으로 지각했다. 부모됨의 긍정적 경험은 남성의 경우 26.41로 평균보다 약간 낮았으며, 여성은 평균보다 높은 26.62이지만 이러한 차이는 통계적으로 유의하지 않다. 연령별로는, 30대가 부모됨의 경험을 가장 긍정적으로 보았다. 그 반면에

50대는 부모됨의 긍정적 경험의 점수가 25.94로 평균 점수인 26.52보다 낮아 세 연령 집단 가운데 부모됨의 경험을 가장 부정적으로 보았다.

이를 항목별로 자세히 살펴보면, 성별 차이가 통계적으로 유의미한 문항은 '자녀 문제가 때때로 나를 당황스럽고 창피하게 만든다'와 '자녀와 대화를 많이 하는 편이다'이다. 이 문항에서 여성의 응답 점수가 남성의 응답 점수보다 높았다. 이로써 여성은 자녀와의 경험에서 양가적 감정을 가지고 있는 것을 알 수 있다.

이에 비해 통계적 차이는 나타나지 않았지만 남성은 '나는 가족생활에 잘 적응하지 못한다'나 '즐거운 일들을 함께할 형편이 되지 못했다'에서 여성보다 점수가 높았다. 즉 여성에게서는 자녀에 대한 애증의 정서가 교차하는 반면, 남성에게서는 부모됨의 경험에 자녀에게 잘해주고 싶지만 그렇게 하지 못하는 아쉬움이 내포되어 있다. 이렇듯 정서 차이가 나타나는 것은 남성이 여성보다 자녀와의 상호작용이나 가족생활에서 유리되어 있기 때문인 듯하다.

연령별 차이가 있는 문항들은 '자녀에게 뭔가를 해줄 수 있다는 것을 기쁘게 생각한다'와 '대화를 많이 하는 편이다'의 긍정적 경험과 '나는 자녀와 함께하는 가족생활에 잘 적응하지 못하는 것 같다', '자녀 문제가 때때로 나를 당황스럽고 창피하게 만든다' 그리고 '우리 가족은 아이들과 즐거운 일들을 함께할 만한 형편이 되지 못했다'의 부정적 경험으로 나타났다.

30대는 주로 긍정적인 경험을 많이 하는 반면, 50대는 부정적인 경험을 많이 했다. 30대의 경우 자녀의 나이가 어려서 부모가 자녀에게 관심을 집중하고 많이 관여하는 시기라는 점을 고려해볼 때 자녀와의 상호작용에서 보람이나 자부심, 행복감 같은 긍정적 경험이 다른 연령대보다 두드러졌다.

그런가 하면 50대는 이제 '품안의 자식'이 아닌 자녀와의 상호작용을 부담스럽게 여기는 듯하다. 이는 자녀와의 관계 평가에서 50대가 가장 낮은 점수를 보인 것과도 연결된다.

(3) 자녀 지원에 대한 태도

40~50대로 넘어가면서 나타나는 자녀와의 관계 변화가 자녀세대에 대한 경제적 지원 부담과 관련이 있는지 살펴보기 위해 2차 조사에서는 1차 조사 대상자 40~50

대 200명을 대상으로 자녀에게 경제적으로 지원하는 것에 대한 태도를 살펴보았다. 자녀를 지원하는 태도는 자녀의 성인기 전이 시기에 따른 지원과 경제적 지원에 대한 태도로 구분해 살펴보았다. 지원 시기의 패턴이 아들이냐 딸이냐에 따라 차이가 있을 것으로 보고 이를 구분하여 질문지를 구성하였다.

〈그림 3-7〉에서 보듯이, 아들의 경우, 전체의 28.9%가 '대학교 졸업까지' 지원한다고 해서 2순위인 '취직할 때까지(27.8%)'를 약간 앞질렀다. 그다음 순위는 '결혼할 때까지'로 24.9%가 나왔다. 반면, 딸의 경우, 37.8%가 '결혼할 때까지' 지원해야 한다고 응답해 아들의 지원과 차이를 보였다. '대학 졸업까지' 지원한다는 것은 2위를 차지하였고, '취직할 때까지' 지원한다는 것은 22.4%에 머물렀다. 부모는 아들이 대학 졸업 이후 곧바로 취업하여 자립하기를 원하지만 딸은 학교 졸업이나 취직과 관계없이 결혼할 때까지 부모가 책임져야 한다는 의식이 강했다. 이러한 결과는 자녀가 학업을 마치는 시기가 연장되어 취직이 늦어지고, 청년 실업이 늘어나는 점 그리

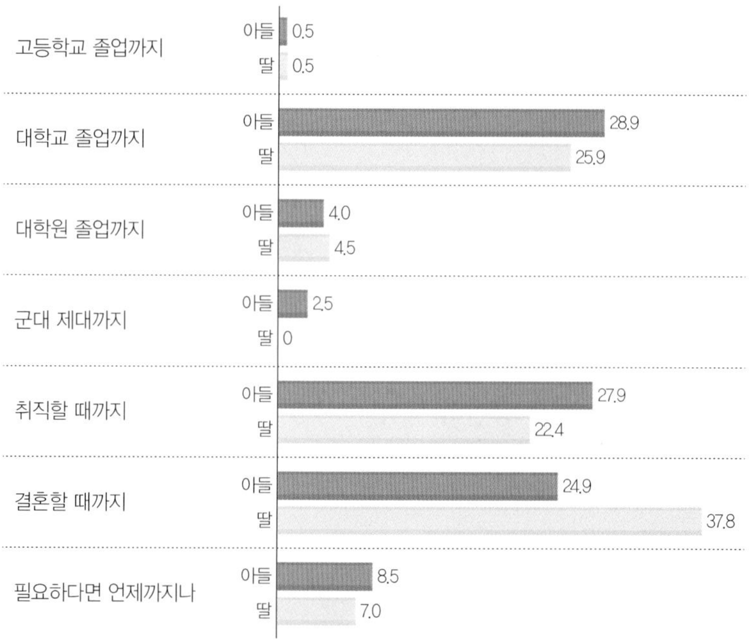

그림 3-7 자녀 지원 언제까지?

고 혼인 연령이 높아지는 최근의 경향을 고려한다면, 부모의 경제적 부담이 점차 커지는 것을 의미한다.

그렇다면 부모는 자녀 지원에 대해 어떻게 평가할까? 이를 위해 자녀 지원에 대한 부모의 태도를 살펴보았다(그림 3-8 참조). 중년기 부모들은 자녀를 지원하는 문제에 대하여 상당히 호의적이고 긍정적으로 평가했다. 거의 모든 문항에서 이들은 긍정적 응답을 하여, 부모가 경제력이 있는 한 자녀를 도와주는 것은 당연하며, 그렇게 함으로써 자녀가 부모 세대보다 더 나은 삶을 살게 하고 싶어했다. 부모는 자녀가 취직할 때까지, 심지어 취업을 미루고 학업을 계속해도 뒷바라지할 준비가 되어 있었다.

조사 대상자의 부모 세대는 미래에 대한 투자의 하나로 자녀를 교육했다. 조사 대상자 역시 부모 세대와 같은 목적에서 자녀를 교육하느냐는 질문에는 대답이 둘로 나뉘었다. 즉 자녀에 대한 지원이 미래를 위한 투자 성격이라는 문항에 45.3%가 '대체로 그렇다'에서 '정말 그렇다'로 응답하였는데 이는 다른 문항들과 비교해볼 때 가

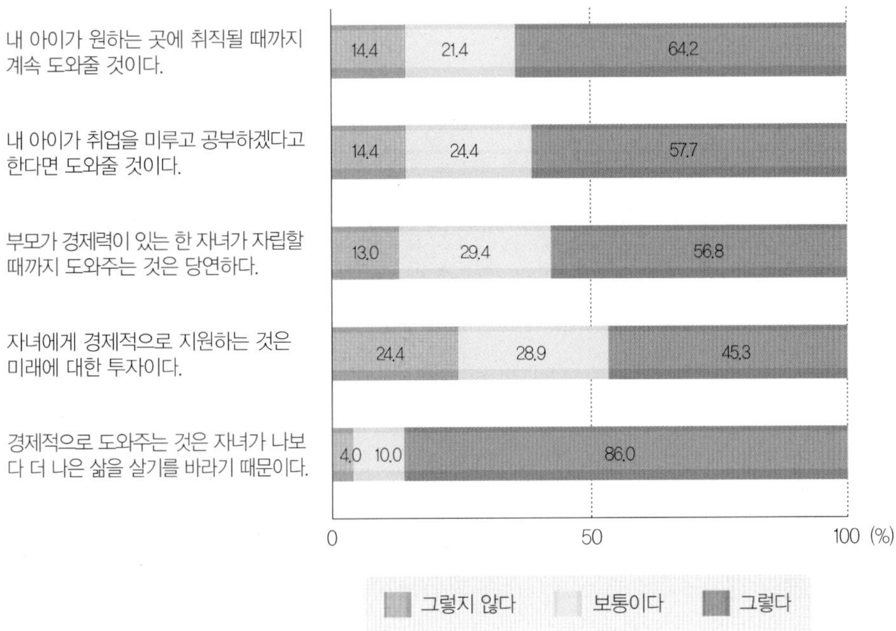

그림 3-8 자녀 지원에 대한 태도

장 낮은 수준이다. 24.4%가 나중에 자녀에게서 부양이나 혜택을 받기 위해 그들에게 투자하는 것이 아니라고 대답했다. 반면, 대다수(86%)가 자녀가 자신들보다 더 나은 삶을 살기를 바라는 마음에서 자녀에게 경제적 지원을 제공한다는 문항에 동의를 표하였다. 따라서 전반적으로 볼 때, 조사 대상자는 자녀를 지원하는 것을 부모로서 당연한 일이라고 보는 것을 알 수 있다.

3. 노부모와 성인자녀의 관계

노부모와 성인자녀 간 세대 관계에 대한 서구의 학문적 관심은 초기에는 주로 '산업화에 따른 핵가족화와 노인세대의 고립 가설'[11)]을 반증하려는 실증적 탐색의 성격으로 촉발되었다. 그래서 노인들을 대상으로 세대 간 접촉 빈도와 지원 교환의 내용, 교환의 양 등 자녀와의 상호작용을 파악하려는 연구들과 이러한 상호작용의 질적 측면, 즉 세대 간 정서적 유대, 친밀감 등을 파악하는 연구들이 주를 이루었다. 이들 연구는 가족구조가 핵가족 형태로 바뀌었는데도 노부모 세대가 고립되지 않고 자녀와 상당한 정도의 교환 관계를 맺고 정서적 유대감을 유지하고 있다는 것을 보여주었다.

최근 들어서는 세대 간 교환 관계가 노부모와 성인자녀의 삶의 질에 미치는 영향을 탐색하는 연구가 늘고 있다. 가족과 세대 관계에 대한 규범이 변하면서, 세대 간 접촉과 지원 교환이 노인세대나 자녀세대에게 반드시 긍정적인 효과만 주는 것이 아닐 수 있다고 보기 시작한 것이다. 또 수명이 길어지면서 자녀에 대한 의존성이 커지는 노년기가 길어지고, 자녀의 지원이 노인의 삶의 질에 미치는 영향이 점차 커지고 있다는 인식이 확산된 것도 원인으로 작용하였다. 이러한 맥락에서 세대 간 지원 교환이 삶의 질에 어떤 영향을 미치는지, 심리적 복지와 어떤 관계가 있는지 탐색하는 연구가 진행되었다.

이러한 세대 관계, 세대 간 교환, 세대 간 지원 교환과 삶의 질에 대한 연구들이 주로 노인에 초점을 맞추고 있는데, 이는 노인을 가족과 자녀의 부양 대상으로 보는 사

11) 산업화가 핵가족화를 가져왔는데 이러한 가족구조의 변화가 노인들을 가족으로부터 고립시킨다는 가설.

회적 시각을 반영한 것이다. 그러나 세대 관계에 들어 있는 비대칭성[12] 때문에, 누구의 관점에서 세대 관계를 파악하느냐에 따라 세대 관계의 구조가 서로 다르게 제시된다. 따라서 세대 관계의 또 다른 축인 자녀세대를 대상으로 한 실증 연구가 필요하게 되었다. 또 다른 측면으로 노인은 자녀에게 일방적으로 부양받는 것이 아니라 자녀에게 상당한 지원을 제공하면서 역동적이고 호혜적인 교환 관계를 구성한다. 그런데도 노인을 수혜자가 아닌, 지원 제공자로 살펴본 연구나 노부모와 성인자녀 간 지원 교환이 실제 어떤 양상을 보이는지, 과연 얼마나 호혜적으로 교환되는지를 체계적으로 파악한 연구는 거의 없다.

따라서 현재 우리나라 가족에서 세대 간 지원 교환 관계의 유형을 결정짓는 중요한 요인이 무엇인지 탐색하는 작업은 가족 내 세대 관계의 현주소와 역동을 이해하는 데 요긴한 단서가 될 것이다. 이러한 배경에서 중년의 성인자녀와 노부모의 관계에 세대 간 지원 교환의 양상과 세대 간 지원 교환 유형, 그리고 이러한 세대 간 교환 유형을 결정하는 요인에 대해 파악하였다.

(1) 세대 간 지원 교환 유형

노부모와 성인자녀는 일상생활의 다양한 측면에서 지원을 주고받는데, 이러한 지원 교환의 정도와 내용이 이들의 심리적 복지에 직간접적으로 중요한 영향을 미친다(한경혜 외, 2000; Lee, Netzer & Coward, 1995; Stoller, 1985).

이러한 맥락에서 지원 교환의 방향에 따라 세대 관계를 유형화하고, 다양한 유형 중 호혜적 성격의 교환 유형이 차지하는 비중과 관련 요인을 파악하는 작업이 최근 늘고 있다. 호건(Hogan) 등(1993)이 NSFH(National Survey of Families and Households) 자료를 이용해 미국 성인의 세대 관계를 분석한 것이 서구의 대표적인 연구 예이다. 연구에서는 현금 지원, 충고 · 조언, 손자녀 돌보기, 노부모 간호, 가사 돕기 영역에서의 세대 간 지원 교환 자료를 가지고 LCA(Latent Class Analysis)기법을 활

12) 일반적으로 자녀에게 부/모는 1명씩이지만, 부모에게 자녀는 적어도 1명 이상이므로 세대 관계는 기본적으로 비대칭성을 특징으로 한다. 이러한 비대칭적 특성은 심리학에서 이야기하는 class room effect, 즉 교사 1인에 학생은 다수인 관계에서 관찰되는 비대칭성에 견주어진다. 따라서 누구의 관점에서 세대 관계를 서술하느냐에 따라 접촉 빈도, 지원 정도 등과 같은 세대 관계의 기본 윤곽이 달라진다. 이런 점 때문에 세대 관계에 대한 논의에서는 서술의 대상 주체를 확실히 해주는 것(anchoring)이 매우 중요하다.

용해 지원 교환 유형을 파악하였다. LCA기법은 범주형 변수 사이의 상호관계에 기초하여 잠재유형을 분석하는 방법인데, 그 결과, 미국 성인의 세대 간 지원 교환 관계는 '약한 교환 관계', '주로 도움을 주는 관계', '강한 교환 관계', '주로 도움을 받는 관계' 네 유형으로 나뉘었다.

국내 연구들도(김두섭 외, 2000; 김정석 외, 2000; 박경숙, 2003; 이숙현, 손승영, 1992; 윤현숙, 2003) 교환의 방향성과 정도에 기초하여 지원 교환을 유형화하고 있다. 김정석 등(2000)은 쌍방형, 수급형, 공급형, 무교환형 네 유형으로 범주화하였고, 윤현숙(2003)은 상호 호혜형, 공급형, 수혜형 세 유형으로 분류하였다. 박경숙(2003)도 가족 수준에서 다양하게 형성되는 세대 관계의 구조적 특성을 밝혀보고자 호혜성에 기초한 강한 지원 관계, 비호혜성에 기초한 강한 지원 관계, 중간 수준의 상황적 지원 관계, 중간 수준의 규범적 지원 관계, 고립형 다섯 유형으로 구분하였다.

중년기 남녀의 세대 간 지원 교환의 유형을 알아보기 위해 전체 표본 중 부모가 한 분이라도 살아 있는 1,106명을 대상으로 하는 분석을 실시하였다. 조사 대상자 중 30대가 51.2%로 가장 많았으며, 40대가 33.3%, 50대가 15.6%의 순으로 나타났다. 연구의 성격상 부모가 한 분이라도 살아 있는 사람을 대상으로 하다 보니 50대의 비율이 상대적으로 낮았다.

이 연구에서는 세대 간 지원 교환 유형의 분포를 영역별로 살펴보기 위해 경제적 지원, 정서적 지원, 도구적 지원 각 영역에서 부모의 지원을 받는 정도를 묻는 1문항과 부모에게 지원을 주는 빈도를 묻는 1문항, 총 6문항으로 지원 정도와 방향을 측정하여 '쌍방형', '자녀수혜형', '자녀지원형', '무교환형'으로 분류하였다.[13)]

먼저 경제적 지원 교환에서는 자녀가 일방적으로 노부모에게 지원을 제공하는 '자녀지원형'이 가장 많아 여전히 노부모의 경제생활에 대한 성인자녀의 지원 기능이 강한 것을 알 수 있다. 노후 경제생활을 위한 공적인 지원체계가 부족한 우리 상황에서

13) 세대 간 지원 교환 문항은 총 6문항으로, '전혀 없음' 1점에서 '자주 있음' 4점까지 4점 리커트 응답방식이다. '전혀 없음, 별로 없음'으로 응답한 경우를 '없음'으로, '가끔 있음', '자주 있음'으로 응답한 경우를 '있음'으로 묶어 이분변수화한 뒤 각 영역에서 부모에게 도움을 주는 것과 부모에게서 도움을 받는 것이 둘 다 '있음'에 속하면 '쌍방형', 각 영역에서 자녀가 부모에게 도움을 주는 것은 '없음'에 속하고, 부모에게서 도움을 받는 것이 '있음'이면 '자녀수혜형', 각 영역에서 자녀가 부모에게 도움을 주는 것은 '있음'이고 부모에게서 도움을 받는 것이 '없음'이면 '자녀지원형', 각 영역에서 도움을 주는 것과 받는 것이 둘 다 '없음'이면 '무교환형'으로 분류하였다.

노부모에 대한 자녀의 경제적 지원은 여전히 중요한 역할을 수행하는 것이다.

정서적 지원 교환에서는 '쌍방형'이 가장 많았는데, 이는 물질적 지원에 비하여 비물질적 지원에서는 다른 영역과 비교할 때 세대 간에 호혜적 관계를 유지하기가 상대적으로 쉽기 때문인 것으로 해석할 수 있다(김정석 외, 2000; 민무숙, 1995; Shanas, 1980). 또 경제나 도구적 지원에 비하여 정서적 지원은 심리적 교류를 포함하므로 일방적인 관계가 형성되기 어렵기 때문이다(Shi, 1993).

도구적 지원 교환에서는 '무교환형'이 가장 많았는데, 일상적인 접촉이 필요한 도구적 지원의 성격상 거주 근접성 요인이 제약 조건으로 작용하였기 때문이다(김정석 외, 2000). 즉 조사 대상자의 동거 비율이 10.7%밖에 되지 않고, 응답자의 약 절반이 노부모와 멀리 떨어져 살기 때문에 일상적인 접촉이 제한될 수밖에 없었다.

이와 같이 지원 교환 영역에 따라 유형 분포에 차이가 있는 것은, 각 영역에 있는 지원의 특성을 반영하는 결과이다. 주로 물질적으로 교환되는 경제적 지원 교환에서는 자녀에 비해 경제적 능력이 부족한 노부모와 중년기 자녀가 호혜적 관계를 유지하기는 어려워 보인다. 감정 교류를 포함하는 정서적 지원 교환에서 가장 호혜적인 관계를 유지하지만 동거와 같은 환경 조성과 물리적 · 신체적 지원의 교환이 필요한 도구적 지원 교환은 상대적으로 잘되지 않았다.

한편, 전체적으로 '무교환형'이 모든 영역에서 비교적 비율이 높은 것으로 보아 현재 우리나라에서 중년기 자녀와 노부모의 지원관계가 생각보다 약한 것을 알 수 있다.

한편, 최근 한경혜와 김상욱(2010)은 기혼 성인자녀와 노부모의 경제적 · 도구적 지원제공 및 수혜 양상에 대해 부계와 모계를 비교한 연구결과, 남편 부모에 대한 경제적 지원제공에 비해 아내 부모에 대한 경제적 지원제공이 활발하지 못한 것으로 나타났다. 도구적 지원에서 적극적인 지원제공 대상은 남편 부모인 데 비해 아내 부모로부터는 적극적인 지원을 받는 경향이 나타나서 비대칭적 양계화 경향이 확인되었다고 하였다.

이는 선행연구(김두섭 외, 2000)에서 지적하였듯이 가족 지원 체계의 기초가 변하고 있으며 서로 지원을 주지도, 받지도 않는 관계에 있는 사람들, 그리고 부계와 모계의 세대 관계와 삶의 질에 대한 학문적 탐색, 정책적 배려의 필요성을 알려주는 지표가 된다.

(2) 세대 간 지원 교환 유형의 결정 요인

호혜성 정도 등 세대 간 지원 교환의 유형은 노부모와 성인자녀의 자원, 필요, 근접성, 가용성, 세대 관계에 대한 규범, 태도 등 복합적 요인으로 결정된다. 따라서 현재 우리나라 가족에서 세대 간 지원 교환 관계의 유형을 결정짓는 중요 요인이 무엇인지 탐색하는 작업은 가족 내 세대 관계의 현주소와 역동을 이해하는 데 중요한 단서가 된다. 그런데도 지원 교환 유형을 결정짓는 요인을 탐색한 체계적 실증 연구는 매우 부족하다. 지원 교환과 관련된 변수를 탐색하는 연구들은 대부분 지원 제공이나 수혜 정도에 각각 영향을 미치는 변수를 따로 분석하여 탐색한다. 그 결과, 지원 제공과 수혜 정도를 복합적으로 고려하는 지원 교환 유형의 결정 요인에 대한 정보가 매우 부족하다.

세대 간 지원 교환과 성(gender)의 관련성을 탐색한 선행 연구들에 따르면, 전반적으로 여성이 남성보다 노부모에게 더 많이 지원했다(한경혜, 김상욱, 2010; Dwyer & Coward, 1991; Ingersoll-Dayton et al., 1996). 한편, 남성은 여성보다 호혜적인 성격의 세대 간 교환 관계를 맺고 있었는데(Starrels et al., 1997), 이는 서구의 경우 여성/딸의 지원에 대한 사회적 기대가 높아서 부모가 딸의 지원을 당연하게 여기는 반면, 남성/아들의 지원에 대해서는 사회적 기대가 상대적으로 낮아 부모가 더 감사히 여기고 그에 대한 보상으로 아들에게 더 많이 지원하기 때문(Soldo, Wolf & Agree; 1990)이라는 해석이 있다. 교환되는 지원 영역에도 남녀 차이가 있어 남성은 경제적 지원, 여성은 정서적 지원을 노부모에게 제공했다(Spitze et al., 1990).

노부모의 연령 증가와 관련해 노부모는 나이가 들수록 경제적 · 정서적 · 도구적 의존도가 높아지기 때문에 자녀의 경우, 연령이 많아질수록 부모를 더 많이 지원한다(Lang & Brody, 1983). 지원 영역에 따라서는, 경제적 지원에서 연령이 많아질수록 지원하는 양도 늘어난다는 연구(강유진, 한경혜, 1997; 전길량 외, 1993; 이숙현 외, 1992; 한경혜, 김상욱, 2010; Dywer et al., 1991)와 자녀의 연령과 경제적 부양 제공은 관계가 없다(김경원, 1989)는 결과가 공존한다. 정서적 지원에서는 자녀의 연령이 높을수록 부모에게 정서적 지원을 적게 받았다(정기원, 2001).

또 일반적으로 교육 수준이 높을수록 세대 간 지원 교환 관계를 유지하는 경향이 큰 것으로 나타났는데(Archbold, 1983; Hogan et al., 1883; Umberson, 1992), 국내 연구에서도 성인자녀의 교육 수준이 높을수록 부모에게 많이 지원하며(민무숙, 1995), 지원 교환 관계가 활발했다(박경숙, 2003; 전길량 외, 1993). 그 외에도 성인자녀의 경제 상태가 좋을수록 부모에게 제공하는 경제적 지원이 증가하고 노부모 특성 중 배우자가 없는 노부모는 배우자가 있는 노부모보다 자녀 의존도가 높았다(민무숙, 1995; 박경숙, 2003; 이숙현 외, 1992; Brubaker, 1990).

건강한 부모는 자녀에게 의존하지 않고 일상생활을 할 수 있어서 성인자녀의 지원 부담 정도가 낮았다. 반대로 건강이 좋지 않을수록 부모는 자녀에게 의존하기 때문에 자녀에게서 도움을 받는 양이 늘어났다(Hogan & Eggebeen, 1993; Merrill, 1998; Shi, 1993; Spitze et al., 1990). 지원 영역별로 살펴보면, 노부모의 건강이 좋을수록 정서적 지원 교환이 활발하고(서병숙 외, 1990), 노부모의 건강이 좋지 않을수록 성인자녀가 제공하는 도구적 지원의 양이 늘어났다(강유진, 한경혜, 1997).

거주 근접성과 지원 교환의 관련성에서는 자녀와 노부모가 가까이 살수록 세대 간 지원 교환이 활발했다(Croward et al., 1990; 이가옥, 1990; 전길양, 김태현, 1993). 지원 영역별로는, 도구적 지원은 자녀가 노부모와 일상적으로 접촉할 수 있을 만큼 가까이 살 경우에 활발하며(Merrill, 1998; Shi, 1993), 경제적 지원은 멀리 떨어져 살수록 늘어났다(강유진, 한경혜, 1997). 멀리 떨어져 살면 도구적 지원이나 정서적 지원을 하기가 어려운데, 이를 상쇄하기 위해 직접 접촉하지 않아도 되는 경제적 지원으로 대체하는 경향이 있기 때문이다.

(3) 경제적 지원 교환 유형의 결정 요인

지원 영역에 따라 유형을 결정하는 주요 변수가 무엇인지 살펴보기 위해 자원과 필요를 나타내는 변수로 성인자녀의 성, 연령, 교육 수준, 경제 상태와 노부모의 배우자 유무, 건강 상태와 세대 간 상호 교환의 물리적 기초라고 지적되는 거주 근접성을 독립변수로 선정하였다. 그 결과 경제적 지원 영역에서는 교육 수준이 높을수록 지원 관계를 유지할 개연성이 높았다. 교육 수준이 높을수록 사회적 자원을 보유할 여지가 큰데, 이는 노부모와의 경제적 지원 교환 관계를 유지하는 데 큰 영향을 미치는 것으로 보인다.

한편, 선행 연구에서 경제적 지원 교환에서 유형을 결정하는 데 중요한 영향을 미

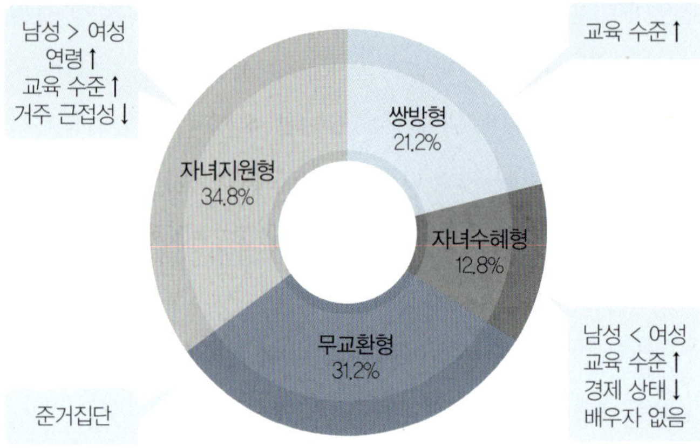

그림 3-9 경제적 지원 교환

출처: 한경혜 · 한민아(2004)

칠 것이라고 예상했던 경제 상태는 '자녀수혜형'에만 영향을 주었다. 즉 성인자녀의 경제 상태가 좋다고 해서 반드시 부모에게 경제적 지원을 하는 것은 아니지만, 자녀가 경제적으로 어려울 때 부모가 '지원원(源)'으로 기능함을 알 수 있었다.

여기서 성별에 따라 차이가 난다는 데 주목해야 하는데, 남성일수록 경제적 지원 영역에서 자녀지원형일 확률이 높고, 여성일수록 자녀수혜형일 확률이 높았다. 이는 부모에 대한 경제적 부양이라는 부계 중심적 의무관계가 여전히 우리나라 가족 내 세대 관계의 모습이기 때문일 것이다. 전체적으로 경제적 지원 교환에는 물질적 교류가 포함되기 때문에 교육 수준, 경제 상태와 같이 자원의 정도를 나타내는 지표가 지원 교환을 유지하는 데 영향을 많이 미쳤다.

(4) 정서적 지원 교환 유형의 결정 요인

정서적 지원 영역에서는 여성이 남성보다 정서적으로 지원을 주고받는 쌍방형일 확률이 높았다. 이는 여성이 남성보다 부모세대와 감정적인 친밀감이나 정서적인 유대를 활발하게 형성하고 표현한다는 의미이다. 경제적 지원 영역에서는 경제 상태나 부모의 배우자 유무가 지원 교환 유형을 결정하는 주요 변수이지만, 정서적 영역에서는 이들 변수의 영향이 관찰되지 않았다. 이로써 정서적 영역에서는 경제적 영역

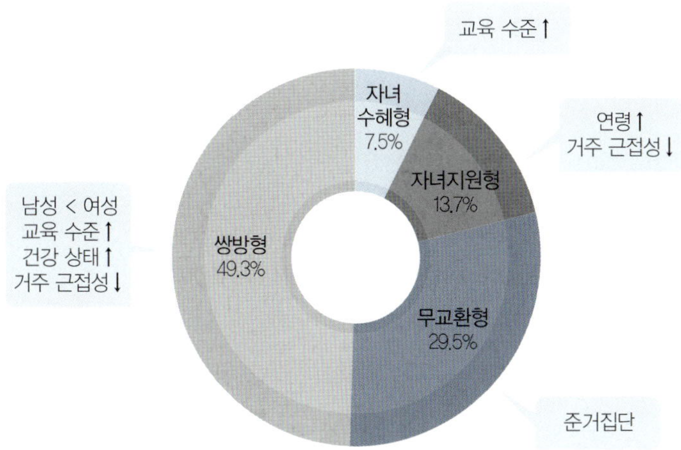

그림 3-10 정서적 지원 교환

출처: 한경혜 · 한민아(2004)

에서보다 '자원'으로 작용할 수 있는 요인의 영향을 덜 받는다는 것을 알 수 있다.

(5) 도구적 지원 교환 유형의 결정 요인

마지막으로, 도구적 지원 영역에서는 부모와의 거주 근접성이 도구적 지원 교환의 유형을 결정하는 데 중요한 요인으로 작용했다. 쌍방형, 자녀수혜형, 자녀지원형 모두 무교환형보다 세대가 가깝게 살 확률이 높았다. 경제적 지원과 정서적 지원은 멀리 떨어져 있는 가족에게 받을 수도 있지만 일상생활을 영위하는 데 필요한 도구적 성격의 지원은 자녀가 노부모와 일상적으로 접촉할 수 있을 만큼 가까이 살아야만 가능하기 때문이다.

주목할 점은 여성보다 남성이 더 많이 지원할 가능성이 크다는 것이다. 이러한 주요 원인은 우리 사회에서 여성은 친정부모를 지원할 때 중심적이지 못하고 주변적이라는 데 있지만, 자기 부모를 지원하기에는 접근하기가 쉽지 않은 데도 이유가 있다. 즉 여성은 친부모와 동거율이 낮으며, 직접 부양할 의무감이 낮기 때문에 도구적 지원을 덜할 수 있다. 그리고 남성이 도구적 지원을 제공했다고 응답한 경우에도 실제 수행한 사람은 그 부인일 가능성을 배제할 수 없다.

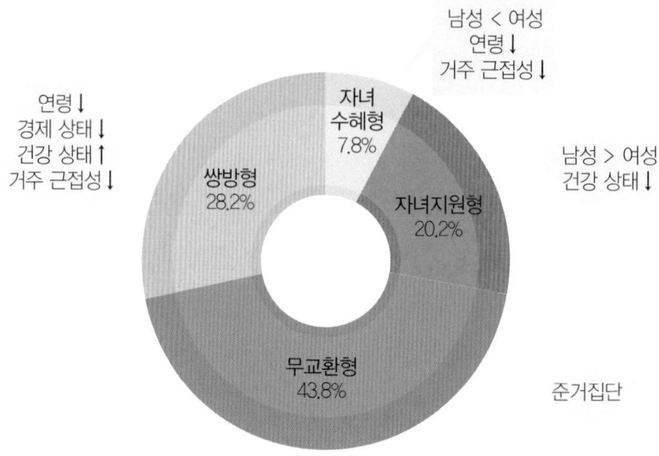

그림 3-11 도구적 지원 교환

출처: 한경혜 · 한민아(2004)

4. 소결

중년기 부부관계에 대한 조사에서 조사 대상자는 대부분 자신들의 부부관계를 비교적 긍정적으로 평가했으며, 이혼에 대한 고려나 헤어질 가능성에 대해서는 부정적인 응답이 많아서 조사 대상자들의 부부관계가 비교적 원만함을 알 수 있었다. 중년기 가족생활의 경우, 조사 대상자는 비교적 만족스러워하고 긍정적으로 평가했다. 하지만 이러한 전반적인 경향의 근저에는 성과 연령에 따른 다양성도 관찰되었다.

중년의 부모들은 자녀와의 관계를 긍정적으로 응답하였고, 부모됨을 대체적으로 행복한 경험으로 지각했다. 또 자신들은 부모로서 해야 할 일을 했다는 자긍심을 나타냈다.

연구에 참여한 중년 남녀의 약 74%가 부모가 두 분 다 살아 계시거나, 두 분 중 한 분이라도 살아 계신 것으로 나타났다. 이를 보면 중년의 응답자들은 미혼의 자녀가 있고 부양을 할 부모 또한 생존해 있는 샌드위치 세대라는 것을 알 수 있었다.

성에 따라 나타나는 가족관계의 차이를 살펴보면, 여성들은 남성에 비해 자녀와의 관계를 더 긍정적으로 지각했다. 부모와의 관계 역시 '관계가 좋다'고 한 사람이 남성보다 여성에게 많았다. 한편, 남성들은 가족과의 관계에 대한 평가나 대화 정도 등에서 여성들보다 부정적으로 응답하였다. 하지만 부모와의 관계에 대한 관심이나 신경을 쓰는 정도는 남성들이 여성들보다 높아, 관계의 질에서 보여준 이러한 경향과는 조금 다른 결과를 보였다. 이러한 성별 차이는 여성이 가족 내에서 정서적인 역할을 담당하고, 자녀와 부모에 이르는 친족 네트워크의 관리자라는 측면에서 해석이 가능하다. 즉, 여성들이 가족에게 정서적 투자를 많이 하고 그 결과 자녀, 부모와의 관계를 더 긍정적으로 평가했을 가능성이 크다. 반면에 남성들은 가족관계에 신경 쓰고자 하지만 현실적으로 할 수 있는 또는 하고 있는 것이 별로 없어서 기대만큼 관계를 맺지 못하고 부정적 평가를 하는 것으로 보인다.

그런데 부부관계에서는 자녀와의 관계나 부모와의 관계와 반대되는 결과가 나타났다. 즉 남성이 여성보다 자신들의 부부관계를 더 긍정적으로 보았다. 반면 여성들은 전반적인 부부관계에서 남성보다 부정적으로 응답했으며, 이혼에 대한 고려나 헤어질 가능성에 대한 응답 또한 더 많았다. 남성은 결혼에 대한 기대가 여성보다 낮아서 현재의 부부관계에 더 만족하는 반면, 여성은 결혼생활이나 부부생활에 비중을 더 많이 두고 기대가 더 큰 데도 충족 수준이 낮다보니 부정적으로 지각하는 것으로 볼 수 있다.

연령 집단에 따른 가족관계의 양상도 상당히 달랐다. 30대의 경우 자녀의 평균 연령이 9세로 다른 연령대보다 자녀가 상대적으로 어리고, 부모들의 건강은 상대적으로 양호했다. 그러다보니 부모님에게는 그렇게 많이 신경 쓰지 않았고 자녀와의 관계나 부모와의 관계를 다른 연령대보다 긍정적이라고 평가했다. 세대 간의 지원 양상을 살펴보면, 연령에 따른 부모와의 관계는 더 명확해진다. 30대에게 부모는 도움을 주어야 할 대상이 아니라 도움을 받을 수 있는 대상이다.

한편 부부관계를 살펴보면, 30대는 40~50대보다 부부관계를 긍정적으로 평가했다. 이혼 고려나 헤어질 가능성도 대부분 부정적으로 응답하여 부부관계가 가장 좋았다. 따라서 30대는 부부 자신들과 자녀에게 관심을 더 많이 갖는 것을 알 수 있다.

그에 비해 50대의 경우, 자녀의 평균 연령이 27세여서 다른 연령대보다 자녀가 성숙했다. 따라서 양육 부담은 줄어들었지만 다른 연령대보다 자녀와의 관계를 부정적으로 평가했고, 부모됨의 경험에서도 당혹감, 창피함 또는 적응의 어려움을 호소하는 비율이 높았다. 자녀와의 관계에서는 비용을 치르고 있다고 볼 수 있는데 이는 자녀의 진학이나 독립, 취업, 결혼 시기 등에서 세대 간 의견 차이가 있기 때문일 것이다.

또 50대는 부양해야 할 부모는 비교적 적지만 부모들의 건강 상태가 가장 나빴으며, 부모에게 주기만 한다는 점에서 부모 부양 부담이 가장 높은 연령이었다. 이러한 측면은 50대가 부모와의 관계를 30~40대보다 부정적으로 평가한다는 점과 부모와의 관계에 관심을 가장 많이 쏟는 연령대라는 점에도 반영되어 나타난다. 그리고 부부관계는 50대가 전반적인 관계 평가에서 가장 낮은 수치를 보여 관계에 대한 만족도가 다른 연령대보다 낮았다. 이렇게 볼 때, 50대는 자녀와의 관계, 부모와의 관계가 매끄럽지 않은 것을 알 수 있으며, 부부관계에서조차 탈출구를 찾지 못하는 것으로 보인다.

Tip

건강하고 행복한 가족을 만드는 비결(Stinnet, 1999)

1. 가족에게 헌신한다.
2. 감사와 애정을 표현한다.
3. 긍정적인 커뮤니케이션을 한다.
4. 함께 시간을 보낸다.
5. 정신적인 성장을 도모한다.
6. 스트레스와 위기에 대처한다.

나의 가족 되돌아보기 워크시트

1. 이제까지 살아오면서 나의 배우자에게 가장 미안했던 일은 무엇이었나요?
2. 이제까지 살아오면서 나의 자녀들에게 가장 미안했던 일은 무엇이었나요?
3. 지금까지도 나의 배우자에게 가장 고맙게 생각하는 점은 무엇인가요?
4. 지금까지 남편으로서, 아내로서 생활하면서 나 자신이 가장 잘하고 있다고 생각하는 점은 무엇인가요?
5. 지금까지 부모로서 나 자신이 잘했다고 생각하는 점은 무엇인가요?
6. 우리 부부가 앞으로 더욱 잘 지내기 위해 특히 내가 노력해야 할 부분은?

나의 인생 여정 돌아보기

지금까지 살아온 인생을 돌아보며, 자기 인생에서의 전환기, 가장 행복했던 지점, 불행했던 지점을 잇는 그래프를 그려보자. 세로축에는 '행복감'점수, 가로축에는 '나이'가 표시되어 있다. 내 삶에서 중요한 인생 사건을 몇 살에 경험했으며, 그때 나의 행복감은 어느 정도였는지를 점으로 찍어 몇 개의 점을 연결하면 인생 곡선 그래프가 완성된다.

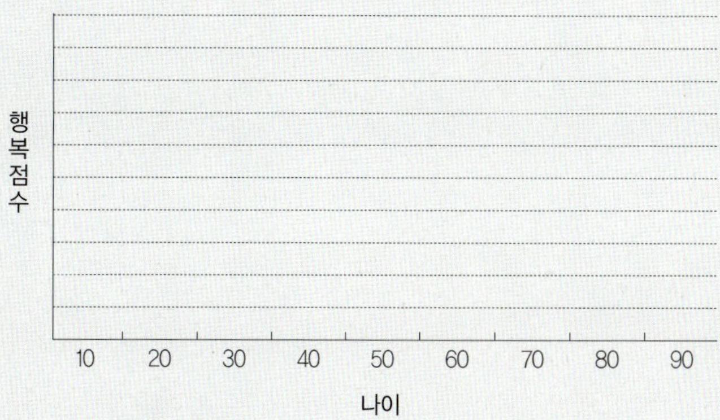

제4장

중년의 역할, 비공식적 부양

제4장 중년의 역할, 비공식적 부양

최근 '비공식적 부양(informal care)', 특히 가족의 부양 기능에 대한 사회적 · 학문적 관심이 높아지고 있다. 사적 이슈(private issue)인 것으로 여겨지던 가족 부양이 사회적 관심 영역으로 드러난 이유 중 하나는 가족의 다른 여러 기능이 사회로 이전되면서 축소된 반면, 부양은 여전히 가족의 본질적 기능으로 기대되기 때문이다. 인간은 타인에 대한 의존이 불가피한 시기에 항상 가족을 주된 정서적 · 경제적 · 도구적 지원 체계로 기대해왔다(Marks & Lambert, 1997).

게다가 최근 인구의 고령화, 가족 규모의 축소 등과 같은 인구학적 변화로 한 개인이 생애 과정에 부양자가 될 확률이 높아지면서(Brody, 1981), 부양자 역할이 규범화되는 추세에 따라 가족 부양에 대한 관심이 더욱 높아지고 있다(Elder, George & Shanahan, 1996). 특히 우리 사회에서는 질병이나 장애 등으로 지속적 돌봄이 필요한 '취약한 개인'의 보살핌을 대부분 가족과 같은 비공식적 부양 체계에 의존하기 때문에 가족 부양 기능의 중요성이 커지고 있다(한경혜, 윤성은, 2002).

가족 부양의 영향, 특히 가족 부양이 부양자에게 미치는 영향을 탐색한 연구들은 주로 스트레스 이론에 근거하고, 부양 지원 경험의 부정적인 측면에 집중했다

(Kramer, 1997). 그러나 최근에는 부양 지원 제공자[14]의 부양 경험 과정을 총체적으로 이해하기 위해, 부양 지원 경험의 긍정적 측면을 포함한 연구가 필요하다는 주장이 제기되고 있다(김진선, 2000; 양옥경, 2000; Farran, 1997; Kramer, 1997).

의존적인 가족이나 친지를 돌보는 것이 부담스럽고 고된 경험인 것은 두말할 필요가 없지만, 부양 지원 경험에 잠재된 긍정적 측면을 간과해서는 안 된다. 실제로 많은 연구자가 다양한 이론적 관점에서 부양 지원 경험의 긍정적 측면을 설명하려고 하였다. 사회교환이론에 근거한 연구자들(Walker, Martin & Jones, 1992)은 인간이 사회적 상호작용에서 보상을 최대화하고 비용을 최소화하려는 존재이므로, 부양이 부담스럽기만 하다면 긍정적인 결과가 제한된 상황에서 왜 부양 행동이 지속되는지 설명하기가 어렵다고 주장했다. 그리고 부양 지원 경험의 보상적 측면을 고려해야 한다고 제안했다.

생애 과정적 역할 관점에 근거를 둔 연구자들(Marks, 1998; Moen, Robinson & Dempster-McClain, 1995)은 부양을 단순히 스트레스원으로서의 생애사건으로 볼 것이 아니라, 인구학적 추세로 볼 때 생애 과정에서 성인기에 한 번쯤은 거쳐야 하는 규범적 역할로 보아야 한다고 주장했다. 또 인간을 어려운 생활 경험 속에서도 의미를 추구하며 성장 · 발전하는 존재로 가정하는 실존주의 관점에서 부양 경험을 재고한 파란(Farran, 1997)은, 가족원의 질병과 같은 어려운 생애사건이나 가까운 사람들에게 도움을 제공하는 경험은 부양 지원 제공자에게 인간적으로 성숙할 기회와 의미를 발견할 기회를 제공한다고 설명했다.

이렇게 부양의 긍정적 측면을 연구해야 한다고 지적되어왔는데도 기존의 부양 지원 경험에 관한 실증 연구들이 부정적 측면에 편중된 것은 무엇보다 표집상의 한계와 부양 지원 개념의 제한적 정의와 관련이 있다. 부양 지원 경험에 관한 연구는 주로 기관을 통한 편의표집으로 진행했으며, 부양 지원의 개념을 도구적 측면의 수발로 제한하고 부양 지원 제공자 역시 주부양자(primary caregiver)로 한정했다(Marks, 1996).

14) 여기에서는 '부양 지원'을 선행 연구에서 '도구적 수발'로 국한한 '부양'의 개념보다 포괄적인 의미로 정의하였다. 따라서 이러한 부양 지원을 제공한 사람 역시 선행 연구에서 주로 사용한 '부양자'라는 용어 대신 '부양 지원 제공자'라는 용어를 쓴다.

이렇게 부양의 다른 여러 측면을 배제하는 접근은 주로 노인간병과 같은 심각한 부양 상황과 부양 지원 제공자들을 연구 대상으로 하기 때문에 부양 경험의 부정적 결과(outcome)를 과장할 수 있다(Barer & Johnson, 1990; Horowitz, 1992). 또 부양 지원을 제공하는 인구의 분포를 축소하는 경향이 있다(한경혜, 윤성은, 2002). 따라서 최근에는 '부양' 행동에 대해 질환이나 장애로 자기 자신을 돌보기 어려운 사람들에 대한 경제적 · 정서적 · 도구적 지원을 포괄하는 광의의 개념으로 접근해야 한다는 주장이 제기되고 있다(김윤정, 1999; Marks & Lambert, 1999).

선행 연구들이 부양 지원 경험 과정의 부정적 측면에만 초점을 맞춘 또 하나의 중요한 원인으로는 일반적으로 심리적 역기능 측정에 편중되어온 사회과학 연구 경향을 들 수 있다(Kramer, 1997). 그러나 심리적 기능 또는 심리적 복지에는 긍정적 차원과 부정적 차원이 함께 있으며, 두 차원은 독립적인 것으로, 같은 자극이 복지의 긍정적 차원과 부정적 차원에 동시에 기여할 수 있다는 주장이 제기되었다(Bradburn, 1969; Lawton, Moss, Kleban, Glicksman & Rovine, 1991에서 재인용). 따라서 부양 지원 경험의 긍정적 측면에도 많은 관심이 필요한 것으로 보인다.

1. 가족 부양의 실태와 특성

가족이나 친지에 대한 부양 지원은 성인기에 보편화된 경험이다. 일반적으로 부양 지원 행동은 경제적 도움, 정서적 도움, 도구적 도움으로 구분된다. 경제적 도움은 질병 · 장애 등으로 경제적 도움이 필요한 피부양자의 생활비, 용돈, 병원비에 도움을 주는 것을 의미한다. 정서적 도움은 피부양자에게 제공하는 정서적 지원으로, 질병 · 장애 등으로 도움이 필요한 피부양자의 의논 상대나 말 상대가 되는 것을 의미한다. 마지막으로, 도구적 도움은 신체적인 수발을 의미하는데, 질병 · 장애 등으로 도움이 필요한 가족이나 친지에게 집안일, 심부름 등의 도움을 제공하는 것이다.

중년기 남녀 6명 중 1명이 부양 지원을 제공한 경험이 있었다. 이는 가족이나 친지들에 대한 부양 지원이 성인기의 보편화된 경험이라는 사실을 반영한다. 기존에는 부양 지원을 주로 여성이 제공한다고 보았으나, 부양 지원 개념을 신체적 수발에 한정하지 않았더니 남자들도 상당수가 부양 지원을 제공한 경험이 있었다. 성인 부양자(typical caregiver)의 전형적인 모습은 40대 초 · 중반으로, 18세 이하 자녀가 1명 이상 있는 중산층의 기혼 취업 남녀였다. 이는 많은 부양자가 직업 역할과 부모 역할을 함께 수행한다는 것을 말해준다.

표 4-1 응답자의 사회인구학적 특성과 부양 지원 제공 경험

부양 지원 제공 경험	남성	여성	전체 응답자 N(%)
있음	121(14.4)	141(17.0)	262(15.7)
없음	717(85.6)	688(83.0)	1405(84.3)

출처: 한경혜 · 윤성은(2002)

그렇다면 부양 지원 제공 경험에서 성과 연령에 따른 차이가 있을까? 기존의 연구에서는 대부분 여성이 부양자 역할을 담당하는 것으로 나타났으나, 부양 지원의 개념을 광범위하게 정의하여 질문했더니 남녀 간의 부양 지원 인구 분포에 거의 차이가 없었다. 연령별로는 40대에서 부양 지원을 제공한 비율이 가장 높았으나 유의한 차이는 없었다. 연령 · 성별을 조합하여 살펴보았을 때, 40대 여성의 부양 지원 제공 경험률이 가장 높아서 전체 40대 여성 5명 중 1명 정도(19.2%)가 부양 지원을 제공한 경험이 있었다. 또 전체 응답자 중 여자들이 남자들보다 부양 지원을 제공한 경험이 있다고 응답한 비율이 높았으나 유의한 차이는 없었다.

다음은 질병이나 장애가 있는 가족과 친지에게 부양 지원을 제공한 262명의 응답자가 어떠한 피부양자에게 얼마 동안 어떠한 유형의 부양 지원을 제공하였는지 등에 초점을 맞춰 부양 지원이 제공된 상황을 분석하였다(그림 4-1). 피부양자의 연령 분포를 살펴보면 65세 이상 노인의 비율이 55.8%로 가장 높았다. 그러나 65세 미만의 연령층 비율이 44.2%인 것을 볼 때, 부양 지원이 노인에게만 배타적으로 제공되는 것은 아님을 알 수 있다.

평균 부양 기간은 3.6년으로 나타났다. 부양 기간이 1년 미만인 피부양자가 37.9%로 가장 많았으나, 1년에서 5년인 피부양자가 33.4%에 달하며, 5년 이상 부양 지원을

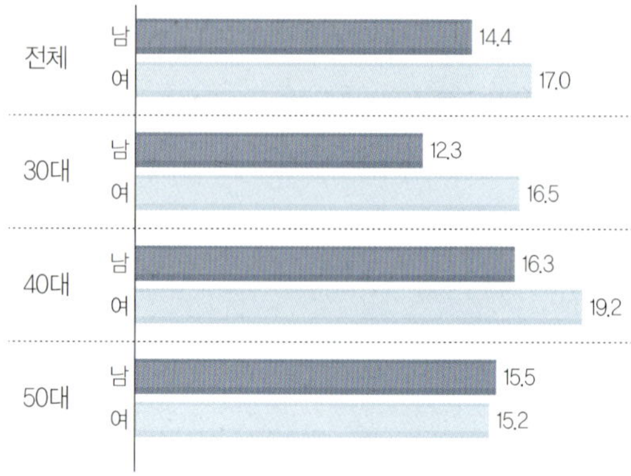

그림 4-1 성별 · 연령에 따른 부양 지원 제공 경험 여부

출처: 한경혜 · 윤성은(2002)

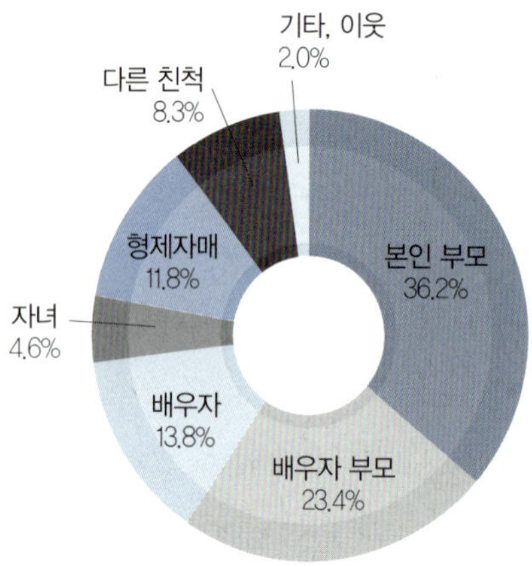

피부양자와 응답자의 관계

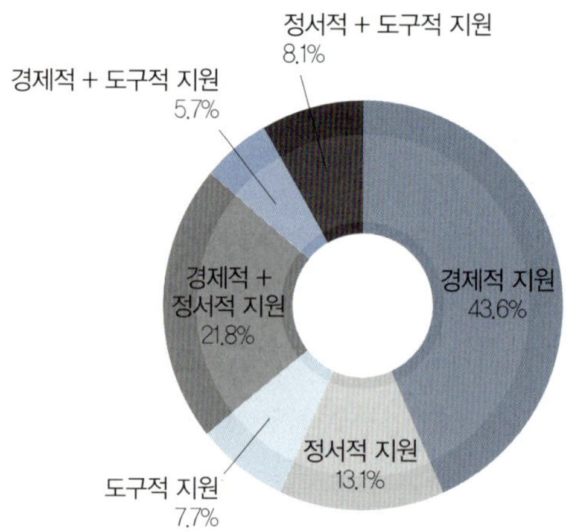

응답자가 제공한 지원 유형

그림 4-2 피부양자의 특성

제공받은 피부양자도 28.8%로 나타나, 장기 피부양자가 상당 비율 존재함을 알 수 있다.

부양자와 피부양자의 관계를 보면 피부양자가 부양자 본인의 부모이거나 배우자 부모인 비율이 59.6%로 높아 부모 부양 비율이 과반수를 차지하였다. 그러나 피부양자와의 관계에서 성별 패턴의 차이가 뚜렷하여, 남성 부양자들의 경우 대부분 자신의 부모에게 부양 지원을 제공한 반면 여성 부양자들은 자신의 부모와 남편의 부모에게 부양 지원을 제공한 비율이 비슷하였다.

피부양자와의 관계를 부양자의 연령별로 나누어 살펴보면, 부양자의 연령이 높아질수록 부모세대에게 부양 지원을 제공하는 비율은 줄어들고 배우자에게 부양 지원을 제공하는 비율이 늘어났다. 그리고 형제자매나 다른 친척에게 부양 지원을 제공한 경우도 상당수 나타나, 부양 지원이 확대된 가족에게까지 제공되고 있음을 알 수 있다. 부양 기간은 평균 3.6년이고, 1년 이상 된 피부양자가 과반수였다. 이것은 한 번 부양자 역할을 맡으면 그것이 장기화될 수 있음을 시사한다.

두 명 이상의 피부양자에게 부양 지원을 제공한 경험이 있다고 응답한 다중부양자는 33명으로 전체 응답자 중 2%, 부양 지원 경험이 있는 응답자 중 12.6%를 차지했다. 이것은 과중한 부양 부담을 질 수 있는 부양자 집단의 비율이 무시할 수 없는(nontrivial) 수준임을 말한다(Marks, 1996).

피부양자의 연령에 따른 다중부양자의 분포를 보면(표 4-2), 65세 이상 노인 2명에게 부양 지원을 제공한 다중부양자가 12명으로 가장 많았으며, 다중부양자가 부양하는 피부양자 대다수(63.9%)가 65세 이상의 노인이었다.

부양 기간(표 4-3)은 피부양자 2명을 5년 이상 부양한 다중부양자가 7명으로 가장 많았고, 부양 기간이 5년 이상 된 피부양자가 34명(49.3%)으로 총피부양자의 절반 정도를 차지하였다. 이와 같이 장기적인 지원을 받는 피부양자의 비중이 높은 것은, 만성질환에 취약한 노인 피부양자가 많기 때문이다. 이들 다중부양 지원 제공자들은 정책 차원에서 좀 더 특별히 배려할 필요가 있다.

피부양자와의 관계(표 4-4)에서는 본인 부모 1명과 배우자 부모 1명에게 함께 부양 지원을 제공한 다중부양자가 8명으로 가장 많았으며, 피부양자 중 부양자의 부모(31.1%)와 부양자의 배우자 부모(33.8%) 비율이 가장 높았다. 이렇듯 다중부양자의

표 4-2 피부양자의 연령에 따른 다중부양자의 분포

피부양자의 연령				다중부양자 N
1~19세	20~49세	50~64세	65~90세	
✓	✓			1
✓			✓	2
	✓✓			3
	✓		✓	3
		✓✓		2
			✓✓	12
	✓✓		✓	2
	✓	✓	✓	1
	✓		✓✓	2
		✓	✓✓	1
			✓✓✓✓	2
피부양자의 분포[3] N(%)				합 계
3(4.2)	17(23.6)	6(8.3)	46(63.9)	31

1) 2명의 다중부양자가 피부양자의 연령을 보고하지 않아, 피부양자 4명과 함께 분석에서 제외하였다.
2) 1행(row) 당 '✓' 개수는 다중부양자 1인당 피부양자 수를 의미한다.
3) 피부양자의 분포는 '✓개수×다중부양자 수'의 총합을 의미한다.

출처: 한경혜 · 윤성은(2002)

표 4-3 부양 기간에 따른 다중부양자의 분포

부양 기간			다중부양자 N
1년 미만	1~5년	5년 이상	
✓✓			2
✓	✓		3
✓		✓	1
	✓✓		3
	✓	✓	5
		✓✓	7
			1
	✓		1
	✓✓	✓	1
	✓	✓✓	2
	✓✓	✓✓	1
		✓✓✓✓	1
피부양자의 분포 N(%)			합 계
14(20.3)	21(30.4)	34(49.3)	28

1) 다중부양자 33명 중 5명이 피부양자 7명의 부양 기간을 보고하지 않아, 이들 다중부양자 5명과 피부양자 7명이 분석에서 제외되었다.

출처: 한경혜 · 윤성은(2002)

피부양자들이 대부분 노인이며 부모세대라는 사실은 인구 고령화와 자녀수 감소로 부양 책임이 특정 개인에게 집중된 결과를 반영하는 것이다(최혜경, 2000; 한경혜, 1998).

표 4-4 피부양자와의 관계 유형에 따른 다중부양자의 분포

피부양자와의 관계							다중부양자 N
본인 부모	배우자 부모	배우자	자녀	형제자매	다른 친척	기타 이웃	
✓✓							2
✓	✓						8
✓			✓				1
	✓✓						2
	✓	✓					3
	✓		✓		✓		1
	✓						1
			✓✓				1
				✓✓			2
				✓	✓		1
					✓	✓	1
						✓✓	1
✓✓	✓						1
✓✓				✓			1
✓	✓	✓					1
				✓	✓		1
✓	✓✓			✓			1
				✓	✓	✓	1
✓✓	✓✓						2
피부양자의 분포 N(%)							합계
23(31.1)	25(33.8)	4(5.4)	4(5.4)	9(12.2)	5(6.8)	4(5.4)	32

1) 1명의 다중부양자가 피부양자와의 관계를 보고하지 않아, 이 응답자의 피부양자 2명과 함께 분석에서 제외되었다.

출처: 한경혜 · 윤성은(2002)

2. 부양 지원 경험과 심리적 복지감

(1) 부양 지원과 부양 지원 경험의 보상

서구의 실증 연구들은 보통 부양 지원을 과업 중심적 지원(task-oriented service)으로 개념화하였다(김윤정, 1999; Nolan, Grant & Keady, 1996). 즉 부양자 집단을 피부양자에게 한 가지 이상의 일상생활 수행(ADL) 및 도구적 일상생활 수행(IADL)을 지원하며 주된 부양 책임을 맡은 주부양자로 정의하여 측정했다(Levesque, Cossette & Laurin, 1995; Marks & Lambert, 1997). 질환자 부양을 다룬 국내의 연구들(이가옥, 이미진, 2000)도 이와 같은 방식을 취하였다. 주 부양자 역할은 보통 여성들이 맡는 반면, 남성들은 이차 부양자 역할을 맡는 경향이 있기 때문에 많은 연구가 여성 부양자를 대상으로 했으며, 피부양 대상도 노인으로 한정되었다(Horowitz, 1992; Marks & Lambert, 1997). 그러나 최근에는 이런 방식이 부양 지원을 제공하는 인구를 과소평가하게 한다는 비판이 제기되고 있다(Albert, 1991; Marks & Lambert, 1997).

부양 지원 행동을 좀 더 넓은 의미로 보려는 시도로, 파커(Parker, 1981; Nolan et al., 1996에서 재인용)는 부양 지원을 도구적 의미의 수발과 정서적·물질적 차원의 배려로 분류하여 개념화하였다. 호로비츠(Horowitz, 1985)는 정서적 지원, 직접적인 서비스 제공, 공적 지원 체계와의 연계, 경제적 지원을 부양 지원 행동으로 개념화하였다. 막스와 램버트(Marks & Lambert, 1997)는 정서적 지원과 경제적 지원뿐만 아니라 간병인 고용과 같은 관리자 역할(management role)도 중요한 부양 지원 행동으로 간주하였다. 이와 유사하게 노인 부양에 초점을 둔 국내의 연구들(김태현, 1981; 송효석, 1989; 이형실, 1992)도 부양 지원을 대체로 정서적 부양, 경제적 부양, 도구적 부양 등으로 구분하였다.

그러나 이와 같이 부양 지원을 좀 더 포괄적으로 정의하면 가족이나 가까운 사람들끼리 주고받는 일상적 지원과 부양 지원을 구분하여 측정하기 어렵다는 문제가 제기된다. 따라서 일부 연구자(김윤정, 1999; Marks, 1996; Nolan et al., 1996)들은 구체적인 도움의 내용보다는 제공받은 도움에 대한 피부양자의 의존성이 부양 지원을 구분하는 기준이 되어야 한다고 주장하였다. 즉 부양 지원은 질환이나 장애 때문에 자기 자신을 돌보기 어려운 가족과 친지에게 제공하는 '비일상적 도움(nonordinary help)'으로, 특별한 형태의 사회적 지원 또는 확장된 의미의 사회적 지원이라는 점에서 '일상적 지원'과 구별된다고 보았다. 그리고 지원 내용은 정서적 지원에서 경제적 지원, 도구적 지원에 이르기까지 광범위한 스펙트럼을 가질 수 있다(김윤정, 1999; Allen, Blieszner & Roberto, 2000).

부양 지원 경험의 보상은 부양 경험에 대한 긍정적 평가로, 부양 부담과 반대되는 개념이다(Kramer, 1997; 손정연, 한경혜, 2009). 보상의 구체적인 내용도 여러 연구에서 다양하게 정의하고 있다. 놀란(Nolan)과 그의 동료들(1996)은 긍정적 부양 경험에 관한 문헌들을 고찰하고 보상의 근원에 따라 부양 지원 경험의 보상 개념을 크게 두 가지로 나누었다. 이들에 따르면 부양 지원 경험의 보상은 첫째, 대인 간의 관계 역동에서 오는 보상으로, 피부양자의 복지를 유지하고 증진하는 데서 오는 만족감, 피부양자나 다른 가족원들과의 관계 증진, 피부양자에게서 받는 사랑이나 감사의 표현, 주변 사람들의 칭찬 등이 있다(김진선, 2000; Lawton et al., 1991).

둘째, 정신내적 차원에서 오는 보상으로, 부양 자체의 속성과 관련이 있다. 즉 누군가를 보살피는 것 자체가 주는 보상으로, 선행 연구들(Noonan & Tennstedt, 1997; Pearlin, Mullan, Semple & Skaff, 1990)에서 주로 '삶의 의미나 목적 부여'와 같이 부양 지원 제공자의 실존적 욕구를 충족하고 인간적 성장을 가져오는 측면으로 규명되었다. 그밖에 성취감, 도전 극복의 기회, 인내심 같은 인격적 자질의 발달, 영적 성숙, 해야 할 일을 해냈다는 느낌 등이 있다(김진선, 2000; 이경순, 1996; 이숙현, 1999; Noonan & Tennstedt, 1997; Walker et al., 1992).

특히 정신내적 차원에서 오는 보상은 개인의 성장 · 발달과 관련이 있기 때문에 부양 지원 제공자의 궁극적인 복지에 직접 영향을 미치는 것으로 지적된다(김진선, 2000; Nolan et al., 1996; Noonan & Tennstedt, 1997). 따라서 여기에서는 부양 지원 경험에서 얻는 보상 중 정신내적 차원에 초점을 맞춘다.

부양 지원 제공자들이 지각하는 부양 지원 경험에 대한 보상의 전반적 경향을 살펴본 결과(표 4-5), 평균점수가 중간값인 27점보다 높으며 개별 문항의 점수 평균도 모두 중간값인 3점보다 높아서 부양 지원 제공자들이 대체로 부양 지원 경험에 대해

표 4-5 부양 지원 제공자가 지각하는 부양 지원 경험에 대한 보상의 전반적 경향 (표본집단 262명)

보상의 내용	평균(표준편차)	범위
인생에서 무엇이 중요한가에 대하여 더 생각하게 되었다.	3.76(.79)	1–5
인내심이 더 많아졌다.	3.69(.88)	1–5
내가 할 일을 해냈다는 느낌을 갖게 되었다.	3.59(.87)	1–5
인간적으로 성장했다.	3.57(.84)	1–5
가족과 더 가까워졌다.	3.49(.87)	1–5
전에는 하지 않았던 것들을 배웠다.	3.42(.89)	1–5
자신감이 더 많이 생겼다.	3.36(.93)	1–5
잠재력을 더 느끼게 되었다.	3.25(.93)	1–5
새로운 친구들을 사귀게 되었다.	3.18(1.00)	1–5
전체 보상	31.29(5.81)	9–45

※ 결측치 때문에 항목 간 사례 수는 다를 수 있다.

출처: 윤성은 · 한경혜(2002)

지각하는 보상이 존재함을 알 수 있다. 보상 내용을 구체적으로 살펴보면, '인생에서 무엇이 중요한가에 대하여 더 생각하게 되었다', '인내심이 더 많아졌다', '인간적으로 성장했다'는 문항들의 평균이 대체로 높았다.

이러한 결과는 부양 지원 경험의 보상이 인생의 목적과 의미 발견, 인간적 성장과 같이 실존적 욕구 충족과 관련된다는 일부 연구자들(Farran, 1997; Kramer, 1997; Nolan et al., 1996)의 주장과 일치한다. 또 '내가 할 일을 해냈다는 느낌을 갖게 되었다'는 문항의 평균도 비교적 높았다. 김진선(2000)과 샤라크(Scharlach, 1994)의 연구에서도 가족 부양자들을 대상으로 부양 지원 경험의 긍정적 측면을 개방적으로 질문한 결과, '의무 이행에서 오는 자기성취감 또는 자기만족감'이 가장 빈번하게 나와 이 연구 결과를 뒷받침했다.

부양 지원 제공자가 지각하는 부양 지원 경험의 보상이 사회인구학적 특성과 부양 상황 특성에 따라 차이가 있는지 살펴본 결과(표 4-6), 교육 수준과 피부양자의 관계에 따라 부양 지원 경험의 보상 지각 수준에 차이가 있었다. 반면 성별, 연령, 가계 소득, 취업 여부, 부양 지원 유형, 부양 기간에 따라서는 유의한 차이가 없었다.

교육 수준에 따른 부양 지원 경험의 보상을 살펴보면, 교육 수준이 높은 집단이 낮은 집단보다 부양 지원 경험에 대한 보상 지각 수준이 높았다. 이는 선행 연구(Reidel

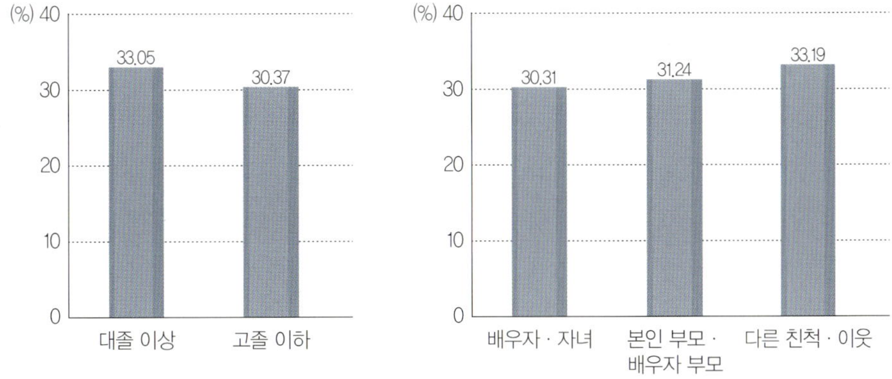

교육 수준에 따른 보상 지각 차이

피부양자와의 관계에 따른 보상 지각 차이

그림 4-3 교육 수준과 피부양자의 관계에 따른 보상 지각 차이

출처: 윤성은 · 한경혜(2002)

et al., 1998) 결과와 일치하는 방향으로, 부양 지원 제공자의 교육 수준이 부양 지원 경험에 대한 평가 과정에 기여하는 자원으로 작용하기 때문이다(Moen et al, 1995).

피부양자와의 관계에 따른 부양 지원 경험의 보상을 살펴보면, 선행 연구 결과(Noonan & Tennstedt, 1997)와 마찬가지로 배우자, 자녀에게 부양 지원을 제공한 집단과 본인 부모, 배우자 부모에게 부양 지원을 제공한 집단의 보상 지각 수준에 차이가 없었다. 그러나 배우자나 자녀에게 부양 지원을 제공한 집단보다 다른 친척이나 이웃에게 부양 지원을 제공한 집단이 더 높은 보상을 지각하였다. 이것은 피부양 대상을 다른 친척이나 이웃까지 확대함으로써 나타난 새로운 결과이다.

(2) 부양 지원 경험의 보상과 심리적 복지감

국내의 부양 지원 제공자의 적응에 관한 연구들(서미혜, 오가실, 1993; 윤현숙 외 2인, 2000)은 대부분 '부양 지원 경험에 대한 평가'의 측면과 '일반적인 복지'를 모두 부양 지원 경험의 결과로 보는 경향이 있었다. 그러나 최근 서구에서는 부양 지원 경험에 대해 지각하는 부담이나 보상을 부양 경험의 한 속성인 '부양 지원 제공자 역할에 대한 인지과정'으로 간주하면서, 관심의 초점을 좀 더 일반적인 복지 결과로 전환하고 있다(George & Gwyther, 1986; Hoyert & Seltzer, 1992; Pearlin et al., 1990).

이러한 추세 속에서 로턴(Lawton)과 그의 동료들(1991)은 인지과정을 강조하는 '부양자 적응과정 모델'[15]과 브레드번(Bradburn, 1969; Lawton et al., 1991에서 재인용)의 '2차원 복지이론'을 토대로 부양 과정의 '2요인 적응 모델(two-factor adaptational model)'을 제시하였다. 이 모델에서는 긍정적 · 부정적 복지 차원에 기여하는 인지과정이 다르다는 가정 아래, 부정적 인지과정은 부정적 복지 결과에 영향을 미치고, 긍정적 인지과정은 긍정적 복지 결과에 영향을 미치는 것으로 제안하였다.

이들은 치매환자를 부양하는 배우자와 성인 자녀를 대상으로 부양 부담, 부양 보상과 긍정적 · 부정적 복지감의 관계를 실증적으로 탐색했다. 그 결과, 강도 높은 부양 지원을 제공하는 부양자일수록 부양 부담과 부양 보상을 모두 높게 지각하였다. 또 두 집단 모두 부양 부담이 우울감에 정적인 영향을 미쳤다. 배우자를 부양하는 집단에게는 부양 보상이 긍정적 정서 상태에 정적인 영향을 미쳤다. 로턴은 부양자들이 부양 지원을 더 많이 제공할수록 보상도 높게 지각하는 결과를 놓고, 배우자에 대한 헌신과 부모에 대한 의무감 이행 욕구를 충족시킴으로써 느끼는 보상감이 커지기 때문이라고 해석했다.

크레이머(Kramer, 1997)는 로턴과 동료들의 2요인 적응 모델에 스트레스 이론, 사회 교환 이론, 역할 이론, 실존주의 관점을 통합하여 긍정적 과정을 포함하는 확장된 의미의 '부양자 적응과정 모델'을 제시하였다. 이 모델은 크게 3단계로, 부양자 적응과정에 영향을 미치는 '배경과 맥락', 부양 지원 경험에 대한 '중재과정', 그리고 부양 지원 경험의 '결과'로 구분된다. 배경과 맥락은 주로 피부양자의 특성과 부양 지원 제공자의 특성을 나타낸다. '중재과정'은 부양 지원 제공자 역할에 대한 긍정적 · 부정적 평가로, 보상(gain)과 부담 또는 긴장(strain)으로 개념화된다. 그리고 이 두 평가 차원은 긍정적 · 부정적 복지 결과에 나란히 연결된다. 크레이머는 특히 부양 경

15) 기존의 가족 부양 연구들은 부양 지원 경험을 주로 스트레스 이론에 근거한 '부양자 적응과정 모델'을 통해 설명하였다. 부양자 적응과정 모델에서, 부양 상황은 스트레스원(stressor)이며 부양 연구에서 많이 다뤄온 부양 부담은 부양 상황에 대한 주관적 평가로, 우울감 같은 부정적인 심리적 복지 결과를 일으키는 것으로 설명된다. 그 후 부양자 적응과정 모델이 정교해지면서, 부양 지원 경험에 대한 평가 요소에 '상황에 대한 수용', '긍정적인 재평가' 같은 긍정적 측면을 포함하여 심리적 복지 결과와의 관계를 탐색하는 연구(Pearlin et al., 1990; Lawton et al., 1991)를 하고 있다.

험의 보상적 측면에 관한 연구들이 아직 기술적(descriptive) 수준에 머물러 있고, 복지 결과의 긍정적 차원을 배제하였다는 점을 지적하면서, 부양 지원 제공자의 긍정적 적응과정 규명의 필요성을 강조하였다.

이러한 문제의식에서 누넌과 텐슈테트(Noonan & Tennstedt, 1997)는 부양 경험에 대한 긍정적 평가가 부양 지원 제공자의 심리적 복지 수준의 많은 변량을 설명할 것으로 보았다. 그리고 부양 지원 제공자가 부양 경험에 부여하는 의미가 자존감, 통제감 등의 긍정적 복지 결과에 미치는 영향을 살펴보았다.

부양자 적응과정 모델에는, 부양 지원 제공자의 배경과 맥락이 보상 지각에 직접 영향을 미치고, 심리적 복지감에도 직간접적으로 영향을 미친다고 본다(Kramer, 1997). 부양 지원 제공자의 배경과 맥락은 주로 부양 지원 제공자 자신과 피부양자의 특성으로 구성된다. 또 부양 지원 제공자의 사회인구학적 특성과 부양 상황 특성으로 크게 나눌 수 있다. 사회인구학적 특성 변수로는 부양 지원 제공자의 성별, 연령, 교육 수준, 소득 수준을 포함하였고, 부양 상황 변수에는 취업 여부, 피부양자와 관계, 부양 지원 유형, 부양 기간 등이 주로 언급된다.

여기에서는 부양 지원 제공자의 사회인구학적 특성과 부양 상황 특성, 그리고 부양 지원 경험의 보상이 심리적 복지감에 어떠한 영향을 미치는지 살펴보았다(표 4-6). 부양 지원 경험의 보상은 심리적 복지감에 유의한 영향을 미쳐서 부양 지원 제공자가 지각하는 부양 지원 경험의 보상이 높을수록 심리적 복지감이 높아졌다. 배경과 맥락 변수 중에서는 사회인구학적 특성 변수인 교육 수준이 심리적 복지감에 영향을 미쳤다.

부양 지원 제공자의 심리적 복지감에 미치는 독립변수들의 상대적 영향력은, 부양 지원 경험의 보상이 가장 큰 영향을 미쳤으며, 그다음으로 교육 수준이 영향을 미쳤다. 반면 부양 상황 특성 변수들, 즉 취업 여부, 피부양자와 관계, 부양 지원 유형, 부양 기간 중 어느 것도 심리적 복지감에 영향을 미치지 않았다. 이러한 결과는 부양 지원 경험의 결과에서, 부양 지원 제공자들이 부양 지원 경험을 어떻게 평가하느냐가 중요하며(Kramer, 1997; Lawton et al., 1991; Pearlin et al., 1990), 특히 보상 지각과 같은 부양 지원 경험에 대한 긍정적 평가가 부양 지원 제공자들의 심리적 복지감에 중요한 영향을 미친다는 논의(Noonan & Tennstedt, 1997)와 일치한다.

표 4-6 부양 지원 경험의 보상이 심리적 복지감에 미치는 영향

		B	β
사회인구학적 특성	성별[a]	.73	.08
	연령	.00	.01
	교육 수준	.23	.18*
	가계 소득	.00	–.02
부양 상황 특성	취업 여부[b]	.10	.01
	본인 부모 · 배우자 부모 부양[c]	1.17	.13
	다른 친척 · 이웃 부양[d]	1.61	.13
	부양 지원 유형[e]	–.56	–.06
	부양 기간	–.08	–.09
부양 지원 경험의 보상	부양 지원 경험의 보상	.18	.25**
상수항		8.68	
F값		3.43***	
R2		.16	

* $p < .05$ ** $p < .01$ *** $p < .001$

[a] 여자 0, 남자 1, [b] 비취업 0, 취업 1, [c] 배우자 · 자녀 부양 0, 본인 부모 · 배우자 부모 부양 1, [d] 배우자 · 자녀 부양 0, 다른 친척 · 이웃 부양 1, [e] 기타 지원(경제, 정서, 경제+정서) 0, 도구적 지원(도구, 경제+도구, 정서+도구) 1로 가변수 처리함.

출처: 윤성은 · 한경혜(2002)

Tip

부모 자녀 세대 간 '상호성 규범'

부모와 자녀 세대가 서로에게 기대하는 교환관계가 사회적으로 규정되어 있다. 이를 사회적 계약, 세대 간 계약이라고도 한다. 캔터(Cantor, 1979)는 '위계적 보상모델'에서 도움을 주고받는 것은 그 관계의 우선성이나 친밀성에 따른 기능으로, 사람에게는 부양자로 적합한 순서가 있는데 이는 친척, 친구/동료, 공적 조직 순이라고 했다. 한편, 로시 등(Rossi et al., 1990)은 '의무감 지각의 위계성', 즉 부양자로서 부양망에서 가장 책임이 느껴지는 가족을 규명했는데, 중년여성을 대상으로 한 연구결과, 자신의 부모, 자녀, 며느리나 사위, 계자녀, 인척부모 순이었다. 이러한 결과는 부모 자녀와 같은 일차적 관계 내에서도 부양에 위계성이 존재함을 나타낸다. 자녀의 부양부담 지각에도 위계성이 있는데 동양에서는 아들이, 우리나라는 특히 맏아들이 우선적으로 의무감을 지각해서 성과 출생순위에 따른 규범이 존재하는 반면, 서양에서는 아들보다는 딸이 더 부모에 대한 의무감이나 책임감을 지각하고 출생순위 규범은 없는 것으로 나타났다.

3. 소결

가족이나 친지에 대한 부양 지원은 성인기에 보편화된 경험이다. 중년기 부양과 관련해서 살펴본 내용을 정리해보면 다음과 같다.

첫째, 피부양자의 과반수가 노인이었으나 65세 미만의 피부양자도 상당수 있으며 부양 지원이 노인에게만 배타적으로 제공되는 것은 아니었다. 따라서 부양 지원에 대한 연구에서 포괄적인 피부양자 연령층을 대상으로 하는 것이 필요하다. 부양 기간은 평균 3.6년이고, 1년 이상 된 피부양자가 과반수였다. 이것은 한번 부양자 역할을 맡으면 그것이 장기화될 수 있음을 시사한다.

둘째, 부양자와 피부양자의 관계를 보면 부모 부양 비율이 과반수를 차지하였다. 그러나 피부양자와의 관계에서 성별 패턴의 차이가 뚜렷하여, 남성 부양자들의 경우 대부분 자신의 부모에게 부양 지원을 제공한 반면, 여성 부양자들은 자신의 부모와 남편의 부모에게 부양 지원을 제공한 비율이 비슷하였다.

셋째, 부양자의 연령이 높아질수록 부모세대에게 부양 지원을 제공하는 비율은 줄어들고 배우자에게 부양 지원을 제공하는 비율이 늘어났다. 형제자매나 다른 친척에게 부양 지원을 제공한 경우도 상당수 나타나, 부양 지원이 확대된 가족에게까지 제공되고 있음을 알 수 있다.

넷째, 가족과 친지에게 부양 지원을 제공한 경험이 있는 우리나라 성인 남녀 부양 지원 제공자들이 지각하는 부양 지원 경험에 대한 보상 수준은 전반적으로 중간값 이상이었다. 이로써 부양 지원 경험에 보상과 같은 긍정적 측면도 있음을 알 수 있다. 보상의 구체적인 내용을 살펴보면, 실존적 욕구 충족과 관련된 보상으로, 누군가를 돌보는 것이 한 개인에게 의미 있는 경험이며 성장 기회가 될 수 있다는 점을 시사한다(Farran, 1997; Nolan et al., 1996).

다섯째, 교육 수준이 높은 부양 지원 제공자 집단이 교육 수준이 낮은 집단에 비해 부양 지원 경험의 보상을 높게 지각하였다. 이것은 부양 지원 제공자의 교육 수준이 부양 지원 경험에 대한 평가 과정에 기여하는 자원으로 작용하기 때문이다. 부양 지원 제공자와의 관계가 먼 피부양자(다른 친척과 이웃)에게 부양 지원을 제공한 집단이 관계가 가까운 피부양자(배우자와 자녀)에게 부양 지원을 제공한 집단보다 보상을 높게 지각하였다. 이러한 결과는 피부양자와의 관계가 멀수록 자발적 동기에서 부양 지원을 제공할 확률이 높고 부양에 대한 역할 부담이 적기 때문이다.

여섯째, 부양 지원 경험의 보상은 사회인구학적 특성과 부양 상황 특성이 심리적 복지감에 미치는 영향을 중재하였으며, 심리적 복지감에 유의한 영향을 미쳤다. 또 심리적 복지감에 대한 변수들의 상대적 영향력에서도, 부양 지원 경험의 보상 영향력이 가장 높았다. 다음으로는 교육 수준이 심리적 복지감에 영향을 미쳤다. 리프(Ryff, 1989)의 연구에서도 일반 성인의 긍정적 심리 기능에 강력한 영향을 미치는 변수로 제시된 교육 수준보다 부양 지원 경험에 대한 보상 지각이 더욱 큰 영향을 미친다고 지적한 바 있다. 이러한 결과는 부양 지원 경험에 대한 균형적 시각이 필요하며, 정책적 차원에서도 관점 확대가 필요함을 시사한다. 또 학문 영역에서도 어떠한 부양 지원 제공자들이 위기상황(risk)에 있으며, 어떠한 부양 지원 제공자들이 잘 적응하고 성장하는지를 규명하여, 부양 지원 제공자들에 대한 효과적인 지원 방안을 모색해야 함을 보여준다.

세상읽기

베이비붐 세대의 부양부담

베이비붐 세대는 샌드위치 세대로 간주된다. 의존적인 자녀를 양육하는 동시에 노부모를 부양해야 하는 윗세대와 아랫세대 사이에 끼인 샌드위치 세대라는 것이다. 베이비부머에 대한 신문기사와 뉴스미디어들에서 나타나는 샌드위치 세대로서 베이비부머의 모습은 베이비붐 세대의 인구학적 현실과 이들의 실제 지원행동의 측면에서 얼마나 현실을 반영하고 있을까?

인구학적 측면에서 샌드위치 세대를 규정하는 기준은 의존적인 자녀의 존재와 부모의 생존이다. 일반적으로 18세 이하의 자녀가 있고, 부모 중 한 명이라도 생존해 있을 때 이들을 샌드위치 세대로 간주한다. 한편 18세 이하 자녀의 존재와 자기 부모의 생존 여부만을 통해 샌드위치 세대를 규정하는 서구의 기준은 한국적 상황과는 다소 거리가 있다.

고등학교를 졸업하고 나면 부모로부터 독립하는 것을 당연하게 생각하는 서구와 달리, 한국사회에서 자녀에 대한 부모의 투자와 지원은 상당히 오랜 기간 지속된다.

대학등록금은 물론이고 대학생 자녀의 학원비와 용돈 그리고 결혼비용과 집을 구하는 데 드는 비용까지 부모가 부담하게 된다. 경제적 측면뿐 아니라 정서적 측면에서의 의존성 역시 자녀가 성인이 된 이후에도 지속된다. 부모에 대한 부양부담 역시 자신의 부모로만 한정되는 것이 아니라 배우자의 부모에 대해서도 부양 의무를 갖는다. 부계중심적인 한국의 가족제도 속에서 여성의 경우 자신의 부모에 대한 의무보다 배우자의 부모에 대한 부양이 오히려 더 우선시된다.

베이비부머의 노부모세대가 초고령층에 진입하게 될 때 베이비부머들에게 가장 문제가 될 부분은 바로 노부모 간병문제일 것이다. 일반적으로 가족원에 대한 돌봄을 담당하는 사람은 주로 여성이기 때문에 여성의 노동시장 진출은 가족 돌봄 인력 감소의 직접적 원인이 된다. 현재 여성 베이비부머의 60.8%가 취업을 한 상태이고, 베이비부머 가구의 57% 정도가 맞벌이 가구이기 때문에, 초고령층에 다가가고 있는 노부모들에 대한 간병은 시간과 에너지의 배분을 둘러싸고 심각한 갈등을 야기할 수 있다.

2011년 현재 얼마나 많은 베이비부머가 노부모를 간병하고 있는지를 부모가 생존해 있는 2,834명을 대상으로 살펴본 한경혜 외(2001) 연구결과, 지난 한 해 동안 부모가 생존해 있는 베이비부머의 2.3%는 정기적으로 간병을 하였고, 11.3%는 비정기적으로 간병을 한 것으로 나타났다. 부모가 생존해 있는 베이비부머의 13.6%가 간병을 제공한 것이다. 간병을 제공한 시간은 한 달 평균 18.2시간을 간병 행동에 사용한 것으로 나타났는데, 특히 정기적으로 간병을 제공한 베이비부머들의 경우에는 한 달 평균 간병시간이 72시간으로 상당한 시간을 부모 간병에 할애하고 있다. 앞으로 노부모의 연령이 높아지면서 간병을 필요로 하는 상황 역시 더 빈번해질 것으로 예측 가능한데, 이때 베이비부머들의 부담을 완화해줄 수 있는 기업과 국가 차원의 방안 마련이 요구된다.

제5장

중년기의 일과 가족

제5장 중년기의 일과 가족

일찍이 프로이트는 삶의 성공 정도가 평가되는 중요한 두 영역은 '일'과 '가족'이라고 이야기한 바 있다. 중년기는 이 두 영역에서 책임이 가장 극대화되는 시점이면서 동시에 일정한 정도의 하강적 변화를 예견 또는 경험하는 전환기적 시기이다. 그와 함께, 이 두 영역 간의 상호관계 또한 변하게 되는 시점이다. 이 장에서는 우리나라 중년기 남녀의 직장 역할과 가족 역할의 상호성과 관련 이슈를 살펴보기로 한다.

1. 일과 가족의 상호작용에 관한 선행연구

산업화에 따라 가정과 일터가 시간적 · 공간적으로 분리되면서 남자는 일의 세계와 공적 영역에 자리 잡게 되었다. 이러한 이분법적 시각은 기업과 가족의 역할 연구에도 영향을 미쳐서, 학자들이 두 역할 영역의 상호 의존성에 주목하게 된 것은 비교적 최근의 일이며 2000년 이후 연구가 증가하고 있으나(장수정, 송다영, 김은지, 2009; 이윤석, 2010; 한경혜, 장미나, 2009) 일과 가족의 상호성에 대한 실증 연구는 아직 매우 부족한 실정이다.

직업과 가족 간의 상호성은 주로 두 역할의 긴장 가능성에 초점이 맞추어졌으며, 이러한 역할 갈등 문제는 여성의 문제라는 관점에서 주로 연구되었다. 반면, 남성을 대상으로 직업과 가족의 관련성을 살펴보는 연구에서는 실직이 가족에게 미치는 영향이 주된 관심사였다. 이러한 성별 주제의 양분화 현상은 국내 연구에서도 볼 수 있다. 취업 여성의 가족생활에 대한 연구는 많지만 남성의 가족생활과 직업생활의 상호 의존성에 관심을 둔 연구 결과(송진영, 2009; 이숙현, 1998; 한경혜, 1998; 이형실, 2001)는 나오기 시작한 지 얼마 되지 않았고 연구의 수도 많지 않다.

이런 연구들은 대개 '일 · 가족 갈등(work and family conflict)'의 개념을 주축으로 일과 가족의 상호작용에서 주로 갈등에 초점을 두고 접근한다. 그러나 일과 가족의 상호작용에 갈등 측면만 있는 것은 아니다. 직업 역할과 가족 역할을 모두 수행하는 데 서로 도움이 되는 긍정적 측면이 있다는 점을 강조하는 학자들은 이를 '두 영역 간의 긍정적 전이'라는 개념으로 설명한다. 인간 발달 측면에서 볼 때, 다중 역할을 수행함으로써 더 많은 기회와 자원을 얻게 되어 개인의 성장에 도움이 되는 등 긍정적 영향이 있다(Barnett, 1994; Marks & MacDermid, 1996)고 보는 것이다. 따라서 일과 가족의 상호작용을 탐색하는 데 부정적 측면과 긍정적 측면을 함께 살펴야 한다는 주장이 늘고 있다(White, 1999).

일과 가족의 상호성을 탐색하는 연구들의 또 다른 제한점은 대개 일이 가족에게 미치는 부정적 영향에 초점을 맞추었을 뿐 가족이 일에 미치는 영향에 대한 실증적 연구가 부족하다는 것이다. 즉 두 영역의 상호작용 중 일방적 측면만 주로 살펴본 것이다(Frone, Russell & Cooper, 1992a). 하지만 일 · 가족 상호작용을 파악하는 데에 일과 가족이 서로 어떤 영향을 주는지에 대한 탐색은 꼭 필요하다.

(1) 일과 가족의 상호작용에 관한 이론

직업생활과 가족생활의 상호영향을 설명하는 대표적인 이론으로는 경계이론, 전이이론, 보상이론이 있다(Stains, 1980; Lambert, 1990; Edwards & Rothbard, 2000).

경계이론은 직업영역과 가족영역이 명시되어 있지는 않아도 각각의 영역이 어디에서 시작되고 어디에서 끝나는지에 대한 관습적 기대 양상을 가지고 있다는 (Nippert-Eng, 1996) 점에 주목하는 이론이다. 이 두 영역을 구분하는 선을 경계

(boundary)라고 하는데, 영역 경계의 투과성은 두 영역의 관련성을 설명하는 데 핵심 요소로 작용한다.

니퍼 앙(Nippert-Eng, 1996)은 경계의 투과성을 두 가지 차원에서 논의하였다. 우선 개인이 얼마나 쉽게 영역의 경계를 드나들 수 있는가 하는 정도를 가지고 공간적 · 시간적 측면의 투과성 정도를 평가할 수 있다. 이보다 조금 더 미시적인 측면에서 살펴보면, 역할을 수행하는 단위로서 개인이 한 영역에서 경험한 정서, 심리가 다른 영역으로 전이되는 것에 대해 얼마나 허용적인지로 투과성을 논할 수 있다. 공간적으로 분리되어 있는 두 역할을 병행하면서도 심리적 경계 투과성이 커서 한 영역이 다른 영역에서 영향을 많이 받는 사람이 있을 수 있고, 반대로 시간적 · 공간적으로 두 역할이 엄격히 분리되어 있지 않은데도 두 역할의 심리적 경계가 견고해 서로 영향을 미치지 않는 사람이 있을 수 있다. 그러나 일반적으로 두 차원의 투과성은 서로 연관되어 영향을 미친다. 즉 집에서 일하는 경우나 가족 사업을 하는 경우, 물리적 측면의 경계와 심리적 측면의 경계의 투과성이 높아서 영역 경계가 융합(integration)될 확률이 높다.

영역 경계의 심리적 투과성은 개인적 요소와 역사 · 사회 · 문화적 요소로 결정된다. 일상에서 일과 가족 영역의 연관성을 만들어내고 변화 · 유지시키는 것은 개인이지만, 이러한 개인의 선택은 사회 · 문화적으로 형성되어 있는 일과 가족에 대한 규범과 성역할 규범에 제한을 받고 영향을 받는다. 예를 들어 한 개인의 직업생활이 자녀들에게 악영향을 미쳐서는 안 된다는 사회적 기대는, 직업생활이 가족생활을 포함해 우리 삶에 미치는 영향을 이미 상당 부분 제한한다고 할 수 있다. 이러한 사회적 기대는 남성보다 여성의 직업생활에 제한을 더 많이 가함으로써 일 · 가족 상호작용의 성차를 불러온다.

많은 일 · 가족 연구에서 영역 간 경계의 투과성 개념을 통해 사회적 규범을 논의한 것은 이렇듯 경계 개념이 사회적 규범과 긴밀한 연관을 맺고 있기 때문이다. 플랙(1977)의 '남성과 여성의 일 · 가족 영역 경계의 투과성(permeability)에서 비대칭성(asymmetry)'에 대한 논의가 그 대표적인 예이다. 남성은 직업 역할을 중시하기 때문에 일이 가족을 방해하는 것에 허용적인 경계 특성을 가지지만, 여성은 가족 역할을 중시하기 때문에 가족이 일을 방해하는 것에 허용적인 경계 특성을 가진다는 것이다. 그러므로 일 · 가족 영역 경계의 투과성에서 남성과 여성 사이에 차이가 있다고 표현한 것이다.

전이이론(spillover theory)은 어느 한 영역에서의 경험이 다른 영역으로 '전이'된다는 점에 주목하는 이론이다. 이때 전이이론은 두 영역의 관계의 방향성을 정적인 것으로 가정한다. 즉 한 영역에서의 긍정적 정서, 경험은 다른 영역에 긍정적으로 영향을 미치며(긍정적 전이), 한 영역에서 부정적 경험을 하면 다른 영역으로 부정적 정서가 전이(부정적 전이)된다는 것이다. 직장에서 느끼는 성취감이 가족생활에 활력으로 작용하는 것이 긍정적 전이의 예이고, 부부 싸움으로 마음이 불편해 업무 수행력이 떨어지는 것이 부정적 전이의 예이다.

일과 가족의 관련성을 설명하는 데에 전이이론을 도입하면, 전이 방향에 따라 일에서 가족으로의 전이, 가족에서 일로의 전이로 나눌 수 있다. 또 내용에 따라 부정적 전이와 긍정적 전이로 구분할 수 있다. 이 두 측면을 결합하면 일 · 가족의 전이를 ① 일에서 가족으로의 부정적 전이, ② 일에서 가족으로의 긍정적 전이, ③ 가족에서 일로의 부정적 전이, ④ 가족에서 일로의 긍정적 전이 네 유형으로 나눌 수 있다. 그시바치와 막스(Grzywacz & Marks, 2000)는 부정적 전이와 긍정적 전이가 동일선상의 양극단이 아니라 구별되는 다른 차원이라는 것을 요인 분석을 통해 밝혀냈다.

보상이론(compensation theory)은 한 영역의 생활에서 부족한 점을 보충하기 위하여 다른 영역에서 반대되는 경험과 만족을 추구하는 것으로, 두 영역의 관계를 부적으로 상정한다. 직업생활에 불만이 많은 사람은 그러한 불만을 가족생활에서 보상받고 싶어해서 더 충실한 아버지와 남편이 되고자 노력하는 것이 그 예이다.

이렇게 전이이론과 보상이론은 일과 가족 영역의 관계를 정적으로 보느냐, 부적으로 보느냐에 차이가 있지만, 두 영역의 상호성 자체에 관심을 기울여 이를 설명하는 이론적 틀을 제공해 일 · 가족 연구에 새로운 지평을 열었다는 데 공통점이 있다. 그런데 실제 보상이론을 이론적 틀로 하는 실증연구는 많지 않은데 이는 이 이론이 실질적으로 적용하기가 쉽지 않기 때문이다. 반면, 전이이론은 개인의 일상 행동과 자연스러운 반응에 초점을 맞추어 측정하기가 쉬우며, 성별 사회 규범의 거시적 측면을 미시적 양상으로 고찰할 수 있기 때문에 전이이론을 적용한 실증연구들이 많이 이루어진 바 있다.

(2) 일-가족 상호작용에서 성별 차이

서구에서는 직업과 가족 영역의 상호성의 성격과 정도에서 남녀 차이가 있을 가능성을 실증적으로 탐색하는 연구들(Frone, Russell & Cooper, 1992b; Eagle, Miles & Icenogle, 1997)이 상당히 축적되었다. 직업생활과 가족생활의 상호 관련성에서 남녀 차이에 대해서는 두 가지 상반되는 설명이 존재한다.

합리성 모델(rational model)에 입각하여 보는 학자들은 직업생활 또는 가족생활을 위해 시간을 얼마만큼 내느냐가 두 영역 간 갈등의 방향과 양을 결정한다고 본다. 즉 직업에 시간을 많이 투자할 경우 직업생활에 가족생활이 방해받는 정도가 심해지며, 가족 역할에 투자하는 시간이 길수록 가족에서 직업으로 부정적 전이가 많아질 것이라고 가정한다. 이를 성별로 적용해 보면, 여성이 남성보다 가사 수행 시간이 길기 때문에 가족에서 직업으로 부정적 전이를 느낄 가능성이 남성보다 크다고 할 수 있다. 또 같이 취업했더라도 남성의 가사노동 시간이 여성보다 적으므로(Bird, 1999), 가족에서 직업으로의 부정적 전이가 여성보다 적을 것이라고 추측할 수 있다. 반면에 남성의 직업노동 시간이 여성보다 길기 때문에 직업에서 가족으로의 부정적 전이가 여성보다 많을 것이라고 추측할 수 있다.

이 이론에 따르면 직업 역할과 가족 역할에 투자하는 시간의 총합이 큰 사람이 그렇지 않은 사람보다 일이나 가족과 갈등이 많았다. 따라서 일반적으로 여성이 남성보다 직업 역할과 가족 역할 수행에 투자하는 시간의 총합이 더 많다는 점에 기초해 볼 때, 전반적인 일 · 가족 갈등이 남성보다 많을 것이라는 주장이 가능하다(Gutek et al., 1991).

그런가 하면, 역할기대에서의 성별 차이에 주목하는 성별 역할기대 관점이 있다. 이 관점에서는 남성에게는 일차적으로 가계 부양자 역할, 여성에게는 가족을 돌보는 역할을 기대하는 성별 역할기대의 차이가 남성과 여성의 일-가족 갈등에 대한 인식상의 차이를 불러오므로, 사회적으로 기대되는 영역이 아닌 다른 성에게 기대되는 역할을 수행할 때 일반적으로 심리적 갈등의 정도가 높다고 본다. 이런 관점에서 보면 여성은 직업 역할을 수행하면서 갈등을 많이 느끼게 된다. 따라서 직업 역할이 가족에게 미치는 부정적 전이가 남성보다 크고, 반대로 남성의 경우에는 가족이 직업에 미치는 부정적 전이가 여성보다 크다고 예측할 수 있다.

합리성 모델은 직업 또는 가족 일에 투자하는 시간과 갈등 사이에 직접적 관계를 상정하지만, 성별 역할기대 관점은 시간과 갈등 인식의 관계에서 성(gender)이 중재변인(moderator)으로 작용하거나 직접 영향을 미친다고 본다는 점에서 차이가 있다(Gutek et al., 1991). 두 이론은 서로 다른 결과를 제시하지만 배타적인 것은 아니다. 예를 들어 합리성 모델의 경우 각 영역에서 보내는 시간의 양을 일 · 가족 갈등 예측변수로 사용한다. 그러나 각각의 영역에서 어떤 성이 시간을 더 많이 투자하느냐는 이미 성별 규범적 요소가 내재한다. 성별 역할기대관점은 자신의 성(性)에 기대되는 영역의 역할이 아닌 상대 성(性)의 영역 역할을 수행했을 때 그것이 갈등을 불러일으킨다고 가정하므로, 전통적 성별 역할 규범을 전제한다는 점에서 합리성 모델과 공통점이 있다.

한편, 플랙(Pleck, 1977)의 '남성과 여성의 일 · 가족 영역 경계의 투과성(permeability)에서의 비대칭성' 논의에는 위의 두 관점이 통합되어 있다. 즉 플랙(1977)은 여성의 경우 가족에서 직업으로의 부정적 전이가 많고, 남성의 경우 직업에서 가족으로의 부정적 전이가 많을 것이라는 합리성 모델의 주장과 맥을 같이하지만, 이러한 남녀 차이를 성별 역할기대와 연결해 접근한다는 측면에서 두 관점을 통합하였다고 할 수 있다.

일 · 가족 간 상호성의 남녀 차이에 대한 최근 연구는 이러한 플랙(1977)의 가설을 실증적으로 검증하고자 하는 시도가 주를 이룬다. 바네(Barnett, 1994)는 여성이 남성보다 가족과 직업 사이의 경계 투과성이 크다는 기존의 연구(Crouter, 1984; Pleck, 1985; Frone et al., 1992b)에 이의를 제기한다. 플랙(1977)의 가설과 달리 바네

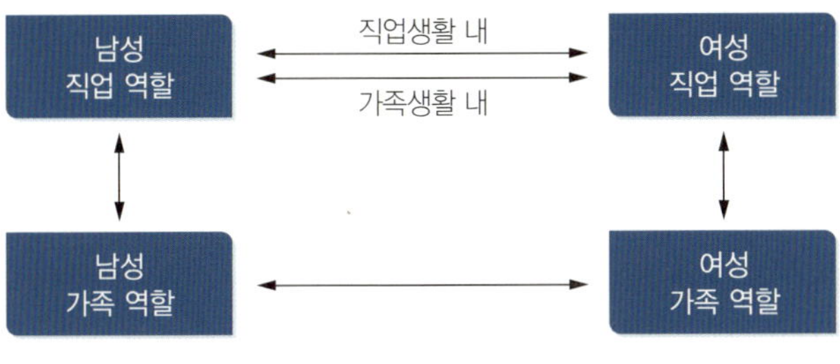

그림 5-1 플랙의 일 · 가족 체계 모형

(B1994)의 연구 결과 가족에서 일로의 부정적 전이가 여성보다 남성에게서 더 높게 나타났다. 이글과 그의 동료들(Eagle et al., 1998)은 남성이 여성보다 두 가지 방향의 부정적 전이 모두를 더 많이 경험한다고 보고했다. 즉, 이 연구에서 남성이 여성보다 '일에서 가족으로의 부정적 전이'와 '가족에서 일로의 부정적 전이'를 많이 겪고 있었다. 글레저와 월코트(Glezer & Wolcott, 1999)의 연구에서도 직업생활이 가족생활을 방해한다고 느끼는 남성의 비율이 여성보다 높았다.

반면 윌리엄스와 앨리거(Williams & Alliger, 1994)의 연구에서는 일에서 가족으로, 가족에서 일로의 부정적 감정의 전이 모두 남성보다 여성에게 더 높았다. 또한 프론과 그의 동료들의 연구(Frone et al., 1992b), 이글과 그의 동료들의 연구(Eagle et al., 1997)와 그시바치와 막스의 연구(Grzywacz & Marks, 2000)에서는 성차가 나타나지 않았다. 국내의 최희경(1995)과 홍선희(1997)의 연구들도 일관되지 않은 결과를 제시했다.

이렇게 결론과 해석이 다양한 이유 가운데 하나는 대표성 있는 표본을 대상으로 연구하지 않았기 때문이다. 남녀의 일·가족 상호작용을 논할 때 표본의 대표성은 매우 중요하다(Frone et al., 1992a). 백인(Voydanoff, 1988)이나 평균 교육 수준이 대학교 졸업 이상인 사람들(Barnett, 1994)만을 대상으로 하거나 회수율이 51%에 불과한 우편질문지를 분석하는 연구(Eagle et al., 1997)들은 남성과 여성의 대표성을 갖기 어렵다.

우리나라 일·가족에 대한 기존 연구들(이숙현, 1995, 1998; 홍선희, 1997; 한경혜, 1998; 서정아, 한경혜, 1998; 이형실, 2001; 박주희, 2003; 전서영, 박정윤, 김양희, 2008)을 살펴보면, 연구 대상을 전문 관리직이나 사무직으로 제한하거나 임의 표집을 통해 자료를 수집했기 때문에 우리나라 남성과 여성 모두의 직업생활을 논하는 데에는 제한점이 있었다. 이인정(1997)의 연구는 생산직 근로자를 포함하였지만 자영업을 포함하지 않음으로써 이를 일반화하기에는 한계가 있었다.

(3) 일-가족 상호작용 관련 요인

일-가족 상호성에 영향을 미치는 중요한 요인들에는 어떤 것들이 있을까? 선행연구들이 주목하는 요인들은 크게 직업특성요인과 가족특성요인 그리고 개인특성요인으로 나눌 수 있다.

1) 직업특성요인

연구자들이 주목하는 직업특성요인으로는 직종, 노동시간, 업무량, 직무통제력, 직업안정성 등이 있다. 직종에 따라 고용특성, 노동시장의 진입 · 퇴출 시기와 방식, 소득과 취업조건, 취업 애로요인 등에서 상당한 차이가 나타난다. 따라서 연구자들은 직종에 따른 이러한 직업특성의 차이는 일 · 가족 전이 방향과 정도에 영향을 미칠 수 있을 것으로 본다. 실제로 우리나라 연구 결과(전서영 외, 2008) 전문직 · 관리직 직업 유형에 비해 생산직 · 사무직 · 서비스직에 종사하는 경우 직업으로 인한 가족갈등이 더 큰 것으로 보고된 바 있다. 그러나 직업유형과 일 · 가족 전이의 관련성을 실증적으로 탐색한 연구가 부족하여 별로 알려진 바가 없는 실정이다.

노동시간과 일-가족 상호성을 살펴본 연구들은 상당 정도 진행되었다. 시간은 한정된 자원이므로 노동시간의 증가는 곧 가족생활 참여 기회를 줄이는 결과를 가져오고, 이는 결국 일 · 가족 전이에 영향을 미칠 것으로 예측되어왔다. 그러나 연구 결과는 일관되지 않다. 저지, 부드로와 브레츠(Judge, Boudreau & Bretz, 1994; Hill, Hawkins, Ferris & Weitzman, 2001에서 재인용)는 취학 전 아동을 둔 부모에 한해서 노동시간과 일 · 가족 갈등 사이에 강한 연관이 있다고 하였다. 그리고 국내연구로서 전서영 외(2008)의 연구에서도 근로시간이 많은 경우 직업으로 인한 가족갈등을 더 크게 지각하는 것으로 나타났다. 반면, 보이다노프(Voydanoff, 1998), 한경혜(1998), 이숙현(1998)의 연구에서는 노동시간이 남녀의 일 · 가족 갈등에 영향을 미치지 않는다고 보았다.

업무량이 많으면 피로와 긴장을 느낄 가능성이 많으며, 결과적으로 가정에까지 이러한 부정적 경험이 전이되기 쉽다(Voydanoff, 1988). 업무량은 앞에서 지적한 노동시간과 비슷한 측면의 직업특성 같지만 일 · 가족 전이에 미치는 영향에 차이가 있었다. 예를 들어 한경혜(1998)의 연구에 따르면 근무시간은 남성들의 일 · 가족 역할갈등에 유의한 영향을 미치지 않았으나, 업무량은 유의한 영향을 미쳤다.

직무 통제력이 높을수록 직업과 가족생활 두 가지 요구에 맞추어 시간과 에너지의 재분배와 조절이 가능해지고, 이에 따라 직업생활과 가족생활의 갈등적 상호작용이 줄어들었다. 따라서 동일한 직무요구 아래에서도 직무재량권이 없는 사람은 스트레스를 훨씬 크게 보고하며(Karasek, 1979; 최희경, 1995에서 재인용), 자신의 직업 환경 통제력이 높아질수록 일 · 가족 갈등이 줄어들었다(이은희, 2000; 최희경, 1995; Voydanoff, 1988; Willams & Alliger, 1994).

직업 안정성 또한 연구자들이 주목한 직업특성이다. 에드워즈(Edwards, 2001)는 전반적인 경제시장에서의 직업 안정성을 고려하지 않고는 일 · 가족의 상호작용을 제대로 이해할 수 없다고 보았다. 그러나 직업 안정성이 일 · 가족의 상호성에 어떠한 영향을 미치는지 탐색한 연구는 거의 없다. 일차적으로 가계 부양자 역할이 기대되는 우리나라 남성의 경우, 일 · 가족 상호작용에 직업 안정성이 미치는 영향이 여성보다 높을 것으로 예측할 수 있다.

2) 가족특성요인

대표적인 가족특성요인으로는 자녀수와 자녀 연령 같은 자녀 관련 특성을 들 수 있다. 자녀가 많고, 어린 자녀가 있으면 정신적 · 육체적으로 직업생활에 집중하기가 힘들며 자녀양육에 관여함으로써 과부하가 걸리기 쉽다는 연구 결과가 있다(Hammer & Neal, 2000; Voydanoff, 1988). 특히 취학 전 어린 자녀가 있으면 부모가 시간이 부족해서 오는 역할 갈등을 더 많이 경험한다(박성옥, 김정훈, 1995; 정순희, 2001; Barnett, 1999; Edwards, 2001; Voydanoff & Kelly, 1984). 반면, 이숙현(1998)의 연구에서는 자녀와 함께하는 시간이 길수록 일 · 가족 갈등의 정도가 낮아졌다. 전서영 외(2008)의 연구에서는 자녀가 있는 경우, 자녀가 없는 경우에 비해 일로 인한 가족갈등이 더 많은 것으로 지각하였다.

자녀 관련 특성과 함께 배우자의 취업 여부나 지원 같은 배우자 특성 또한 중요한 요인인 것으로 나타났다. 취업모를 대상으로 한 여러 연구(김경신, 김오남, 1998; 이숙현, 1998; 정순희, 2001)에 따르면 남편의 지원이 여성의 일 · 가족 갈등에 유의한 설명력이 있었다. 하지만 남성의 경우에는 부인의 지원이 유의한 영향력을 가지지 않았다(이숙현, 1998). 배우자의 취업 여부는 남성의 일 · 가족 갈등 정도에 영향을 미쳤다. 기혼 여성의 취업이 증가하면서, 남성의 가족 내 역할에 대한 요구가 증가할 것으로 예측할 수 있기 때문이다. 그러나 국내의 실증 연구(서정아, 한경혜, 1998; 손유기, 이정우, 1999; 이숙현, 1998; 최희경, 1995; 한경혜, 1998) 결과 부인의 취업이 남성의 일 · 가족 갈등 정도에 유의한 영향을 미치지 않았다. 이러한 결과는 부인이 취업해도 가사노동 분담 등 가족 역할 수행에서 남성의 행동이 크게 변하지 않았다는 점에 기인할(Bird, 1999; Pleck, 1977) 수 있다.

배우자의 가사노동 분담 정도가 일-가족 갈등과 같은 일-가족 상호성에 영향을 미치는 것으로 나타났다. 버드(Bird, 1999)는 가사노동 시간과 가사노동 분담률이 남녀의 심리적 우울감과 디스트레스에 미치는 영향을 탐색한 결과, 실제 가사노동에 소비하는 시간보다 가사노동 분담의 공평성에 대한 지각이 심리적 복지에 더 결정적인 요소라고 지적했다. 가사노동 시간과 일 · 가족 갈등을 살펴본 연구는 몇몇 있지만(Gutek et al., 1991; Voydanoff, 1988), 가사노동 분담률과 일 · 가족 전이의 관련성을 살펴본 연구(유계숙, 2010)는 아주 제한적으로 다루어지고 있다.

3) 개인특성요인

일-가족 상호성을 연구하는 학자들이 주목하는 대표적 개인특성요인으로는 교육과 소득 수준이 있다. 교육 수준이 높을수록 전반적인 역할갈등도가 낮아진다는 연구(정순희, 2001)가 있는가 하면, 남성의 경우 교육 수준이 유의한 영향을 미쳤지만, 여성에게서는 교육 수준의 영향이 나타나지 않았다(Voydanoff, 1988). 소득의 영향을 살펴본 연구에 따르면, 소득의 변화가 여성의 직업과 가족 간의 긍정적 전이 정도를 변화시켰지만 남성의 경우 그러한 변화가 관찰되지 않았다(Hammer & Neal, 2000). 중년기 남성의 일 · 가족 갈등에 관한 한경혜(1998)의 연구에서도 소득의 영향력이 유의하지 않았다.

2. 중년기 남녀의 일-가족 전이

우리나라 중년기 남녀의 가족생활과 직업생활의 상호작용 양상을 살펴보기 위하여 직업 역할과 가족 역할의 전이 정도와 관련 요인을 살펴보았다. 여기서는 특히 일-가족 전이에서 남녀 차이가 나타나는지에 초점을 맞추어 살펴보았다.

(1) 일-가족 전이 : 긍정적 · 부정적 측면

1~4번 문항은 직업에서 가족으로의 부정적 전이의 개념을 담았다(그림 5-2). 정서적 측면의 부정적 전이를 다룬 2, 3, 4번 문항은 남녀 모두 중간 이하로 나타났지만 행동적 전이를 다룬 1번 문항의 경우 남녀 모두 중간 이상의 값을 보였다. 이는 직업이 가족에게 미치는 부정적인 영향을 살펴볼 때 행동적 측면을 반드시 고려해야 한다는 것을 뜻한다. 직장 스트레스 때문에 집에서 신경질적이 되는 것은 남녀 모두 부정한다. 하지만 점수를 보면 여성이 남성보다 유의하게 높았다. 한편, 집에서 직업에 신경을 쓰는 정도는 남자가 여자보다 유의하게 높았다. 이는 직업에서 가족으로의 부정적 전이가 표현되는 방식에 남녀 차이가 있음을 시사하는 것이다.

5~8번 문항은 직업에서 가족으로의 긍정적 전이를 측정한 것들인데, 직업 역할이 가족 영역에 미치는 긍정적 전이 정도가 별로 높지 않은 것을 알 수 있다. 그중 6번 문항은 남녀 간 유의한 차이가 나타나는데, 여성은 남성보다 직장일이 있어 집에서 더 즐겁게 보낼 수 있다고 했다. 이러한 결과는 여성에게 취업이 역할 과다 또는

그림 5-2 일에서 가족으로의 전이: 남녀 비교

역할 갈등을 일으키기도 하지만, 동시에 자기 직업을 가지고 있음으로써 가족생활에 활력소가 된다는 것을 시사한다.

9∼12번 문항은 가족에서 직업으로의 부정적 전이 개념을 담았는데(그림 5-3), 다른 전이 차원들보다 점수가 현격히 낮았다. 이는 남녀 모두 가족에서 직업으로 부정적 전이를 별로 경험하지 않는다는 것이다. 직업과 가족 간의 부정적 전이를 측정한 문항을 비교해 보면, 집에서의 스트레스 때문에 직장에서 신경질적이 되는 정도(문항 12)가 직장에서의 스트레스 때문에 집에서 신경질적이 되는 정도(문항 2)보다 작다. 즉 남녀 모두에게 부정적 전이에 대한 직업 영역의 경계 투과성이 낮은 것이다. 일반적으로 직업사회는 가족생활에서 부정적 영향을 받는 것을 엄격하게 제한하기 때문이다. 문항 9와 1을 비교해 보면 이를 더 확실히 알 수 있다.

문항 1이 같은 차원의 다른 문항들보다 훨씬 높은 점수(3.13∼3.09)였던 데 반해 문항 9는 오히려 낮은 점수(2.07∼2.30)를 보였다. 이는 필요에 따라 두 역할 중 어느 한쪽을 희생해야 할 경우, 직업 역할보다 가족 역할에 더 소홀할 수 있음을 뜻한다.

한편, 9∼12번 문항으로 측정한 가족에서 직업으로의 부정적 전이는 다른 차원의 전이보다 남녀 차이가 현격히 드러났다. 9∼12번에서 여성이 남성보다 점수가 훨씬 높은 것은 두 가지 측면에서 해석할 수 있다. 첫째는 가족에서의 부담이 남성보다 훨씬 크고, 실제로도 더 많은 시간을 가사노동과 자녀양육에 소비하기 때문에 가족에서 직업으로의 부정적 전이 정도가 남성보다 높다고 해석할 수 있다.

그런가 하면 여성의 경우 직업 영역의 투과성이 남성보다 높아서 가족생활이 직업생활에 부정적인 영향을 미치는 것에 좀 더 허용적이라는 해석도 가능하다. 두 가지 해석 모두 가족 영역이 여성의 영역으로 규정지어지는 현실을 반영한다. 이는 9, 10, 11번 문항에서 잘 나타난다. 즉 여성은 남성보다 집안일로 직장일에 소홀하게 되는 정도가 높고(9번), 직장에서도 가정문제에 신경 쓰며(10번), 가족 역할을 수행하느라 잠이 부족해 직장일에 어려움을 느끼는 정도가 높았다(11번).

13∼16번 문항은 가족에서 직업으로의 긍정적 전이 개념을 담았다. 다른 유형의 전이에 대해 묻는 문항들보다 남녀가 모두 동의하는 정도가 높아서 가족에서의 긍정적 경험이 직업 역할 수행에 긍정적인 영향을 미치는 정도가 두 영역 간의 다른 형태의 전이보다 높았다.

그림 5-3 가족에서 일로의 전이: 남녀 비교

다음은 일 · 가족 영역 간 전이 정도의 유형별 총점을 성별에 따라 비교해 보았다(표 5-1). 먼저 전이 유형에서 남녀 차이를 살펴보면, 남성과 여성 모두 일이 가족에게 미치는 긍정적 · 부정적 영향에 대해서는 중간 정도의 값을 보이며 성차는 나타나지 않았다. 반면 가족이 일에 미치는 영향에서 남녀 차이가 명확하게 드러났다. 가족

표 5-1 일 · 가족 전이(긍정적 전이, 부정적 전이)의 성차

(표본집단 1,217)

유형		중간값	남성(표본집단 772)		여성(표본집단 445)		t값
			점수(환산값)	표준편차	점수(환산값)	표준편차	
일→가족	부정적 전이	12	11.32(47.2)	3.22	11.19(46.6)	3.05	0.66
	긍정적 전이	9	8.12(45.1)	2.23	8.21(45.6)	2.23	0.73
가족→일	부정적 전이	12	8.80(36.7)	2.75	9.83(41.0)	3.03	5.92***
	긍정적 전이	9	11.49(63.8)	2.33	10.75(59.7)	2.26	5.36***

괄호 안은 척도 최고값을 100으로 환산한 값. *** $p<.001$

출처: 김진희 · 한경혜(2002)

에서 직업으로의 긍정적 전이는 남성이 여성보다 유의하게 높은 반면 가족에서 직업으로의 부정적 전이는 여성이 남성보다 유의하게 높았다.

일과 가족 간의 부정적인 전이를 자세히 살펴보면, 남녀 모두 일이 가족에게 미치는 부정적인 영향에 대해서는 가족이 직업생활에 미치는 부정적인 영향보다 높은 수준으로 인식했다. 이러한 경향은 서구의 선행연구에서도(Frone et al., 1992b; Eagle et al., 1997) 관찰할 수 있다.

이렇게 직업 역할이 가족생활에 미치는 부정적 전이가 그 역의 전이보다 높은 경향에 대하여 연구자들은 공적 영역인 직업 영역에서의 역할 수행이 '사적인 가족일'에 영향을 받지 않아야 한다는 사회·문화적 규범을 한 원인으로 지적한다(Frone et al., 1994). 같은 맥락에서, 가족이 일을 방해하는 것에 대해서는 잘 대처하지만 일이 가족을 방해하는 것에 대해서는 대처 능력이 떨어지는 경향이 있고, 이 또한 부정적 전이 정도의 차이를 가져온다고(Frone et al., 1992a) 지적했다.

일·가족 간의 긍정적 전이를 자세히 살펴보면(표 5-1), 가족에서 일로의 긍정적 전이 정도가 일에서 가족으로의 긍정적 전이보다 더 높았다. 그리고 그 차이는 가족에서 일로의 부정적 전이와 일에서 가족으로의 부정적 전이 간의 정도 차이보다 훨씬 컸다. 여기서 주목할 점은 일에서 가족으로의 긍정적 전이 점수가 중간 정도로 아주 낮지 않았다는 것이다.

이는 직업생활이 단순히 경제적 자원을 공급하는 수단에만 머무는 것이 아니라 행동적·정서적으로 가족생활에 긍정적 영향을 줄 것으로 기대하고, 인식하고 있다는 의미가 될 수 있다. 또 일에서 가족으로의 긍정적 영향은 일·가족 간의 균형을 이루는 데 중요한 역할을 할 것으로 보인다. 이는 직업 역할 수행이 가족 역할 수행에 구체적으로 어떤 긍정적 영향을 미치는지, 그리고 이러한 영향에서 남녀 차이는 없는지 등에 대한 후속 연구가 필요하다는 것을 시사한다.

이러한 전반적인 경향성에는 성차가 있다. 남성의 경우 여성보다 가족에서 일로의 긍정적 전이는 더 크게, 가족에서 일로의 부정적 전이는 더 작게 인식하는 경향이 있다. 이는 가족의 표현적 기능에 대한 기대가 남성에게 더 크다는 의미이다. 또 여성의 경우 가족생활 영역에서 더 많은 역할기대를 경험하며, 이러한 성별 규범이 남성에게는 긍정적, 여성에게는 부정적 영향을 미친다고 할 수 있다.

한편, 일에서 가족으로의 긍정적 · 부정적 전이에 성별 차이가 드러나지 않은 것은 남성이 직업 영역에서 여성보다 책임감을 더 많이 가지고 있기 때문에 일에서 가족으로 부정적 전이를 더 많이 경험할 것이라는 합리성(rational) 관점의 주장과 차이가 있다. 이는 현대 한국사회에서 취업한 남녀가 직업에 대해 느끼는 책임과 부담이 크게 차이나지 않는다는 것을 시사한다.

(2) 일- 가족 전이 관련 요인과 남녀 차이

다음은 직업과 가족 간의 전이에 영향을 미치는 관련 요인에서 남녀 차이가 있는지 살펴보았다(표 5-2 참조).

먼저 가족에서 일로의 부정적 전이와 관련된 요인을 살펴보면, 남녀 모두 업무량이 많을수록 부정적 전이 정도가 높아졌고, 자영업일 경우 사무영업직보다 가족에서 일로의 부정적 전이가 많았다. 남성과 달리 여성은 생산서비스직일 경우 사무영업직보다 높은 부정적 전이를 경험했다. 가족적 특성이 여성의 가족에서 일로의 부정적 전이에 영향을 미치지 않은 반면, 남성 응답자에게는 배우자의 지원이 유의한 영향을 미쳤다. 남성 응답자들은 배우자의 지원이 적을수록 가족생활에서 직업생활로의 부정적 전이 경험이 높았다.

가족에서 일로의 긍정적 전이를 살펴보면, 남성과 여성 모두 업무량이 많을수록, 그리고 직무에 대해서 지각된 통제력이 높을수록 가족에서 일로의 긍정적 전이가 높았다. 업무량과 지각된 직무통제력이 가족에서 일로의 긍정적 전이를 설명하는 정도에서 여성이 남성보다 높았다. 또 직업 안정성이 높을수록 가족이 직업생활에 미치는 긍정적 영향을 더 많이 지각했다.

여성의 경우에는 가족특성요인 가운데 가족에서 일로의 긍정적 전이에 유의한 영향을 미치는 요인이 없는 반면, 남성은 가사 분담도가 높을수록, 배우자의 지원 정도가 높을수록 가족이 일에 미치는 긍정적 영향을 더 많이 지각했다. 사회인구학적 특성 중에서는 여성의 학력이 가족에서 일로의 긍정적 전이에 부적 영향을 미쳤다. 즉 전문대학교 이상 교육을 받은 여성이 고등학교를 졸업한 여성보다 가족에서 일로의 긍정적 전이를 경험하는 정도가 낮았다.

다음으로는 일에서 가족으로의 전이와 관련된 요인을 살펴보았다(표 5-3 참조). 먼

표 5-2 직업 · 가족 · 사회인구학적 특성이 가족에서 일로의 전이에 미치는 영향

관련 변수		부정적 전이				긍정적 전이			
		남성		여성		남성		여성	
		B	β	B	β	B	β	B	β
직업적 특성	노동시간	-.01	-.16	.09	.08	.01	.02	-.02	-.02
	업무량	.59	.22***	.84	.29***	.20	.10*	.43	.20***
	직무 통제력	-.09	-.07	.05	.04	.17	.19***	.20	.25***
	직업 종류 (사무직 기준)								
	전문관리직	.17	.03	.99	.16	.19	.04	.44	.10
	자영업직	.81	.14*	2.15	.29**	.55	.12*	.40	.07
	생산서비스직	.01	.00	1.42	.24*	.38	.08	.20	.05
	직업 안정성	-.25	-.07	.10	.03	.23	.09*	.15	.07
가족적 특성	가사분담률	-.01	-.05	-.02	-.09	.01	.09*	-.01	-.09
	첫 자녀 연령	.00	.00	-.12	-.04	-.01	-.04	.00	.00
	자녀 수	.21	.05	.15	.04	.09	.03	-.01	-.00
	배우자 지원	-.20	.21***	-.07	-.08	.16	.21***	.02	.03
	배우자 취업 여부	.35	.06			-.10	-.02		
사회인구학적 특성	소득	.00	-.04	.00	-.01	.00	.00	.00	.04
	교육 수준 (고등졸 기준)								
	중학교 이하	.08	.01	-.82	-.11	.16	.02	.37	.07
	초대졸 이상	-.34	-.06	.15	.02	-.05	-.01	-.94	-.19**
상수		12.13		7.27		4.90		7.50	
R^2		.13		.23		.12		.18	

* $p<.05$ ** $p<.01$ *** $p<.001$

출처: 김진희 · 한경혜(2002)

저 일에서 가족으로의 부정적 전이에 대한 관련 요인을 살펴보면, 남성과 여성 모두 노동시간이 길수록, 업무량이 많을수록 직업생활이 가족생활에 미치는 부정적 영향의 정도가 높아졌다. 남녀 모두 노동시간보다 업무량의 설명력이 더 큰데, 남성은 여성보다 두 변수 간의 설명력 차이가 확연했다. 즉 남성에게는 업무량이 결정적 영향을 미치는 반면, 여성은 업무량이 영향을 많이 미치지만, 업무량이 같다고 가정할 때 노동시간이 일에서 가족으로의 부정적 전이에 미치는 영향력이 남성보다 컸다.

표 5-3 직업 · 가족 · 사회인구학적 특성이 일에서 가족으로의 전이에 미치는 영향

관련 변수			부정적 전이				긍정적 전이			
			남성		여성		남성		여성	
			B	β	B	β	B	β	B	β
직업적 특성	노동시간		.09	.04*	.22	.20***	-.01	-.01	-.00	-.00
	업무량		1.06	.33***	1.07	.37***	-.07	-.03	.15	.07
	직무 통제력		.02	.01	.05	.04	-.07	-.08	.18	.21***
	직업 종류 (사무직 기준)									
		전문관리직	-.15	-.02	.40	.06	-.21	-.28	.07	.01
		자영업직	.09	.01	.61	.08	-.14	-.03	-.53	-.09
		생산서비스직	-.44	-.05	.17	.03	.19	0.4	-.39	-.08
	직업 안정성		-.21	-.05	-.07	-.02	.06	.02	.01	.01
가족적 특성	가사분담률		-.02	-.13**	.00	.01	.01	.00	-.01	-.08
	첫 자녀 연령		-.02	-.06	-.05	.26	.02	.07	.02	.08
	자녀 수		-.03	-.01	.23	.23	.16	.05	.09	.03
	배우자 지원		-.15	-.13***	-.04	.05	.08	.11**	.02	.03
	배우자 취업 여부		.20	.23			.20	.04		
사회인구학적 특성	소득		.00	.00	.00	.00	.00	-.01	.00	.02
	교육 수준 (고등졸 기준)									
		중학교 이하	-.69	-.06	-.48	.48	.09	.01	-.44	-.08
		초대졸 이상	-.38	-.06	.70	.41	.08	.02	-.24	-.05
상수			11.61		6.67		5.17		6.32	
R^2			.18		.24		.04		.08	

* p<.05 ** p<.01 *** p<.001

출처: 김진희 · 한경혜(2002)

남성의 경우 지각된 가사분담률과 배우자의 지원이 일에서 가족으로의 부정적 전이에 부적 영향을 미쳤다. 가사를 많이 분담할수록, 부인의 지원이 많을수록 직업이 가족에게 미치는 부정적 영향을 덜 지각하는 것을 알 수 있다. 가사분담과 부인의 지원이 남성에게는 일이 가족에게 미치는 부정적 영향을 상쇄하는 완충장치 역할을 하는 듯하다. 여성의 경우 가족 특성이 일에서 가족으로의 부정적 전이에 유의한 영향을 미치지 않았다.

일에서 가족으로의 긍정적 전이를 살펴보면, 남성의 경우 직업특성요인 중에는 유의한 영향을 미치는 요인이 없었으나, 여성의 경우에는 직무 통제력이 유의한 영향을 미쳤다. 즉 직무환경에 대한 통제력, 조절 능력이 큰 여성일수록 일에서 가족으로의 긍정적 전이가 많았다. 반면, 남성의 경우 가족 특성 중 배우자 지원 정도가 일에서 가족으로의 긍정적 전이에 영향을 미쳤다. 이로써 배우자의 지원이 높을수록 직업이 가족에게 미치는 긍정적 영향의 정도가 더 커지며 부인의 지원은 남성의 직업으로부터의 부정적인 영향은 줄이고, 긍정적인 영향은 증폭시키는 기제로 작용하는 듯하다.

이 분석에서 사용한 직업 · 가족 · 개인적 특성 요인 중 일이 가족에게 미치는 긍정적 전이를 설명하는 요인들의 수가 다른 유형의 전이에서보다 훨씬 적으며, 전체 설명력도 다른 유형의 전이보다 매우 적다. 이는 어떤 요인으로 직업생활이 가족생활에 미치는 긍정적 영향을 예측할 수 있는가에 대한 연구가 더 필요하다는 것을 시사한다.

3. 소결

지금까지 우리나라 중년기 남녀의 삶에서 직업 영역과 가족 영역은 어떤 영향을 주고받는지 살펴보았다. 그 결과 다음과 같은 결론을 이끌어낼 수 있다.

첫째, 직업 영역과 가족 영역 경계 투과성 간의 비대칭적 모습이다. 남녀 모두 가족에서 일로의 긍정적 전이가 일에서 가족으로의 긍정적 전이보다 더 많이 나타났다. 따라서 긍정적 영향에 대해서는 직업 영역이 더 허용적이라는 추론이 가능하다. 이는 직업 영역은 부정적 영향에 대해서는 제한적이지만 긍정적 영향에 대해서는 허용적 경계를 형성한다는, 즉 직업 영역 경계들 간의 투과성 또한 비대칭적이라는 것을 보여준다. 반면 일에서 가족으로의 부정적 영향을 가족에서 일로의 부정적 영향보다 높은 수준으로 인식한다는 결과를 볼 때 부정적 영향에 대해서는 가족 영역이 더 허용적이라고 추론할 수 있다.

둘째, 남녀 간의 일 · 가족 상호작용의 비대칭적 모습이다. 가족생활이 직업생활에 미치는 영향에 대해서 남성이 여성보다 훨씬 전통적인 양상을 보였다. 즉 가족에서 일로의 긍정적 전이가 여성보다 남성에게 높아서 여성보다는 남성에게 가족이 여전히 '직장생활을 편안히 할 수 있도록 쉬게 해주는' 영역이라는 의미가 더 컸다. 가족에서 일로의 부정적 전이가 남성보다 여성에게 유의하게 높은 것은 아직도 여성에게서 가족 역할이 차지하는 비중이 남성보다 높다는 현실을 반영한 것이다.

셋째, 일 · 가족 전이에 영향을 미치는 요인들에서 남녀 차이를 탐색한 결과 여성과 남성의 일 · 가족 상호작용 양상이 서로 달랐다. 여성의 경우, 네 가지 유형의 전이 모두에서 직업적 특성 변수만이 유의한 설명력을 지녔다. 이는 여성의 경우 일 · 가족 갈등을 설명하는 데 가족 특성이 직업특성보다 설명력이 더 높을 것이라는 기존의 예측과 차이나는 결과이다. 이는 여성에게 노동환경이 매우 중요하며, 그것이 여성의 일 · 가족 상호작용에 결정적인 영향을 미침을 시사한다.

남성의 경우, 노동시간과 업무량 등의 직업적 특성 변수 이외에도 가사분담률과 배우자 지원 같은 가족 특성 변수가 일과 가족 간의 부정적 · 긍정적 전이에 유의한 영향력이 있었다. 즉 남성의 가사분담률이 높을수록 가족생활이 직업생활에 긍정적인 영향을 많이 미치며, 동시에 직업생활이 가족생활에 미치는 부정적인 영향을 감소시킨다. 부인의 지원 또한 남성의 일 · 가족 전이에 영향을 많이 미쳤다. 모든 유형의 전이에서 부인의 지원은 부정적 전이를 줄이고, 긍정적 전이를 향상시키는 역할을 했다. 이는 여성에게서는 배우자의 지원이 일 · 가족 간의 전이에 전혀 유의한 영향을 미치지 않았던 것과 대조되는 결과이다.

넷째, 직업적 특성 중 직업 유형과 직무 통제력, 노동시간과 업무량도 남녀의 일 · 가족 전이에 유의한 영향을 미쳤다. 남녀 모두 자영업인 경우 가족이 일에 미치는 부정적 영향을 많이 지각하였는데, 최근 자영업자가 증가하는 추세에서 자영업에 대한 연구가 가족학에서 필요하다는 것을 시사한다. 또 직무통제력은 일 · 가족 간의 긍정적 전이에 긍정적 영향을 미치는 것으로 보아 직업인의 직무통제력을 향상할 수 있는 방안을 모색하는 작업이 필요하다.

Tip

일의 중요성

스콧 니어링은 열정적인 사회개혁가이자 철저한 근본주의자로 한평생을 살다 갔다. 그는 40대 후반 도시를 떠나 여생을 아주 단순하고 검약하고 가난한 자급자족적 농촌생활을 통해 진정한 자유의 극치를 누림으로써 삶은 비울수록 꽉 찬다는 사실을 보여준 사람이다. 그는 노년의 삶을 이렇게 소개했다. '생계를 위한 노동 4시간, 지적인 활동 4시간, 좋은 사람들과 친교하며 보내는 4시간이면 하루가 완벽해진다.'

그와 생각을 같이한 그의 아내, 헬렌 니어링은 '노년에는 일을 갖는 것, 쓸모 있고 흥미로운 일로 하루를 꽉 채워 지루하지 않게 지내는 것이 가장 큰 복이다'라고 했다.

또 미국 대통령을 지낸 지미 카터는 『나이 드는 것의 미덕』에서 "지나치게 걱정하지 말라. 기회를 잡아라. 완벽한 상황이 준비될 때만을 기다린다면 결국 불확실하고 축소된 삶을 살게 될 것이다. 실패 가능성은 언제나 존재한다. 실패는 고통스럽고 실망스러운 것이다. 그러나 완벽하게 성공하지 못할까봐 시도하지 못하느니보다 모험적이고 불명확한 것을 추구하기 위해 애쓰다 실패하는 것이 훨씬 더 낫다고 생각한다"라고 함으로써 새로운 일을 계속 추구하는 삶을 더욱 긍정적으로 묘사하였다.

우리 시대의 요구, 일-가족 균형(work-family balance, WFB)

일과 가족 역할 간의 갈등을 최소화하고 두 영역의 적절한 균형을 모색하는 것이 우리 시대의 중요한 화두가 되고 있다. 기혼여성의 취업증가로 가정영역과 직장영역의 일을 모두 담당해야 하는 근로자의 수가 증가한 것과 함께, 전통적 성역할 규범이 약화되면서 남성도 가족역할을 적극적으로 수행하는 것에 대한 사회문화적 기대가 높아지자 일-가족 균형 이슈가 남녀 공동의 문제로 부각된 것이다. 한국사회 전반에서 특히 젊은 층을 중심으로 삶에 대한 가치 지향성이 일 중심에서 일과 가정을 모두 중시하는 방향으로 변화하였다는 점도 일-가족 균형이 중요한 이슈가 되는 데 기여한 요인 중 하나이다. 또한 일과 가족 영역 간 역할갈등이 당사자인 개인과 가족원의 삶의 질뿐만 아니라 직장동료, 나아가 조직성과에 이르기까지 광범위하게 영향을 미친다는 경영학 분야의 연구결과가 나오면서 일-가족 균형의 다양한 양상과 균형증진을 이루기 위한 개인적 전략이나 정책적 지원 필요성에 대한 논의가 증가하였다.

한경혜 등(2009)의 연구에 따르면, 여성이 남성보다 두 영역 간 균형을 잘 이루는 것으로 나타난다. 남성에 비하여 다양한 역할을 조절하는 능력이 여성이 더 뛰어날 가능성을 서구의 연구들도 지적한 바 있다. 직장에 다니더라도 자녀를 돌보는 등 가족역할과 책임은 줄어들지 않기 때문에 '엄마, 아내 역할에 소홀한 여자', '프로 정신이 부족한 여성'이라는 말을 들을 수 있는 딜레마의 상황에서 여성은 두 역할을 성공적으로 조합하는 것이 매우 중요하다. 여성의 취업은 동시역할수행(multi-tasking) 시간의 증가를 의미하며, 이는 여성에게 다양한 일을 동시에 할 수 있는 능력이 있다는 것이다. 두 영역의 균형을 잘 이루는 것은 취업여성들에게 당면과제이면서 적응전략적 의미가 포함되어 있다고 하겠다.

중년층에게도 일-가족 균형은 중요한 전략적 의미를 가진다. 최근 일본의 닛세이 기초연구소에서는 일 중심의 삶을 살아온 남성이 중년기에 가족에게서 소외, 고립되는 현상에 대한 연구결과를 발표하면서, 이에 대한 해답으로 일-가족 균형의 실현을 제안하였다(한경 비지니스 No 860, "일본서 배우는 중년위기 대처법: 고용, 건강, 가족위기 해법은 신 라이프스타일", 2012년 5월 30일). 가족 및 지역사회와 같은 직장 외부에서 관계가 개선되면 과도한 직장 의존적 라이프스타일에서 벗어날 수 있고, 은퇴 후 노년에 대한 적응도 용이해질 것이라는 설명이다.

세상읽기

중년과 '일'의 의미

직업은 소득의 원천이라는 측면에서 경제적 의미가 가장 큰 것으로 이야기되지만, 중년기의 직업은 다측면적 의미를 가진다. 중년기의 베이비부머 4,668명을 대상으로 한 연구(한경혜 외, 2011)에 따르면, 이들에게 일은 삶의 보람이면서 동시에 스트레스인 것으로 나타났다. 43.7%가 일 때문에 스트레스를 받는다고 응답하였으며, '일 때문에 피곤하고 지친 상태에서 집에 돌아온다'고 응답한 비율도 40%에 달한다. 우리나라의 베이비부머들이 주당 평균 6일, 하루 9시간이 넘는 근무시간을 소화하는 현실이 반영된 것이다. 그럼에도 이직을 고민하거나 해고 및 사업 실패에 대한 불안감은 상대적으로 높지 않다.

베이비부머들은 또한 현재 하는 일에 대해 대체로 만족하고 있다. 40%가 하고 있는 일을 통해 보람을 느낀다고 하였으며, 일에서의 성공이 삶에 큰 의미를 갖는다고 응답한 비율도 37.2%에 달한다. 일이 생계수단이라고 응답한 비율은 그보다 낮아서, 일이 경제적 수입의 원천이지만 '돈을 벌기 위해서' 일을 한다는 응답보다는 일에서 보람을 느끼고 일이 삶의 의미가 되는 것으로 인식하는 응답자가 더 많다는 것을 알 수 있다.

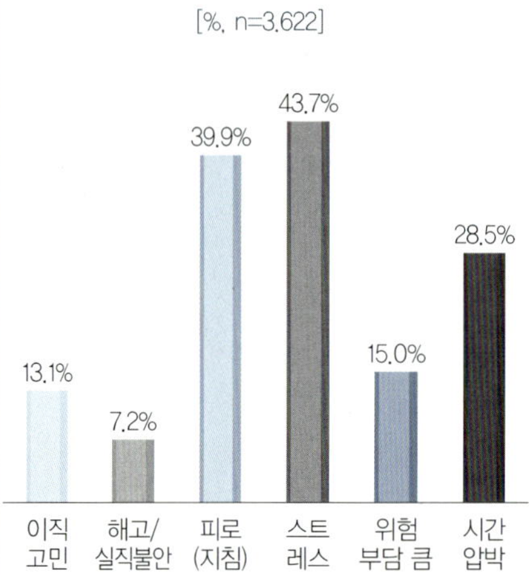

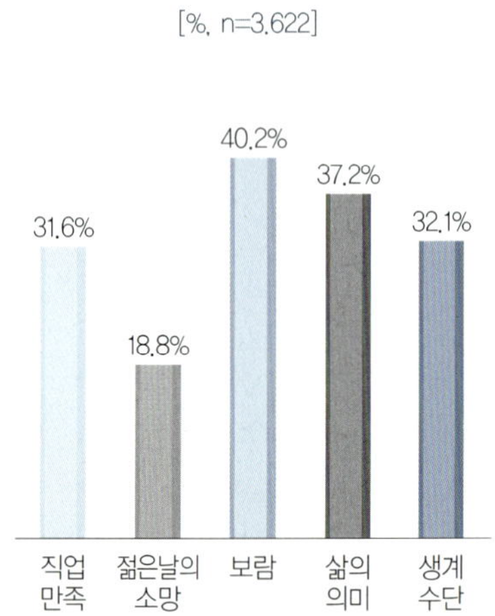

중년기 은퇴, 이 시대 중년기 남성의 위기의 근원

중년기는 한창 일을 할 생애단계이다. 자신이 종사해온 일에 대한 자신감이 확고해지는 자기중심성 경향이 최고조에 달하는 시기이면서, 노부모와 아직 독립하지 않은 자녀를 부양해야 하는 세대이기 때문이다. 그러나 IMF 경제위기와 연속되는 경제침체, 이에 따른 노동시장 불안정성의 증가로 한국의 중년은 한창 일할 나이에 평생직장으로 여겼던 일터에서 퇴직, 즉 비자발적 은퇴를 강요당하고 있다. 고용노동부 통계에 따르면 우리나라의 퇴직연령은 57.3세인 것으로 나타난다. 수명 100세 시대에 삶의 의미이자 소득의 원천인 일이 없이 보내야 하는 기간이 30~40년에 달하게 되었다는 의미이다.

은퇴자 503명을 대상으로 한 한경혜의 연구(2008)에 따르면 남성 은퇴자의 약 74%가 비자발적 은퇴를 하였으며, 55세 이전에 은퇴한 사람이 56%에 달한다. 84.4%가 은퇴 당시 미혼자녀가 있었던 것으로 나타났다. 그런데 55세 이전에 은퇴한 남성들은 55세 이후 은퇴자에 비하여 은퇴와 함께 친구관계 및 자녀관계가 나빠질 가능성이 더 높은 것으로 나타났다. 은퇴 당시 미혼자녀가 있는 경우에도 은퇴 후 자녀와의 관계가 부정적으로 변화될 가능성이 높은 것으로 나타났다. 우리나라의 부모들이 자녀에 대한 책임을 '자녀를 결혼시킬 때까지'라고 생각한다는(한국여성개발원, 1992) 점을 고려해볼 때, 미혼자녀의 존재는 아버지로서의 책임이 아직 끝나지 않았음을 의미하며, 특히 결혼 비용과 관련된 경제적 부담이 자녀와의 관계에 부정적인 영향을 미치기 때문인 것으로 보인다. 전반적으로 남성은 여성에 비하여 은퇴 후 건강 악화, 외로움·소외감 경험 및 가족 갈등의 증가 등 다양한 삶의 문제를 겪는 비율이 높은 것으로 나타나서, 중년기 은퇴가 남성에게 특히 위기적 사건임을 보여준다.

제6장

위기의 중년, 부정적 생애사건

제6장 위기의 중년, 부정적 생애사건

일반적으로 중년기로 전환하는 시기에는 우울증, 정체감의 혼란 등 사회심리적 도전과 발달상의 위기를 겪게 된다고 알려져 왔다. 그러나 최근에는 이러한 어려움이 보편적인 것이라기보다는 중년기에 겪게 되는 부정적 생애사건의 영향에 기인한다는 견해가 설득력을 얻고 있다. 생애사건(life events)은 일상적으로 경험하는 사건이 아니며 뜻하게 않게 사전에 통제하기 어려운 생활상의 변화를 의미한다.

생애사건은 내용과 속성에 따라 긍정적 생애사건, 중립적 생애사건, 부정적 생애사건으로 나뉘는데, 학자들은 특히 부정적 생애사건에 관심을 많이 기울여왔다. 부정적 생애사건은 심리적 디스트레스는 물론 경우에 따라서는 심각한 형태의 정신장애까지도 유발한다고 알려졌다(Aldwin & Levenson, 2001; Brown & Harris, 1978; Pearlin, Menaghan, Lieberman & Mullan, 1981; Thoits, 1983, 1995).

이들 연구들은 생애사건의 경험 주체와 파장을 주로 개인 수준에 초점을 맞추어 살펴보았지만 이제는 그 범위를 '가족'으로 확대해서 살펴보아야 한다. 이러한 문제의식에 따라 가족 안에서 발생하는 부정적 생애사건이 정신건강에 미치는 영향을 탐색한다. 특히 생애사건과 정신건강의 연계성에서 남녀 차이가 있는지 살펴본다.

정신건강과 부정적 생애사건을 접목한 연구에서 성차(gender differences)는 항상 중요한 주제였다. 서구의 연구들은 남성과 여성 중 '어느 쪽이 부정적 생애사건에 더 많이 노출되는가'부터 '어떠한 생애사건에 상대적으로 더 많이 영향을 받는가'에 이르기까지 다양한 측면에서 부정적 생애사건과 정신건강에서 남녀 차이를 탐색했다(Dohrenwend, 1973; Kessler, 1979; Radloff & Rae, 1981).

그러나 국내 연구들은 주로 여성을 대상으로 하여 진행(김경신, 김오남, 1998; 김정선, 신경림, 2004; 석지혜, 홍상욱, 배옥현, 1999; 이선이, 1995; 임정빈, 조혜정, 1993)되었다. 남성을 대상으로 한 많지 않은 연구들은 경제 영역에서 경험하는 부정적 생애사건에만 초점(김양희, 김진희, 박정윤, 2001; 이미숙, 2003; 이영미, 최윤선, 홍명호, 1997)을 맞추어, 다양한 생애사건과 남성의 정신건강의 관련성, 남녀 차이에 대해 알려진 것이 별로 없다.

부정적 생애사건은 일상적 사건이 아니며 뜻하지 않고 사전에 통제하기 어려운 생활의 변화로 스트레스가 유발되어 정신건강을 저해하는 요인이다. 따라서 긍정적 생애사건이나 중립적 생애사건, 일상생활의 스트레스와는 분명히 다르며, 해당 생애사건으로 나타난 변화에 적응하는 데 어려움을 주는 사건이다(Aldwin & Revenson, 2001; Brown & Harris, 1978; Pearlin et al., 1981; Thoits, 1983, 1995; 강혜원, 한경혜, 2005).

중년기의 경우, 부정적 생애사건을 다른 시기보다 더 많이 경험하는 것은 아니지만(Aldwin, 1991; Chiriboga, 1997; Ensel, Peek, Lin & Lai, 1996), 부모의 죽음이나 직업에서의 변화, 건강상의 문제 등 발달 단계상 중년기에 경험하기 쉬운 부정적 생애사건은 개인의 삶에 영향을 미치기 쉽다. 또 중년 집단이 다른 연령대보다 부정적 생애사건에 대한 전반적인 통제감이 부족하다는 연구 결과들(Chiriboga, 1997; Clark-Plaskie & Lachman, 1999)을 고려할 때, 부정적 생애사건을 똑같이 경험할지라도 다른 연령대보다 그 영향력이 크게 나타날 수 있다(Aldwin & Levinson, 2001; 김경민, 한경혜, 2004).

1. 부정적 생애사건의 유형

(1) 경제 관련 생애사건

경제 관련 생애사건에는 주로 실직, 은퇴, 취업문제 등과 같이 직업이나 사업 때문에 경험하는 어려움과 재정적 어려움이 포함된다. 많은 연구는 직업과 경제적인 영역에서 발생한 부정적 생애사건은 개인과 가족에게 그 중요성이 매우 높게 인지될 뿐 아니라, 그 영향력도 매우 크다는 데에 동의한다(Elder & Caspi, 1988; Kessler, Turner & House, 1987; Liem & Liem, 1988; Voydanoff, 1990).

중년기의 직업은 수입 원천으로만이 아니라 자아정체성이나 삶의 의미의 원천으로 중요한 상징적 가치를 지닌다(Sterns & Huyck, 2001). 따라서 잠재적 · 실제적 실직에 대한 개인의 반응은 심리적 불안의 증가로 나타날 수 있다(Fox & Chancey, 1998; Kim & Moen, 2001). 일부 중년기 남성은 노인이나 젊은 사람들보다 경제 관련 생애사건의 부정적인 영향에 더 취약했다(Defrank & Ivancevich, 1986).

(2) 건강 관련 생애사건

건강 관련 생애사건에는 신체건강과 관련된 급성질환과 만성질환과 정신건강에 해당하는 정신적 질환과 약물 · 알코올 중독이 포함된다. 중년기는 생애 과정상 신체건강의 급격한 변화를 겪게 되는 전환점이자 생애 전반기부터 누적되어온 경험의 영향으로 개인에 따라 건강 수준의 편차가 커지기 시작하는 시점이다(차승은, 한경혜, 2003). 이와 함께, 중년기에는 자신의 건강 문제뿐만 아니라 늙어가는 부모님과 관련하여 가족원의 만성질환을 경험할 확률도 매우 높아진다.

치리보가(Chiriboga, 1997)의 연구에서는 중년기 남녀에게 지난해에 무엇 때문에 스트레스를 가장 많이 받았는지 질문한 결과, 가장 많은 사람이 '건강'이라고 응답했다. 특히 중년 남성은 일반적으로 여성보다 건강을 더 염려했다.

(3) 사망 관련 생애사건

사망 관련 생애사건은 가족 구성원의 죽음을 가리킨다. 중년기에는 발달 단계의 특성상 부모님을 비롯하여 가까운 사람의 죽음을 경험하면서 죽음의 필연성과 인생의 한계를 느끼는 심리적 변화를 경험한다(Whitbourne, 2001).

퍼킨스와 해리스(Perkins & Harris, 1990)는 최근 5년 안에 가족원의 죽음을 경험한 청년, 중년, 노년 세 연령 집단을 비교한 결과, 중년 집단에서 신체 건강상의 문제가 가장 많았다고 보고하였다. 이에 대해 연구자들은 청년의 경우 전반적으로 스트레스 조절 능력이 뛰어나고, 노인의 경우 죽음 관련 사건을 더 많이 경험하고 예기해 왔기 때문에 더 잘 적응하는 반면, 중년기는 가까운 이의 죽음을 직접 대처한 경험이 노인보다 상대적으로 적고, 자신의 죽음을 인식하는 중간 지점에 있기 때문에 부정적 영향력이 더욱 큰 것으로 해석했다.

한편, 부모나 가족원의 죽음은 우울 증가와 같은 부정적 영향을 준다는 연구 결과가 많지만, 자아 측면에서는 긍정적일 수 있다는 결과도 몇몇 있다. 파크스(Parkes, 1988)는 가족원의 죽음과 같은 상실(loss)의 생애사건은 개인의 자아개념을 수정하고 적응시킬 것을 요구하지만, 이를 반드시 부정적인 것으로만 보아서는 안 된다고 지적했다. 자기성찰이나 생에 대한 진지한 반성 기회가 될 수도 있다고 보았다.

(4) 자녀의 진학 관련 생애사건

자녀의 진학 관련 생애사건은 자녀가 상급학교에 진학할 때 겪는 어려움을 가리킨다. 우리나라 중년은 자녀의 교육, 진학과 관련해 스트레스를 매우 많이 받는 것으로 나타났다(김명자, 1991; 김태현, 강인, 1990; 이미숙, 2003; 임정빈, 조혜정, 1993; 최연실, 1996).

리프 등(Ryff et al., 1993)에 따르면, 서구와 달리 우리나라 중년은 자신의 복지 상태나 성취감을 가족을 통하여 인식하며, 특히 자녀의 학업적 성공에서 성취감을 느낀다. 따라서 입시 실패와 같은 자녀의 진학과 관련한 어려움은 중년기 부모에게 부정적인 영향을 미칠 수 있다(Ryff, Schmutte & Lee, 1996).

2. 부정적 생애사건 경험의 분포

개인별로 지난 1년 동안 몇 개의 부정적 생애사건을 경험하였는지 개수를 살펴보면(표 6-1), 10개의 부정적 생애사건 중 평균적으로 지난 1년 동안 1.78개의 생애사건을 경험하였으며, 최대 8개까지 경험한 것으로 나타났다. 영역별로는 경제 관련 생애사건이 0.96개, 건강 관련 생애사건이 0.56개로, 경제 관련 생애사건을 가장 많이 경험한 것으로 나타났다.

표 6-1 개인별 생애사건 경험 개수의 분포

단위: 빈도(%)

경험 개수	전체 생애사건	경제 관련 생애사건	건강 관련 생애사건	사망 관련 생애사건	진학 관련 생애사건
0개	483(34.2)	744(52.7)	873(61.8)	1,190(84.3)	1,260(89.2)
1개	280(19.8)	281(19.9)	315(22.3)	222(15.7)	152(10.8)
2개	222(15.7)	177(12.5)	200(14.2)		
3개	154(10.9)	125(8.9)	19(1.3)		
4개	126(8.9)	85(6.0)	5(0.4)		
5개	85(6.0)				
6개	38(2.7)				
7개	19(1.3)				
8개	5(0.4)				
평균(SD)	1.78(1.85)	0.96(1.24)	0.56(0.81)	0.16(0.36)	0.11(0.31)

출처: 김경민 · 한경혜(2004)

생애사건 경험 개수에서 남녀 차이가 있는지 살펴본 결과, 유의한 차이는 없었다(그림 6-1). 또 생애사건을 네 영역으로 나누어 살펴보았을 때에도 경험 개수에서 남녀 사이에 유의한 차이는 없었다. 여성이 남성보다 생애사건을 더 많이 경험한 것으로 나타난 기존 결과(김태현, 강인, 1990)와 달리, 남녀가 비슷한 수준으로 가족 생애사건을 경험한 것이다.

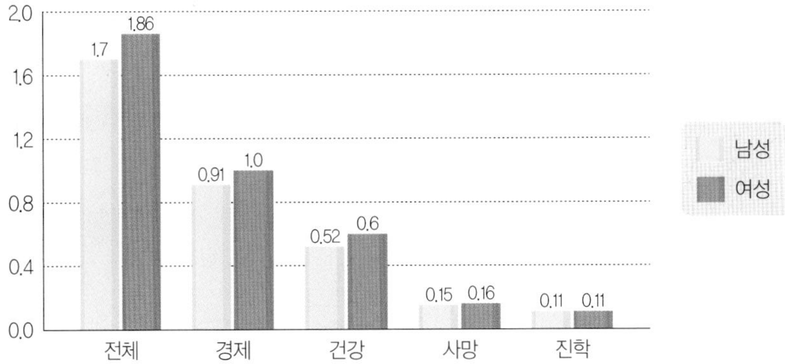

그림 6-1 생애사건 경험 개수의 성별 차이

출처: 김경민 · 한경혜(2004)

3. 부정적 가족 생애사건이 정신건강에 미치는 영향

부정적 가족 생애사건이 정신건강에 미치는 영향을 살펴보기 위해 연령, 교육 수준, 가계소득, 취업 여부, 건강 상태 등의 변수를 통제변수로, 경제와 건강 관련 생애사건은 경험 개수[16]로 회귀식에 포함하였으며, 사망과 자녀의 진학 관련 생애사건은 각각 1문항이므로 경험유무로 회귀식에 포함하였고, 성별을 구분하여 회귀분석을 실시하였다(표 6-2, 표 6-3).

남성과 여성 모두에게 우울감 수준을 높이는 중요한 변수는 경제 사건이었으며, 가족원의 건강 · 사망 영역에서 발생한 부정적 생애사건이 정신건강에 미치는 영향력은 통계적으로 유의하지 않았다. 즉, 가족원의 건강이나 사망 영역에서 발생하는 부정적 생애사건은 정신건강에 중요한 영향을 미치지 않는 반면, 경제영역에서 발생하는 부정적 생애사건은 남녀의 우울수준을 크게 높여 정신건강을 저해했다. 따

16) 라비 등(Lavee et al., 1987)의 지적에 따르면, 한 개인과 가족은 한 시점에 단일한 생애사건만을 경험하는 것이 아니라 여러 개의 부정적인 생애사건을 동시에 경험하게 되므로, 부정적인 생애사건의 누적(pile-up)이 미치는 효과를 살펴보는 것은 부정적인 생애사건의 영향력을 살펴보는 데에 중요한 측면이 될 수 있다. 이에 여기에서는 경제 관련 생애사건과 건강 관련 생애사건을 총개수로 변수화하여 분석에 사용하였다.

라서 모든 부정적 생애사건이 정신건강을 위협하는 것은 아니며, 부정적 생애사건이 정신건강에 미치는 영향력은 생애사건의 구체적인 내용과 속성에 따라 달라졌다(Wheaton, 1990; Thoits, 1983). 또 남녀 모두 통제변수로 고려된 변수들 중에서 좋은 건강 상태가 우울수준을 낮추는 변수로 나타났다(강혜원, 한경혜, 2005).

부정적 생애사건이 목적감과 자긍심, 통제감과 성숙감에 미치는 영향을 각각 살펴보면(표 6-2, 표 6-3) 남성의 경우, 경제 관련 생애사건을 경험할수록 자긍심과 통제감은 낮아지는 반면, 성숙감은 증가했다. 그리고 진학 관련 생애사건을 경험할수록 자긍심은 낮아졌고, 사망 관련 생애사건을 경험할수록 목적감은 증가했다. 여성도 남성과 마찬가지로 경제 관련 생애사건을 경험할수록 자긍심과 통제감이 낮아졌고, 건강 관련 생애사건을 경험할수록 자긍심이 낮았다(김경민, 한경혜, 2004).[17]

부정적 생애사건이 심리적 복지감에 미치는 영향력은 성별에 따라 차이가 있었는데, 성별 차이를 중심으로 살펴보면, 먼저 남녀 공통적으로 유의하게 나타난 생애사건은 경제 관련 생애사건으로, 남녀 모두의 자긍심과 통제감에 부정적인 영향을 미쳤다. 따라서 중년기의 자아평가에서 직업과 경제적 영역의 부정적 생애사건은 성별에 관계없이 중요한 영향을 미치는 요인임을 알 수 있다(Aldwin & Levenson, 1986; Jahoda, 1988; Voydanoff, 1990).

또 스트레스 상황에서 자긍심과 통제감이 중요한 심리자원으로 작용한다는 지적을 생각할 때(Pearlin, 1983), 경제적 생애사건으로 저하된 자긍심과 통제감이 남녀 모두에게 정신 · 신체 건강의 부정적 결과와 연결될 수 있음을 시사한다.

남성에게만 유의한 것으로 나타난 생애사건을 살펴보면, 자녀의 진학과 가족원의 사망, 경제 관련 생애사건이 있다. 자녀의 진학이 남성의 자긍심을 낮춘다는 결과는

17) 여기에서 사용한 회귀식의 심리적 복지감에 대한 설명력은 10% 내외로 그리 높지 않았는데, 이는 사용된 통제변수(연령, 교육 수준, 소득 수준, 건강 정도)와 독립변수(부정적 생애사건의 경험 빈도)가 비교적 객관적인 정보만을 반영하는 변수로 구성되었기 때문이다. 생애사건 경험에 대한 주관적 측면을 회귀식에 독립변수로 포함시킬 경우, 종속변수인 심리적 복지감과의 개념적 근접성, 즉 종속변수와 독립변수 모두 개인의 주관적 심리상태가 반영되는 경향이 있다는 측면에서 전체 회귀모델의 설명력은 높아질 것이다. 하지만 여기에서는 회귀식에 포함된 독립변수들이 심리적 복지감을 얼마나 잘 설명하는지가 아니라, 네 가지 영역의 부정적 생애사건이 심리적 복지감의 어느 하위영역에 유의한 영향을 미치는지, 그리고 유의한 부정적 생애사건에 남녀 차이가 있는지에 관심을 두었다. 따라서 회귀식의 전체 설명력보다는 유의하게 나타난 생애사건에 초점을 맞추었다.

표 6-2 부정적 생애사건이 목적감과 자긍심에 미치는 영향

(n=1,412)

종속 / 독립	목적감				자긍심			
	남성		여성		남성		여성	
	B	β	B	β	B	β	B	β
연령	−.03	−.13**	−.03	−.13**	.02	.07	.02	.09*
교육 수준	.29	.12**	.28	.13**	.16	.06	.22	.09*
소득 수준	.24	.15***	.19	.12**	.21	.12**	.15	.09*
주관적 건강	.23	.10**	.19	.09 *	.53	.21***	.29	.13**
경제 관련 생애사건	.04	.02	−.07	−.05	−.26	−.15***	−.32	−.20***
건강 관련 생애사건	.04	.01	.05	.02	.02	.01	−.23	−.10*
사망 관련 생애사건	.60	.11**	−.13	−.03	.38	.07	−.05	−.01
진학 관련 생애사건	.26	.04	−.02	−.00	−.55	−.08*	.08	.01
상수	9.41		9.59		5.54		6.39	
F값	10.21***		10.14***		11.49***		12.01***	
R^2	.11		.10		.12		.12	

* $p<.05$ ** $p<.01$ *** $p<.001$

출처: 김경민 · 한경혜(2004)

표 6-3 부정적 생애사건이 통제감과 성숙감에 미치는 영향

(n=1,412)

종속 / 독립	통제감				성숙감			
	남성		여성		남성		여성	
	B	β	B	β	B	β	B	β
연령	.03	.13**	.01	.03	−.03	−.15***	−.02	−.09*
교육 수준	.29	.11**	.15	.07	.31	.14**	.19	.10*
소득 수준	.07	.04	.12	.08*	.05	.04	.06	.04
주관적 건강	.37	.16***	.30	.15***	.16	.08***	.20	.11**
경제 관련 생애사건	−.21	−.13**	−.19	−.13**	.26	.19***	.05	.04
건강 관련 생애사건	−.18	−.07	.04	.02	−.05	−.02	−.01	−.01
사망 관련 생애사건	.31	.08	.18	.04	−.08	−.02	−.10	−.02
진학 관련 생애사건	.15	.02	−.22	−.04	.29	.05	.10	.02
상수	6.96		8.56		8.85		8.70	
F값	8.44***		20.95***		8.46***		4.98***	
R^2	.089		.072		.089		.053	

* $p<.05$ ** $p<.01$ *** $p<.001$

출처: 김경민 · 한경혜(2004)

자녀 교육을 여성이 전담하며, 자녀 문제에 여성이 더 영향을 받을 것이라는 일반의 인식과 다르다. 이를 남성의 자아평가에 자녀 문제가 여성보다 더 중요하게 작용한다고 해석할 수도 있다.

하지만 여성은 남성보다 자녀와 많은 시간을 보내고, 평소에 상호작용을 더 많이 하기 때문에 자녀와 관련된 문제에 더 노출되어왔다. 따라서 이미 심리적인 대처전략이 생겨나 자녀의 입시실패와 같은 어려움에 큰 영향을 받지 않았을 수 있다. 같은 맥락에서 남성의 경우 여성보다 평소 자녀와 관련된 문제에 많이 관여하지 않았기에, 자녀의 진학과 관련하여 발생한 사건에 크게 영향을 받았을 수 있다.

그리고 가족원의 사망이 남성의 목적감을 높인다는 결과도 가족원 사망이 개인과 가족에게 부정적으로 인식되어온 것(Norris & Murrell, 1987)과 반대 결과이다. 하지만 목적감은 자신의 삶에 방향성과 신념이 있다는 의미이므로 가족원의 죽음이 중년 남성에게 자기 삶을 성찰하는 기회를 제공했다고 볼 수 있다. 또 부정적 생애사건이 중년기의 심리적 전환점이 될 수 있다는 지적(Wethington et al., 1997)을 지지하는 결과로 볼 수 있다.

경제 관련 생애사건도 남성의 성숙감을 높였는데, 이는 남성이 직업과 경제 영역에서 부정적 사건을 경험할수록 계속 성장하며, 새로운 경험에 열려 있다고 자신을 평가하기 때문이다.

한편, 건강 관련 생애사건은 여성에게만 유의한 사건으로 여성의 자긍심을 낮추었다. 이는 가족원의 건강에 문제가 생기면 그들을 돌보는 책임이 먼저 여성에게 돌아가기 때문으로(Marks, 1994; Moen, Robinson & Dempster-McClain, 1995) 해석할 수 있다.

4. 부정적 생애사건에 대한 사회적 지지의 중재효과

동일한 생애사건을 경험하더라도 해당 생애사건을 경험한 사람들의 심리적 복지 수준은 서로 다른데, 이렇게 생애사건 경험이 정신건강에 미치는 영향에 개인차가 있는지 설명하고자 하는 선행연구들은 사회적 지지의 '중재효과(moderating effects)'에 주목하였다. 선행연구에 따르면, 중요한 관계를 맺고 있는 대상이 제공하는 지지는 개인에게 위기상황을 덜 부정적으로 평가하고 어려운 시기를 지혜롭게 극복하는 힘을 준다고 하는데, 이를 사회적 지지의 중재효과라고 한다(Pearlin, 1989; Rayman, 1983).

그런데 사회적 지지의 중재효과는 지지의 출처, 지지 제공자와 수혜자의 상호작용 정도, 관계의 질 등에 따라 효과가 달라진다(Thoits, 1983). 최근 사회적 지지와 관련한 연구에서는 기혼자에게 가장 효과적인 사회적 지지를 제공하는 대상으로서 '배우자'에 주목한다. 선행연구들(이인정, 1997; Browman, Riba & Trahan, 1996)에 따르면 배우자의 지지는 갑작스러운 생활상 변화의 충격을 완화하고 잘 적응할 수 있게 하는 데 다른 어떤 관계망 구성원의 지지보다 효과적이었다.

이러한 배경에서 중년기 부부관계에서 부정적 생애사건이 있을 때 배우자 지지[18]가 중년기 남녀의 정신건강에 어떻게 기여하는지도 살펴보았다.[19]

배우자 지지의 중재효과는, 배우자 지지 변수가 추가로 투입되면서 부정적 생애사건이 정신건강, 여기서는 우울감에 미치는 부정적 영향력이 얼마나 감소하는지와 함께, 생애사건[20]과 배우자 지지 간 상호작용항의 유의성을 통해 검증할 수 있다. 먼저, 남성의 경우 1단계에서 관찰된 경제사건 경험이 우울감 수준에 미치는 영향력은 2단계에서 배우자 지지 변수가 투입되면서 그 부정적인 영향이 감소하는 것으로 나타난다(β=.210→β=.198).

여성의 경우에도, 남성과 마찬가지로 1단계에서 경제사건 경험빈도가 우울감 수준에 미치는 영향력은 2단계에서 배우자 지지 변수가 투입되면서 부정적 생애사건의

18) 배우자로부터 얻는 지지 수준은 케슬러(Kessler, 1998)가 개발한 척도를 사용하여 측정하였고 모두 6문항으로 구성되어 있다. 각 문항은 4점 리커트 척도로 이루어져 있으며 점수가 높을수록 배우자의 지지수준이 높음을 의미한다. 척도에 대한 신뢰도 검증 결과, 신뢰도 계수값(Cronbach's α)은 .84로 신뢰할 만한 수준이었다.

19) 통제변수로 연령, 교육 수준, 가계 소득, 취업 여부, 건강 상태 변수를 투입하였다. 배우자 지지 변수는 배우자로부터 낮은 지지를 받는 집단 552명(남 212명, 여 340명)을 0, 높은 지지를 받는 집단 443명(남 234명, 여 209명)을 1로 하는 가변수를 사용하였다.

20) 여기서 생애사건은 부정적 생애사건으로 경제적 사건, 건강사건, 가족원 사망사건을 포함시켰다.

표 6-4 배우자 지지가 남녀의 우울수준에 미치는 영향

(n=923)

변 수		남성의 우울수준				여성의 우울수준			
		1단계		2단계		1단계		2단계	
		b	β	b	β	b	β	b	β
생활 사건의 유형	경제사건	.855	.210***	.805	.198***	.988	.249***	.889	.224***
	건강사건	.440	.072	.412	.068	–.110	–.018	–.182	–.030
	사망사건	–.805	–.059	–.577	–.043	.507	.037	.045	.003
배우자 지지				–2.063	–.206***			–2.785	–.269***
상수항		20.143		20.531		17.693		19.049	
F값		8.594***		10.125***		7.081***		10.524***	
R^2		.154		.194		.125		.193	
R^2 증가량				.04				.068	

*** $p<.001$

출처: 강혜원 · 한경혜(2005)

부정적인 영향이 감소하는 것으로 나타난다(β=.249→β=.224). 즉, 남녀 모두 경제 영역에서 발생하는 부정적 생애사건은 우울감 수준을 높이는 인자로 작용하지만 이 부정적 영향력은 배우자 지지에 의해 일정 부분 감소하는 것으로 나타나, 남녀 모두 경제사건을 경험하는 데 배우자 지지의 중재효과가 관찰되었다.

다음으로, 부정적 생애사건에 대한 배우자 지지의 상호작용 효과를 검증해보았는데[21] 이 결과는 〈표 6-5〉에 제시하였다. 이 연구에서, 남성의 경우 건강사건과 배우자 지지의 상호작용항이 유의하게 나타나(β=-.179, $p<.05$), 배우자 지지가 결핍된 남성은 배우자에게서 높은 지지를 받는 남성에 비하여 가족원의 건강 관련 문제에 직면할 때 우울감 수준의 증가폭이 크다는 것을 알 수 있다. 이를 그림으로 나타내면 〈그림 6-2〉와 같다.

〈그림 6-2〉에서 알 수 있듯, 배우자에게서 충분한 지지를 얻지 못하는 남성은 가족 내 건강사건 경험빈도가 높을수록 우울감 수준이 높게 나타나는 반면, 배우자에게서 충분한 지지를 받는 남성은 가족 내 건강사건을 더 많이 경험할수록 우울감 수준이

21) 배우자 지지의 상호작용 효과를 검증하기 위해, 회귀모델에 각 생애사건과 배우자 지지 변수를 곱해 만든 상호작용항(예를 들면, 경제사건*배우자 지지)을 투입하였다.

표 6-5 배우자 지지의 중재효과

(n=923)

변 수	남성의 우울수준		여성의 우울수준	
	b	β	b	β
경제사건 * 배우자 지지	.207	.039	.319	.056
건강사건 * 배우자 지지	−1.356	−.179*	−.408	−.048
가족원 사망사건 * 배우자 지지	−1.847	−.111	.836	.034
상수항	20.189		26.160	
F값	8.375***		7.972***	
R^2	.211		.196	

* p<.05 *** p<.001

출처: 강혜원 · 한경혜(2005)

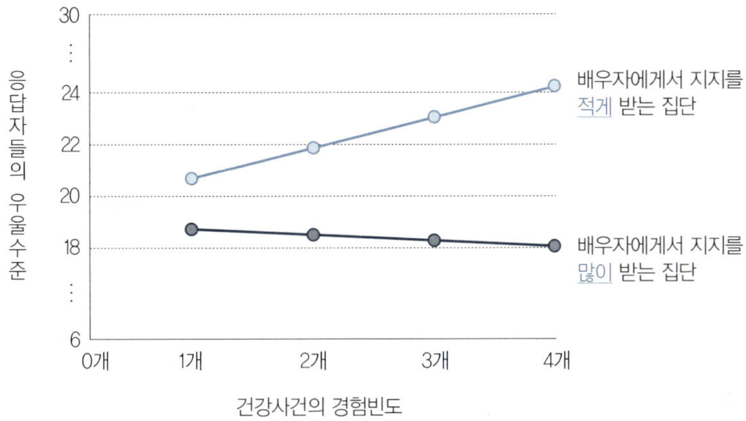

그림 6-2 배우자 지지의 중재효과

출처: 강혜원 · 한경혜(2005)

오히려 더 낮은 것으로 나타났다.[22] 이러한 연구 결과에 대해, 삶의 어려움은 인간에

---

22) 배우자에게서 지지를 많이 얻는 집단과 적게 받는 집단 간 우울수준은 차이가 나며, 건강사건을 더 많이 경험할수록 이러한 우울수준의 차이는 더욱 커지는 것으로 나타난다.

	건강사건 경험 정도에 따른 우울수준의 비교				
	0개	1개	2개	3개	4개
배우자에게서 지지를 적게 받는 집단	20.189	21.305	22.421	24.224	24.853
배우자에게서 지지를 많이 받는 집단	19.034	18.805	18.576	18.347	18.318
두 집단 간 우울수준의 차이	1.155	2.500	3.845	5.877	6.535

게 오히려 성장 기회가 되는 것으로 보는 실존주의적 관점과 중요한 타인이 제공하는 충분한 사회적 지지는 생애사건 경험의 부정적 영향을 완화하는 것으로 보는 스트레스 이론을 접목하여 해석해볼 수 있겠다.

실존주의적 관점에서 보면, 인간은 가족의 질병과 같이 갑작스럽고 어려운 생애사건을 경험하더라도 그 과정에서 의미를 추구하며 성장 · 발전하는 존재로, 가족 내 건강사건은 개인에게 좀 더 성숙하고 삶의 의미를 발견할 수 있는 기회로 작용할 가능성을 지적한다(윤성은, 한경혜, 2002; Farran, 1997; Farran, Keane-Hagerty, Sallowy, Kupferer & Wilken, 1991; Kramer, 1997).

그리고 스트레스 이론에 따르면, 배우자와 같이 중요한 타인이 제공하는 충분한 지지는 개인에게 위기상황을 덜 부정적으로 평가하고 스트레스 수준을 낮추기 위해 일련의 대응행동을 하도록 하여 결과적으로 부정적 생애사건이 정신건강에 미치는 부정적인 영향을 완화한다고 한다(이미숙, 1996; Cohen & Wills, 1985; Thoits, 1995). 배우자에게서 충분한 지지를 받는 남성이 가족 내 건강사건을 더 많이 경험할수록 우울감 수준이 오히려 더 낮은 것으로 나타난 연구 결과는, 이러한 맥락에서 배우자에게서 충분한 지지가 제공되면 가족원의 건강악화에 따른 어려움을 오히려 긍정적인 방향으로 전환시킬 수 있게 되기 때문이 아닐까 하는 해석이 가능하다.

5. 소결

지금까지 가족 안에서 발생하는 부정적 생애사건과 정신건강의 관련성에 주목하고, 이들 관계에서 성차가 있는지 파악해본 결과는 다음과 같다.

첫째, 중년기 남녀가 경험하는 가족의 부정적 생애사건의 수는 성별에 따라 차이가 없었다. 여성의 정신건강이 남성보다 취약한 이유를 여성이 남성보다 부정적 생애사건을 더 많이 경험하기 때문이라고 보았던 기존 논의(differential exposure hypothesis)와 달리, 여성이 남성보다 부정적 생애사건을 더 많이 경험하는 것은 아니었다.

둘째, 가족원의 경제적 문제는 남녀 모두의 정신건강에 매우 중요한 요소였다. 가족 안에서 발생하는 경제사건은 가족의 삶에 직접적 · 구체적인 변화를 몰고 오며, 더 나아가 가족의 안정성을 위협해 가족 해체로 이어지는 중대한 사건으로 작용한다.

셋째, 가족원의 건강이나 사망 영역에서 발생하는 부정적 생애사건은 정신건강에 중요한 영향을 미치지 않는 반면, 경제 영역에서 발생하는 부정적 생애사건은 남녀의 우울수준을 크게 높였다 즉 모든 부정적 생애사건이 정신건강을 위협하는 것은 아니며, 부정적 생애사건이 정신건강에 미치는 영향력은 생애사건의 구체적인 내용과 속성에 따라 달라졌다(Wheaton, 1990; Thoits, 1983).

넷째, 부정적 생애사건이 심리적 복지감에 미치는 영향력을 성에 따라 비교해보면, 중년기의 자아평가에서 직업과 경제적 영역의 부정적 생애사건은 성별에 관계없이 중요한 영향을 미치는 요인임을 알 수 있다. 따라서 경제적 생애사건으로 저하된 자긍심과 통제감이 남녀 모두에게 정신 · 신체 건강의 부정적 결과와 연결될 수 있음을 시사한다.

그러나 자녀의 진학 관련 생애사건은 남성의 자긍심을 낮추고 가족원의 사망이 남성의 목적감을 높인다는 결과는, 자녀의 진학이 남성에게도 중요한 문제라는 점과 가족원의 사망은 중년 남성에게 자신의 삶을 성찰하는 기회를 제공하는 측면이 있다는 것으로 볼 수 있다.

마지막으로, 배우자에게서 충분한 지지를 얻지 못하는 남성에게 가족원의 건강악화와 같은 부정적 사건은 심리적으로 많은 부담을 주고 정신건강을 손상하는 한편, 배우자에게서 높은 지지를 얻는 남성에게는 오히려 삶의 긍정적 경험으로 작용할 수도 있는 것으로 나타나 부정적 생애사건이 심리적 복지에 미치는 영향은 배우자 지지라는 중요한 사회적 지지에 따라 달라질 수 있음을 보여주었다.

세상읽기

중년의 위기란 존재하는가?

중년의 전환기는 그 어느 시기보다 정신적 혼란과 고통이 가장 심한 시기라 하여, 흔히 사춘기(思春期)에 빗대어 사추기(思秋期)라는 속어로 비유되기도 한다. 중년의 전환기에는 지금까지 세상과 타인의 기대에 부응하여 조형된 자신의 모습에서 벗어나 '자신의 실체(real life)'를 찾으려는 움직임이 시작된다. 어떤 사람은 성취의 절정에서, 또 어떤 사람은 실패의 뒷전에서, 이제 자신의 삶을 돌아보며 이런 물음을 던진다.

"나는 도대체 누구인가?" "나는 무엇을 위해 살아왔는가?" "내가 인생에서 진실로 원한 것은 무엇이며 그것은 어느 정도 성취되었는가?" 다음은 레빈슨(Levinson)이 묘사한 중년 남성들의 내면의 목소리이다.

수년 동안 침묵을 지켜왔던 내면의 목소리가 이제 귀에 들릴 정도로 아우성친다. 어떤 때는 희미한 속삭임으로, 내용은 분명하지 않지만 잃어버린 기회를 슬퍼하는 목소리로, 타인들에 배신당한 분노로 혹은 자신의 배신에 대한 죄책감으로 들린다. 또 어떤 때는 때와 이름과 장소를 분명하게 말하며 균형을 바로잡도록 우레와 같은 소리로 터져 나온다. 어떤 남성은 너무 이른 나이에 거부되어 버린 정체감에 대한, 잃어버린 사랑에 대한, 부모 때문에 포기한 흥미나 관계들, 사랑하는 사람과 결혼하지 못해 총각으로 남으려 했던 사제나 예술가가 되기를 원했던 내면의 목소리들-현재의 그가 되기 위해 일찌감치 제쳐놓았던 가능성이 아우성치는 소리를 듣는다(김애순 옮김, 1996, 317쪽).

내면에서 이런 목소리들이 들릴 때 누구나 결코 평온하고 냉정할 수만은 없을 것이다. 흔히 여기에는 적개심, 절망, 침체감, 불행감, 무력감, 방황, 피해의식, 덫에 걸린 듯한 느낌 등 다양한 정서적 고통이 함께 따라올 수 있다. 이처럼 중년의 전환기에 심각한 실존에 대한 회의와 정서적 혼란 및 고통이 함께 수반될 때, 이를 중년기 위기(mid-crisis)라고 한다.

그러면 왜 인생의 중반에서 이처럼 실존의 의미를 묻는 심각한 위기가 찾아올까? 일찍이 Jung(1954)은 인간이 너무 합리적임을 자부하면서 자연과의 일체감을 상실하고 비인간화되었기 때문이라고 했다. 또 Gould(1978)는 이를 어린 시절의 환상에서 벗어나려는 몸부림으로 보았다. 한편 Jaques(1965)와 레빈슨 등(1978)은 인생의 목표가 성취된 절정에서 한계를 느끼는 모순, 젊음이 사라지고 있다는 상실감, 그리고 죽음의 필연성(mortality)에 대한 인식 때문이라 하였다. 이들은 중년기 위기의 핵심에는 실존의 의미를 묻는 공허함이 자리 잡고 있다고 한다. 한편 Vaillant(1977)는 30대의 직업적 목표와 가치의 한계를 느끼는 본능적인 각성, 그리고 사추기인 자신과 청소년 자녀들과의 상호작용이 그 촉매역할을 한다고 주장한다.

그러나 누구나 이러한 위기경험을 하는지? 언제 오는지? 혹시 병적인 현상은 아닌지? 즉 그 보편성, 시기, 유용성에 대해서는 논란이 많다. 물론 이 시기에 어떤 사람들은 삶의 의미나 가치, 방향 등에 대해 별로 회의를 느끼지 않고 비교적 안정된 삶을 유지하기도 한다. Costa와 MaCrae(1980)는 중년에 위기감을 경험하는 사람들은 극소수에 불과하다고 주장한다. 그러나 레빈슨은 자신의 연구에 참여한 남성들 중 80%가 위기경험을 말했다고 보고하고 있으며, 다른 학자들(예: Jaques, Gould, Vaillant) 역시 이런 보편성을 지지하고 있다. 선행연구에 따르면 중년의 위기감 수준은 부부관계, 자녀관계, 직업만족도가 좋지 않을수록 위기감이 높으나 개방성향이 높을수록 자아인식을 위한 고투가 많은 것으로 나타났다.

출처: 김애순, 『성인발달과 생애설계』, 시그마익스프레스, 2002

제7장

중년의 사회적 역할,
사회적 관계망과 정신건강

제7장 중년의 사회적 역할, 사회적 관계망과 정신건강

1. 중년의 사회적 역할과 정신건강

중년기 정신건강에 대한 서구의 연구가 비교적 일관되게 보고하는 결과 중 하나가 여성이 남성보다 정신건강이 열악하다는 점이다. 정신건강에서의 이러한 성차(gender difference)를 사회적 역할 점유에서의 남녀 차이와 연결해 설명하고자 하는 실증연구들이 축적되어왔다. 이 장에서는 우리나라 중년기 남녀에게도 정신건강에서 이러한 남녀 차이가 존재하는지, 그리고 이러한 차이가 사회적 역할점유 패턴의 남녀 차이에 기인하는지 실증적으로 탐색하고자 한다.

중년의 사회적 역할과 정신건강에 대한 연구에서는 주로 개인이 차지하는 역할의 수와 정신건강의 관련성을 탐색하는 작업과 각 역할의 내용과 특성이 정신건강에 미치는 영향을 탐색하였다. 그리고 이러한 역할의 수와 역할 내용에서의 남녀 차이가 정신건강에서의 남녀 차이를 가져오는가 하는 문제도 많은 학자의 연구 주제이다. 어떤 이론적 관점에서 접근하느냐에 따라 사회적 역할과 정신건강의 관계의 방향성에 서로 다른 가설이 제기되고 있는데, 여기에서는 다중역할점유의 영향에 대해 견해가 다른 역할긴장이론과 역할축적이론을, 그리고 사회적 역할과 정신건강의 관련성에 성차가 있는지에 관해서는 부가적 모델과 상호적 모델을 살펴보고자 한다.

먼저, 여러 역할을 점유하는 것이 제한된 시간과 에너지에 대한 긴장으로 작용하고 역할갈등을 일으켜 심리적 복지에 부정적이라는 '역할긴장이론'이 있다(Coser, 1974; Marks, 1977; Merton, 1957). 모든 사람은 시간과 에너지가 제한되어 있기 때문에 다중역할은 역할긴장을 유발하고 역할갈등, 역할과중을 경험한다는 것이다. 이 가설에 따르면 개인이 점유하는 역할의 수가 증가할수록 잠재적 역할긴장도 증가해 결과적으로 정신건강이나 안녕감이 악화될 수 있다고 본다(Marks, 1977).

반면에 시이버(Sieber, 1974)는 여러 역할을 수행하는 것이 반드시 부정적 결과를 가져오지 않으며, 보상과 만족의 원천이 다양해져 개인의 심리적 복지수준이 더 높아질 수 있다고 보는 '역할축적이론'을 제기했다. 다수의 역할을 점유함으로써 다양한 역할정체감을 갖게 되는데, 개인이 지닌 역할정체감의 수가 많을수록 보상과 기쁨을 느낄 원천이 많아지고(Marks, 1977) 지위, 특권, 자원과 다른 역할에서의 바람직하지 못한 요소를 상쇄할 능력이 커져 정신건강에 긍정적으로 작용한다는 관점이다(Thoits, 1983).

결혼한 사람이 그렇지 않은 사람보다 정신건강이 더 좋다는 연구 결과나(Ross & Mirowsky, 1989; Sherbourne & Hays, 1990), 여성의 취업이 정신건강에 긍정적으로 작용한다는 연구 결과(Thoits, 1983; Coleman et al., 1987; 전신현, 1996) 등 그동안 많은 실증연구들은 역할축적이론을 지지하고 있다.

한편, 사회적 역할과 정신건강의 관련성이 남성과 여성 사이에 차이가 있는지에 관하여는 부가적 모델(additive model)과 상호적 모델(interactive model) 두 가지 관점이 있다. 부가적 모델은 결혼, 취업 등의 역할에서 얻는 보상과 비용은 남녀 모두에게 동일하다고 보기 때문에 남녀의 정신건강의 차이는 남성과 여성이 점유하는 역할 차이에서 기인한다고 본다. 이런 면에서 남녀 차이를 가져오는 요인으로는 취업 여부가 지적된다. 과거에는 구조적으로 여성이 직업 역할에서 배제되어왔고 이러한 차이가 여성의 열악한 정신건강으로 나타났다고 본다. 전업주부보다 취업주부의 정신건강이 좋다는 연구 결과(Gove & Geerkin, 1977; Gore & Mangione, 1983)는 이러한 관점을 지지하는 것으로 해석된다.

반면, 상호적 모델은 역할과 관련된 요구, 역할기대 등에서 남녀 차이가 난다는 점에 주목하여, 역할과 정신건강의 관련성이 남성과 여성에게서 다르게 나타난다고 본다. 이들은 여성을 노동시장에서 배제하는 것이 정신건강의 남녀 차이를 가져오는 것이 아니라, 각 사회적 역할에 내재된 성별 역할기대의 차이가 다중 역할 수행의 스트레스에서 남녀 차이를 가져오고, 나아가 정신건강에서의 남녀 차이를 가져온다고 보았다. 즉 전통적으로 여성의 역할로 여겨온 주부 역할이 사회적으로 인정받지 못하고 보상이 적다는 점, 가족 역할이 여성의 역할로 기대된다는 점이 복합적으로 작용하여 여성은 취업하더라도 직업 역할과 가족 역할을 병행하면서 남성보다 스트레스를 더 받게 되고, 따라서 취업 여부와 상관없이 남성보다 정신건강이 나쁘다는 결과를 가져온다는 것이다.

요약하면, '부가적 모델'은 결혼과 직업 두 가지 역할을 병행하는 것이 남성의 정신건강에 긍정적 효과를 준다면, 여성에게도 동일한 효과를 기대할 수 있다고 보는 관점인 반면, '상호적 모델'은 동일하지 않다고 보는 관점이다. 실증 연구 결과들은 상반되는 두 가지 견해가 공존한다고 본다. 취업과 결혼이 병행되면 남녀 모두 심리적 복지에 긍정적 영향을 미치며, 취업 여부와 결혼 여부를 분석모델에 포함시키면 정신건강에서의 남녀 집단 간 차이가 사라졌다는 고어와 맨지오니(Gore & Mangione, 1993)의 연구 결과는 부가적 모델을 지지한다. 한편, 취업 여성의 정신건강이 취업 남성보다 낮다는 연구 결과, 그리고 취업 여성과 비취업 여성의 정신건강에 차이가 없다는 연구 결과들은(Aneshensel et al., 1981; Newbery, 1979; Pearlin, 1975; Radloff, 1975) 상호적 모델을 지지하는 것이다.

(1) 여성과 남성의 사회적 역할 수행 정도

우선 중년기 남녀의 사회적 역할[23] 점유 실태가 어떠하며, 그 유형에 성별 차이

23) 중년의 사회적 역할을 다음과 같이 구분하였다.

- 부모 역할: 현재 자녀가 있는지를 가지고 부모 역할 여부를 구분하였다. 자녀가 하나라도 있으면 '부모 역할 함'으로, 자녀가 없으면 '부모 역할 없음'으로 분류하였다.
- 성인자녀 역할: 부모 중에서 한 분이라도 살아 계시면 '자녀 역할 함'으로, 두 분 다 돌아가셨으면 '자녀 역할 없음'으로 분류하였다.
- 배우자 역할: 현재 기혼으로 배우자가 있는 경우만 '배우자 역할 함'으로 분류하였고, 미혼, 독신, 이혼, 사별, 별거는 모두 '배우자 역할 없음'으로 분류하였다.
- 직업 역할: 현재 직장에 다니거나 사업을 하는지를 가지고 직업 역할 점유 여부를 구분하였다. 현재 직장

가 있는지 살펴보았다(표 7-1). 부모 역할 점유 여부로 살펴보면, 조사 대상자들의 92.5%가 자녀가 있어서 부모 역할을 하고 있었다. 또 노부모 중 한 분이라도 살아 계신 경우가 전체의 74.1%로 이들은 성인 자녀로서 역할 지위를 가지고 있었는데 나머지 25.9%는 부모님이 다 돌아가셨다. 또 조사 대상자의 90.3%는 배우자가 있어서 배우자 역할을 하며, 74.7%가 취업을 해서 직업 역할을 수행했다.

그런데 조사 대상자들의 역할 점유 실태는 남녀, 즉 성에 따라 달랐다. 부모 역할 점유율은 남성보다는 여성이 더 높았으며, 배우자 역할은 남성이 더 많이 수행했다. 남성의 94.6%가 직업 역할을 수행하고 있으나 여성은 54.8%만이 직업 역할을 수행하고 있었다. 즉 남녀가 가장 큰 차이를 보이는 사회적 역할은 직업 역할이었다.

이와 함께 조사 대상자들이 점유하는 역할의 조합을 살펴보았는데, 남녀 모두 부모 역할, 성인 자녀 역할, 부부 역할 그리고 직업 역할의 네 가지 사회적 역할을 모두 수행하는 경우가 가장 많았다. 다만 그 비율에서 남성은 전체의 61.2%가 직업 역할과 가족 역할의 다중 역할을 수행하지만 여성은 35.8%로 나타나 차이가 컸다.

표 7-1 성에 따른 사회적 역할의 수행 실태

빈도(%)

		남성	여성	계	x^2
부모 역할–자녀 유무	자녀 없음	87(10.4)	38(4.6)	125(7.5)	20.2***
	자녀 있음	751(89.6)	791(95.4)	1,542(92.5)	
성인자녀 역할–노부모 유무	노부모 없음	223(26.6)	208(25.1)	431(25.9)	.5
	노부모 있음	615(73.2)	621(74.9)	1,236(74.1)	
배우자 역할–배우자 유무	배우자 없음	69(8.2)	93(11.2)	162(9.7)	4.2**
	배우자 있음	769(91.8)	736(88.8)	1,505(90.3)	
직업 역할–취업 유무	비취업	45(5.4)	372(45.2)	417(25.3)	345.3***
	취업	782(94.6)	451(54.8)	1,233(74.7)	

** $p<.05$ *** $p<.001$

출처: 한경혜 · 이정화 · 옥선화 · Ryff, C. · Marks, N.(2002)

에 다니거나 사업을 하고 있으면 '직업 역할 있음'으로 분류하였고, 주부, 실직, 퇴직, 무직, 학생이라고 응답했으면 모두 '직업 역할 없음'으로 구분하였다.

(2) 사회적 역할과 우울감, 심리적 복지감

정신건강의 남녀 차이가 사회적 역할 점유 유형에서의 남녀 차이와 연관되는지 살펴보기 위하여 우울감과 심리적 복지감을 각각 종속변수로 하는 위계적 회귀분석을 실시하였다. 우선 모델 I에서는 성을 독립변수로 하여 분석하고, 모델 II에서는 성별 차이가 연령, 교육 수준, 소득 같은 구조적 특성변수의 영향력을 반영했을 가능성을 고려하여 이들 통제변수를 포함시켜 회귀분석을 하였다. 다음은 사회적 역할 중에서 부모 역할, 자녀 역할, 배우자 역할 등의 가족 역할만 포함시켜서 모델 III을, 그리고 모델 IV에서는 직업 역할을 추가하여 분석했다(표 7-2, 표 7-3 참조).

가족 역할과 직업 역할을 분리하여 분석에 포함시킨 것은 두 역할이 우울감과 심리적 복지감에 미치는 영향이 다를 것으로 예측할 수 있고, 가족 역할의 영향력이 고려된 뒤에도 직업 역할, 즉 취업 여부가 남녀의 정신건강에 부가적으로 영향을 미치는지 탐색하고자 했기 때문이다.

회귀분석 결과, 모델 I에서는 성이 우울감과 심리적 복지감 모두 통계적으로 유의한 관련성이 있었으나, 모델 II에서 연령, 교육 수준, 소득을 변수로 투입하자 심리적 복지감에 대해서는 성별 효과가 사라지고 교육 수준만 유의한 변수로 나타나, 교육 수준이 높을수록 심리적 복지감이 높은 것을 알 수 있다.

반면, 우울감을 종속변수로 한 분석에서는 모델 II에서도 교육 수준과 함께 성별 효과가 유의하게 남아 우울감에서의 남녀 차이가 사회인구학적 특성의 차이가 반영된 결과만은 아니라는 것을 알 수 있다. 여성이 남성보다 우울감 수준이 높고, 교육 수준이 높을수록 우울감 수준이 낮아졌다. 우울감에서의 남녀 차이는 가족 역할에 대한 변수를 포함하는 모델 III의 분석에서도 유의하게 관찰되었다. 여성이 남성보다, 자녀를 둔 응답자가, 배우자가 없는 응답자가, 그리고 교육 수준이 낮은 응답자가 우울감 수준이 높았다. 직업 역할 점유 여부가 분석 모델에 포함되었을 때(모델 IV) 비로소 우울감에서의 성별 차이가 사라졌다.

사회적 역할 중 성인자녀 역할변수를 제외한 부모 역할, 배우자 역할, 취업 여부가 모두 우울감에 유의한 예측변수였다. 이는 우울감을 설명하는 데 사회적 역할이 매우 중요한 요인임을 강력히 시사한다. 심리적 복지감을 종속변수로 하는 모델 IV의 분석에서는 교육 수준의 영향과 함께 배우자 역할과 직업 역할의 영향이 유의하게 관찰되었다. 즉, 교육 수준이 높고, 배우자가 있으며, 취업한 응답자가 심리적 복지감이 높았다.

표 7-2 우울감에 대한 성과 사회적 역할의 상대적 영향력[24)]

	모델 I		모델 II		모델 III		모델 IV	
	B	β	B	β	B	β	B	β
성[a]	−1.11	.11**	.79	.08***	17.60	.07**	.41	.04
연령			1.56	.03	.70	.00	−4.70	.00
교육 수준			−.83	.14***	−2.44	.11***	−.70	.11***
소득			−3.1	.02	−1.10	.01	3.30	.00
부모 역할[b]					1.33	.07**	1.30	.06**
성인자녀 역할[c]					−.23	.02	−.28	.02
배우자 역할[d]					−.30	.17***	−3.02	.18***
직업 역할[e]							−.87	.07***
constant	13.19		15.74		18.89		19.11	
R^2	.01***		.04***		.06***		.07***	

** $p<.05$ *** $p<.001$

출처: 한경혜 · 이정화 · 옥선화 · Ryff, C. · Marks, N.(2002)

표 7-3 심리적 복지감에 대한 성과 사회적 역할의 상대적 영향력

	모델 I		모델 II		모델 III		모델 IV	
	B	β	B	β	B	β	B	β
성[a]	1.1	.07**	−.61	.04	−.570	.04	−3.50	.00
연령			−2.2	.02	−1.20	.01	−2.80	.00
교육 수준			1.6	.18***	1.44	.16***	1.44	.16***
소득			1.50	.06	1.30	.05	1.11	.04
부모 역할[b]					−.71	.02	−.69	.02
성인자녀 역할[c]					2.73	.01	.26	.01
배우자 역할[d]					2.50	.10***	2.67	.10***
직업 역할[e]							1.26	.07**
constant	62.61		57.50		55.68		53.49	
R^2	.01**		.04***		.05**		.06***	

** $p<.05$ *** $p<.001$

출처: 한경혜 · 이정화 · 옥선화 · Ryff, C. · Marks, N.(2002)

24) a: 남성=1, 여성=0
b: 부모 역할 함(자녀 있음)=1, 부모 역할 없음(자녀 없음)=0
c: 자녀 역할 함(노부모 있음)=1, 자녀 역할 없음(노부모 없음)=0
d: 배우자 있음=1, 배우자 없음=0
e: 직업 역할 있음(취업)=1, 직업 역할 없음(비취업)=0

중년기의 사회적 역할과 정신건강의 관계를 정리해보면, 남녀 모두 대체적으로 배우자 역할, 부모 역할, 직업 역할을 점유한 응답자가 그렇지 않은 응답자에 비하여 정신건강이 양호한 것으로 나타났다. 이러한 결과는 다중역할이 정신건강에 긍정적인 영향을 준다는 역할축적이론을 지지하는 방향이다.

그리고 정신건강에서의 남녀 차이는 사회적 역할 점유에서의 남녀 차이, 그중에서도 직업 역할 점유 여부로 설명될 수 있는 것으로 나타났다. 사회적 역할로부터 얻는 보상은 남녀가 동일하며, 따라서 여성이 직업 역할을 수행하는 등 남성과 동일한 역할점유 유형을 가지게 되면 정신건강에서의 남녀 차이가 없어질 것이라고 보는 '부가적 모델'을 지지하는 결과였다.

한편, 자녀가 있는 응답자가 그렇지 않은 응답자보다 우울감 수준이 높은 것으로 나타난 결과는 부모 역할에 따르는 심리적 부담감과 비용 측면에서 해석해볼 수 있다. 자녀는 부모에게 삶의 목적이며 만족감의 원천이기도 하지만, 부담의 의미를 가지기도 한다.

맥라나한과 아담스(McLanahan & Adams, 1989)에 따르면, 자녀가 있는 부모들은 다양한 측면의 심리적 부담과 비용을 지각하는 것으로 지적된다. 자녀의 존재가 우울감에 정적 영향을 미치는 것으로 나타난 연구 결과는 응답자들 자녀의 평균 연령이 15.7세로, 첫째 자녀가 청소년기 이상 성인기에 접어든 경우가 많았다는 점과 연결해볼 수 있다. 즉 중년의 부모들에게 청소년기 혹은 독립기의 발달단계에 있는 자녀는 기쁨과 보상이라는 측면보다는 부담과 비용이라는 측면으로 이해되는 것으로 해석할 수 있다.

(3) 배우자 유무 및 취업 여부에 따른 정신건강의 차이

위의 두 개의 회귀식에서 모두 유의미한 사회적 역할로 나타난 배우자 역할 및 직업 역할과 정신건강의 관련성을 더 자세히 살펴보기 위해 성별과 배우자 유무, 성별과 취업 유무에 따른 정신건강의 차이를 검증해 보았다. 〈표 7-4〉를 살펴보면, 남녀 모두 배우자가 없는 경우에 우울감 수준이 높고, 심리적 복지감이 낮게 나타났다. 이러한 패턴에서의 남녀 차이는 나타나지 않았고, 남녀 모두 배우자가 있는 경우가 정신건강에서 더 유리한 것을 알 수 있다. 이는 역할축적이론을 지지하는 결과로서, 배우자 역할은 남녀 모두에게 다른 역할에서의 긴장이나 갈등을 낮추고 정신건강에 긍정적으로 작용하는 것으로 볼 수 있다.

표 7-4 배우자 유무에 따른 우울감과 심리적 복지감

		배우자 없음	배우자 있음	t
우울감	남성	16.23	14.13	3.4***
	여성	17.62	15.13	4.2***
심리적 복지감	남성	58.78	61.73	−3.4***
	여성	58.08	60.66	−3.0**

** p<.05 *** p<.001

출처: 한경혜 · 이정화 · 옥선화 · Ryff, C. · Marks, N.(2002)

〈표 7-5〉에서는 성과 취업 여부에 따른 정신건강의 차이를 살펴보았는데, 전반적으로 볼 때 취업을 한 경우가 취업을 하지 않은 경우보다 우울감이 낮고 심리적 복지감은 높았다. 그런데 성에 따른 취업 여부와 우울감의 관련성에서 살펴보면, 남성의 경우에는 취업 여부에 따라 우울감 수준의 차이가 유의미한(t=3.78, p<.001) 반면, 여성에게서는 취업 여부에 따른 유의한 차이가 관찰되지 않았다.

표 7-5 취업 여부에 따른 우울감과 심리적 복지감

		비취업	취업	t
우울감	남성	16.88	14.11	3.8***
	여성	15.73	15.20	1.5
심리적 복지감	남성	59.54	61.61	−1.6
	여성	59.42	61.19	−3.5***

** p<.05 *** p<.001

출처: 한경혜 · 이정화 · 옥선화 · Ryff, C. · Marks, N.(2002)

즉, 취업 여부와 우울감에서는 성별 상호작용 효과가 나타났는데, 특히 비취업 남성의 우울감 수준은 비취업 여성보다 높아서 네 집단 가운데 가장 우울해했다(그림 7-1 참조). 이는 직업 역할이 남성의 정신건강에 얼마나 중요한 요소인지 확실히 보

여준 것이다. 취업과 우울감의 관련성에서 성별 상호작용 효과가 관찰된 이 결과는 사회적 역할과 정신건강에 대한 '상호적 모델'을 지지하는 것이라고 할 수 있다.

한편, 심리적 복지감의 경우, 남성은 취업 여부에 따른 심리적 복지감의 차이가 유의미하지 않았지만 여성은 취업 여성의 심리적 복지감이 비취업 여성보다 높았다. 따라서 취업을 통한 직업 역할 수행은 남성의 경우 우울감을 낮춰주고, 여성의 경우 심리적 복지감을 높여주었다. 이는 일과 가족이라는 다중 역할이 여성과 남성에게 부담으로 작용하기보다 보상과 성취감으로 이어져 정신건강 향상에 기여한다는 것을 의미한다. 이것 역시 역할축적이론을 지지하는 결과이다.

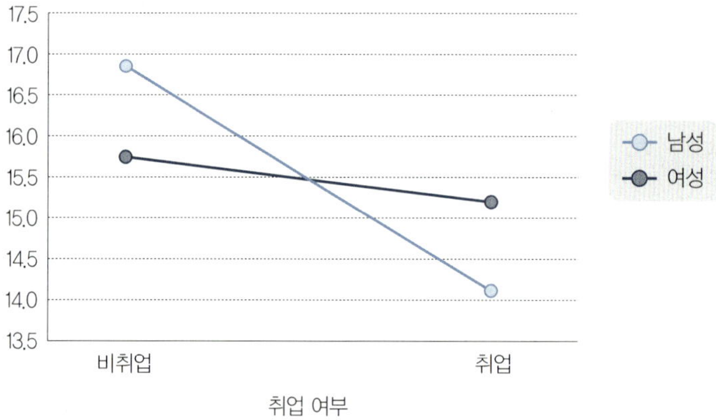

그림 7-1 성과 취업 여부에 따른 우울감

출처: 한경혜 · 이정화 · 옥선화 · Ryff, C. · Marks, N.(2002)

(4) 소결

중년의 사회적 역할과 정신건강에 관해 분석한 결과를 정리하면 다음과 같다.

첫째, 여성이 남성보다 우울감 수준이 높으며, 심리적 복지감은 낮은 것으로 나타나서, 전반적으로 남성에 비하여 여성들의 정신건강이 열악한 것을 알 수 있다.

둘째, 남녀 모두 대체적으로 배우자 역할, 부모 역할, 직업 역할을 점유한 응답자가 그렇지 않은 응답자에 비하여 정신건강이 양호한 것으로 나타났다. 정신건강에서의 남녀 차이는 사회적 역할 점유에서의 남녀 차이, 그중에서도 직업 역할 점유 여부로 설명될 수 있는 것으로 나타났다. 우울증과 심리적 복지를 각각 종속변수로 하는 위계회귀분석 결과, 사회적 역할로부터 얻는 보상은 남녀가 동일하며, 여성이 직업 역할을 수행하는 등 남성과 동일한 역할점유 유형을 가지게 되면 정신건강에서의 남녀 차이가 없어질 것이라고 보는 '부가적 모델'을 지지하였다.

넷째, 여성은 취업 여부에 따른 집단 간 우울감 정도의 차이가 관찰되지 않은 반면, 남성은 직업 역할이 정신건강에 매우 중요한 요인이라는 결과가 나타났다. 취업과 우울감의 관련성에서 성별 상호작용 효과가 관찰된 이 결과는 사회적 역할과 정신건강에 대한 '상호적 모델'을 지지하는 것이라고 할 수 있다.

결론적으로 사회적 역할과 정신건강에서의 성차는 사회적 역할점유에서의 남녀 차이가 반영된 것이며, 남녀를 불문하고 어떠한 역할 조합을 갖는가가 정신건강에 영향을 미치고, 취업을 통한 다중역할수행이 가족 역할만 수행할 때보다 정신건강에 유리하게 작용함을 알 수 있었다. 이러한 결과를 바탕으로 할 때, 남성과 여성의 노동시장 참여 정도가 유사해지면, 정신건강에서의 남녀 차이도 좁혀질 것으로 예측하는 것이 무리가 없을 것으로 보인다.

2. 중년의 사회적 관계망과 정신건강

사회적 관계는 개인에게 지지와 도움을 제공함으로써 건강과 심리적 복지를 향상시킬 수 있는 중요한 요인으로 학문적 관심을 받아왔다. 그러나 사회적 관계가 지지와 도움의 원천일 뿐 아니라 긴장과 갈등의 원천도 될 수 있다(Due, Holstein, Lund, Modvig & Avlund, 1999; Lepore, 1992; Rook, 1997)는 점이 부각되면서, 사회적 관계망에서 부정적인 측면을 동시에 고려해야 한다는 주장이 제기되었다. 이에 서구에서는 사회적 관계망의 부정적 측면을 살펴보는 연구를 진행하고 있다. 선행연구에 따르면 사회적 관계망은 건강이나 복지에 부정적 영향을 미칠 수 있으며(Antonucci, 1998; Due et al., 1999; Ingersoll-Dayton, Morgan & Antonucci, 1997; Vinokur, Price & Caplan, 1996), 때에 따라서는 그 영향력의 정도가 관계망의 긍정적 영향력보다 더 클 수도 있었다(Rook, 1984).

이러한 결과는 우리나라 중년기 남녀의 사회적 관계망을 살펴보는 데 중요한 시사점을 준다. 중년기는 가족과 사회에서 다양한 역할을 수행해야 하며, 자녀의 성장과 부모의 노화, 그리고 직장에서의 성취라는 다양한 삶의 도전을 경험하는 시기이다. 또 사회활동을 가장 활발하게 하는 시기로 여러 개인이나 집단과 다양한 관계를 맺게 된다(김명자, 1998).

하지만 중년기의 역할과 관련된 사회적 관계는 변화를 내포하고 있어 적응에 필요한 스트레스원으로 작용한다는 지적(한경혜, 송지은, 2001)이 있다. 이로써 중년기에는 사회적 관계에서 많은 갈등을 경험할 수 있으며, 관계의 부정적 측면이 정신건강에 영향을 상당히 미칠 것이라고 예측할 수 있다. 그러나 국내의 선행연구들은 대부분 사회적 관계망을 지원망과 동일하게 간주함으로써 사회적 관계망의 갈등적 측면에 대한 연구는 매우 부족하다.

한편, 개인이 어떤 사람과 얼마나 다양한 관계를 맺고 있는지, 그리고 형성된 관계가 어떠한 성격을 갖는지 등은 개인이나 상황의 특성에 따라 다를 수 있다(Antonucci, Akiyama & Merline, 2001a). 특히 남성과 여성은 일반적으로 보유하는 자원이나 역할 등 개인적 · 상황적 특성에 차이가 있으므로, 사회적 관계망은 남녀 차이가 있는 것으로 지적된다. 그러나 국내의 중년기 사회적 관계망에 관한 연구가 주로 여성을 대상으로 하다 보니(박수정, 1992; 신기영, 1991; 원효종, 1997) 남성의 사회적 관계망이나 사회적 관계망의 남녀 차이에 대한 정보가 매우 부족하다. 더욱이 국내의 관계망 연구들이 배우자나 동거 가족 성원을 관계망에 포함하지 않음으로써 전체 관계망에서 가장 중요할 수 있는 개인의 관계를 간과했다. 이러한 배경에서 이 장에서는 우리나라 중년기 남녀의 사회적 관계망의 지지와 갈등 측면은 어떠하며, 정신건강과의 관련성은 어떤지, 그리고 성별에 따른 차이가 있는지 살펴보았다.

사회적 관계망과 정신건강에 관한 선행연구에 따르면, 사회적 관계가 제공하는 지지는 우울감이나 심리적 스트레스를 감소시키거나 심리적 복지감을 증진시키는 등 정신건강에 직접 영향을 미치거나, 스트레스 수준이 높은 사람들 또는 위기상황에 놓인 사람들에게는 스트레스가 미치는 부정적 영향을 완화함으로써 개인의 정신건강에 긍정적 영향을 미친다고 한다(유조안, 2000; 장휘숙, 2011).

사회적 관계의 지지적 측면이 강조되면서 '개인과 관계를 형성하고 있는 사람들의 집합(원효종, 1997; Milardo, 1988)'인 관계망은 지원망 또는 지지망과 거의 같은 개념으로 사용되어왔다. 그러나 사회적 지지는 관계망이 제공하거나 제공하지 않을 수 있는 하나의 기능적 특성을 의미하므로 이 둘을 같은 개념으로 간주하는 것은 바람직하지 않다(이원숙, 1995).

사회적 관계망의 부정적 측면에 대한 연구들에 따르면 관계망의 부정적 측면은 건강이나 복지에 부정적 영향을 미쳤다(Antonucci, 1998; Due et al., 1999; Ingersoll-Dayton et al., 1997; Lakey, Tardiff & Drew, 1994; Okun, Melichar & Hill, 1990; Vinokur et al., 1996). 특히 룩(Rook, 1984)이 배우자와 사별한 여성 노인에게 부정적인 사회적 유대가 긍정적인 사회적 유대보다 심리적 복지감과 더 일관적이고 강력하게 관련되어 있음을 발견한 이후 사회적 관계의 지지적 측면과 갈등적 측면이 정신건강에 미치는 상대적 영향력을 알아보는 연구들이 활발하게 수행되고 있다.

한편 잉게르솔-데이턴 등(Ingersoll-Dayton et al., 1997)은 부정적 관계가 긍정적 관계보다 정신건강에 더 크게 영향을 준다고 본 연구 결과들은 주로 우울감, 심리적 증상, 정신건강의 부정적 차원만 살펴보았기 때문이라고 지적하였다. 잉게르솔-데이턴 등(1997)은 정신건강의 긍정적 차원과 부정적 차원을 모두 연구했다. 그 결과 스트레스가 없는 집단에서는 긍정적 · 부정적 교환의 영향력의 크기는 거의 같았으며, 더욱이 긍정적 교환은 긍정적 정서에, 부정적 교환은 부정적 정서에 영향을 미쳤다.

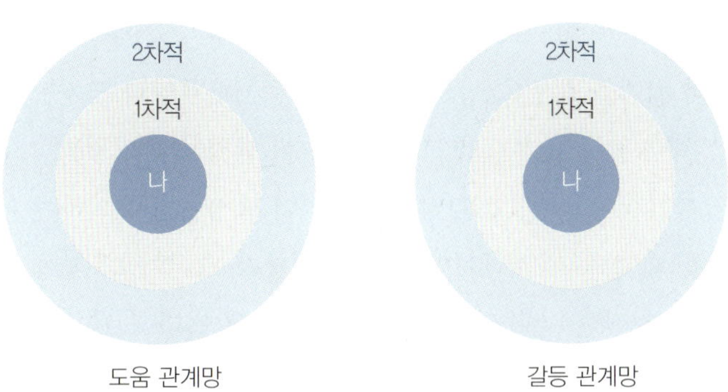

그림 7-2 도움 관계망과 갈등 관계망

출처: 한경혜 · 김주현 · 김경민(2003)

이러한 결과는 사회적 관계망과 정신건강의 관련성을 살펴보는 데 관계망의 성격과 정신건강을 중요하게 고려해야 함을 시사한다.

여기서는 선행연구들의 이와 같은 제한점을 극복하기 위해 지지적 관계망과 갈등적 관계망을 함께 살펴보고, 정신건강도 부정적 차원과 긍정적 차원으로 나누어 고려하였다.

(1) 중년기 남녀의 사회적 관계망의 구조

1) 중년기 남녀의 도움 및 갈등 관계망의 크기

중년기 남녀의 사회적 관계망 실태가 어떠하며 그 특성에서 성별 차이가 있는지 살펴보기 위해 '도움 관계망'과 '갈등 관계망'의 크기와 구성을 살펴보았다. 도움 관계망으로는 2명을 언급한 사람이 가장 많았으며 1차적 도움 관계망의 크기는 남성 1.03명, 여성 1.09명으로 여성이 남성보다 1차적 도움 관계망의 크기가 유의하게 더 컸다(그림 7-3).

그다음으로 도움을 주는 사람, 즉 2차적 도움 관계망의 크기는 남성 0.86명, 여성 0.92명으로, 2차적 도움 관계망의 크기에서는 남녀 차이가 없었다. 전체 도움 관계망의 크기는 남성 1.89명, 여성 2.01명으로 여성이 남성보다 도움 관계망의 크기가 유의하게 더 컸다.

이러한 결과는 여성이 남성보다 사회적 관계망이 더 크다는 선행연구(Moore, 1990) 결과와 일치하며, 관계망의 남녀 차이는 가장 가깝고 친밀한 관계망에서 두드러진다는 안토누치 등(Antonucci et al., 1998, 2001b)의 논의와 일관된다.

갈등 관계망의 크기를 보면(그림 7-4), 1차적 갈등 관계망의 크기는 여성이 남성보다 더 컸으며, 2차적 갈등 관계망의 크기도 여성이 남성보다 더 컸다. 전체 갈등 관계망의 크기는 남성 0.69명, 여성 0.82명으로 여성이 남성보다 유의하게 더 컸다.

전반적으로 볼 때 갈등 관계망보다 도움 관계망의 크기가 더 커서 긍정적인 사회적 교환 수준이 부정적인 사회적 교환 수준보다 훨씬 높다고 보고한 오쿤과 키이스(Okun & Keith, 1998)의 연구 결과와 일치한다.

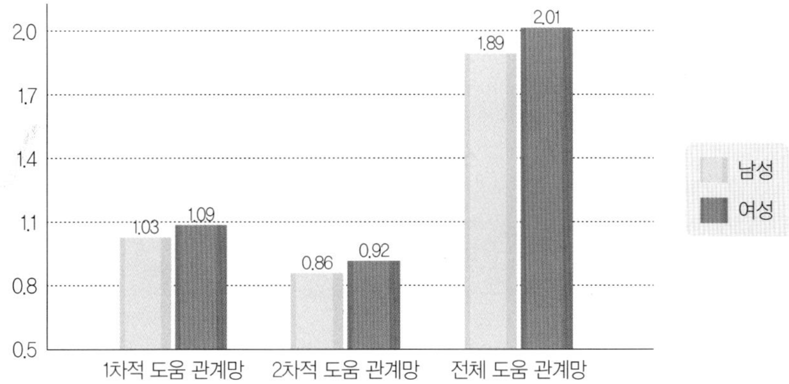

그림 7-3 중년기 남녀의 도움 관계망의 크기와 남녀 차이
출처: 한경혜 · 김주현 · 김경민(2003) 재구성

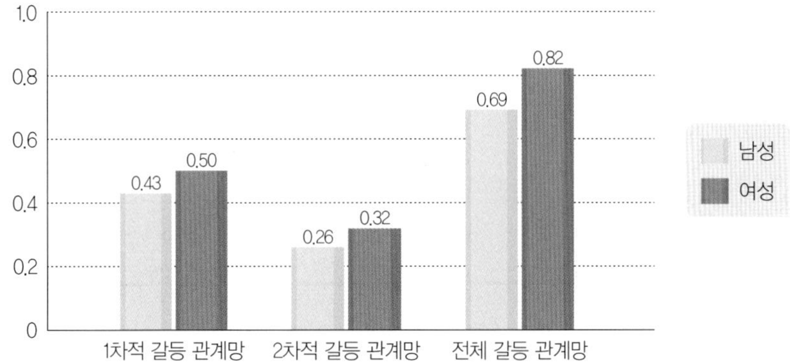

그림 7-4 중년기 남녀의 갈등 관계망의 크기와 남녀 차이
출처: 한경혜 · 김주현 · 김경민(2003) 재구성

2) 중년기 남녀의 도움 관계망 및 갈등 관계망의 구성

중년기 남녀가 '도움 관계망' 및 '갈등 관계망'의 성원으로 구체적으로 어떤 사람을 언급하였는지를 통해 도움 관계망 및 갈등 관계망의 구성에 관한 내용을 살펴보았다. 그 내용은 〈표 7-6〉을 중심으로 설명할 수 있다.

〈표 7-6〉을 보면, 1차적 도움 관계망과 2차적 도움 관계망으로 언급된 사람들 가운데 배우자와 비친족원은 그 위계성이 뚜렷하게 나타나, 배우자는 주로 1차적 도움

관계망 성원으로 언급된 반면, 비친족원은 주로 2차적 도움 관계망 성원으로 언급되었다.

표 7-6 중년기 남녀의 도움 관계망 구성

복수응답 처리, 빈도(%)

분 류	1차적 도움 관계망		2차적 도움 관계망		전체 도움 관계망	
	남 성	여 성	남 성	여 성	남 성	여 성
① 배우자	247(40.5)	191(27.8)	22(4.3)	43(7.4)	269(24.0)	234(18.5)
② 가족 및 친족	231(37.9)	370(53.9)	229(44.6)	302(52.1)	460(41.0)	672(53.1)
부모님	86(14.1)	107(15.6)	55(10.7)	62(10.7)	141(12.6)	169(13.3)
배우자의 부모님	12(2.0)	24(3.5)	17(3.3)	20(3.4)	29(2.6)	44(3.5)
형제자매(배우자 포함)	74(12.1)	112(16.3)	85(16.6)	98(16.9)	159(14.2)	210(16.6)
배우자의 형제자매	11(1.8)	12(1.7)	14(2.7)	17(2.9)	25(2.2)	29(2.3)
자녀(배우자 포함)	20(3.3)	86(12.5)	45(8.8)	84(14.5)	65(5.8)	170(13.4)
기타 친족	28(4.6)	29(4.2)	13(2.5)	21(3.6)	41(3.7)	50(3.9)
③ 비친족	132(21.6)	125(18.2)	262(51.1)	235(40.5)	394(35.1)	360(28.4)
직업 관련	33(5.4)	12(1.7)	63(12.3)	15(2.6)	96(8.5)	27(2.1)
친구	99(16.2)	113(16.5)	199(38.8)	220(37.9)	298(26.5)	333(26.3)
합 계	610(100.0)	686(100.0)	513(100.0)	580(100.0)	1,123(100.0)	1,266(100.0)

출처: 한경혜 · 김주현 · 김경민(2003)

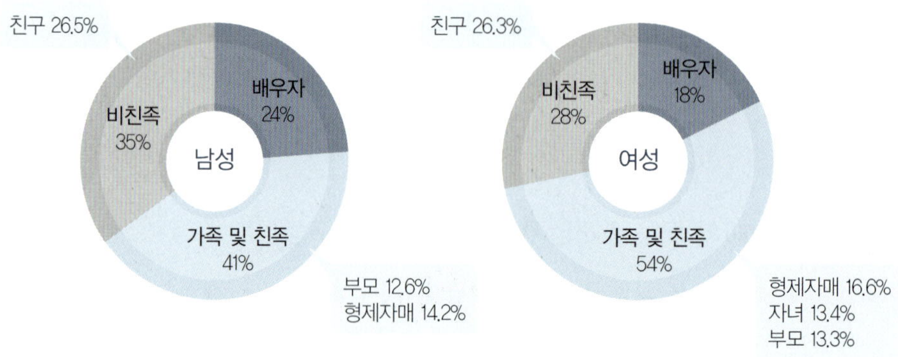

그림 7-5 중년기 남녀의 도움 관계망 구성

전체 도움 관계망의 구성을 보면, 첫째, 남성이 여성보다 도움 관계망으로 배우자를 언급한 비율이 더 높았다. 이는 남성이 여성보다 배우자에게서 더 많은 지원을 받으며(Schuster et al., 1990; Okun & Keith, 1998에서 재인용) 결혼생활을 더 행복해한다는 결과(Veroff et al., 1981; Antonucci & Akiyama, 1997에서 재인용)를 지지한다.

둘째, 남녀 모두 도움 관계망에서 배우자와 친족원이 차지하는 비율이 60%를 넘어, 중년기 남녀의 도움 관계망이 배우자와 친족원을 중심으로 구성되어 있음을 알 수 있다. 또 도움 관계망으로 언급된 친족은 주로 부모, 형제자매, 자녀였다.

셋째, 도움 관계망으로 비친족원을 언급한 비율은 남성이 여성보다 높았다. 이는 여성과 남성의 사회구조적 위치의 차이를 반영한 것으로, 여성은 남성보다 자원을 적게 가지기 때문에 비친족과 관계를 형성할 기회가 제한되어 있음을 나타낸다(Fisher & Oliker, 1983; 정경희, 1995에서 재인용).

다음으로 조사 대상자들이 자신을 괴롭히거나 속 썩이는 '갈등 관계망'의 성원으로 어떤 사람을 언급하였는지를 살펴보았다. 〈표 7-7〉을 보면, 남성의 경우 1차적 갈

표 7-7 중년기 남녀의 갈등 관계망 구성

복수응답 처리, 빈도(%)

분 류	1차적 갈등 관계망		2차적 갈등 관계망		전체 갈등 관계망	
	남 성	여 성	남 성	여 성	남 성	여 성
① 배우자	15(6.3)	48(16.2)	4(2.8)	17(8.9)	19(5.0)	65(13.3)
② 가족 및 친족	125(52.7)	182(61.5)	51(35.4)	119(62.3)	176(46.2)	301(61.8)
부모님	10(4.2)	4(1.4)	5(3.5)	1(0.5)	15(3.9)	5(1.0)
배우자의 부모님	2(0.8)	37(12.5)	1(0.7)	20(10.5)	3(0.8)	57(11.7)
형제자매(배우자 포함)	66(27.8)	35(11.8)	17(11.8)	21(11.0)	83(21.8)	56(11.5)
배우자의 형제자매	7(3.0)	51(17.2)	7(4.9)	26(13.6)	14(3.7)	77(15.8)
자녀(배우자 포함)	29(12.2)	39(13.2)	14(9.7)	32(16.8)	43(11.3)	71(14.6)
기타 친족	11(4.6)	16(5.4)	7(4.9)	19(9.9)	18(4.7)	35(7.2)
③ 비친족	97(40.9)	66(22.3)	89(61.8)	55(28.8)	186(48.8)	121(24.8)
직업 관련	54(22.8)	24(8.1)	53(36.8)	13(6.8)	107(28.1)	37(7.6)
친구	39(16.5)	39(13.2)	34(23.6)	41(21.5)	73(19.2)	80(16.4)
기타	4(1.7)	3(1.0)	2(1.4)	1(0.5)	6(1.6)	4(0.8)
합 계	237(100.0)	296(100.0)	144(100.0)	191(100.0)	381(100.0)	487(100.0)

출처: 한경혜 · 김주현 · 김경민(2003)

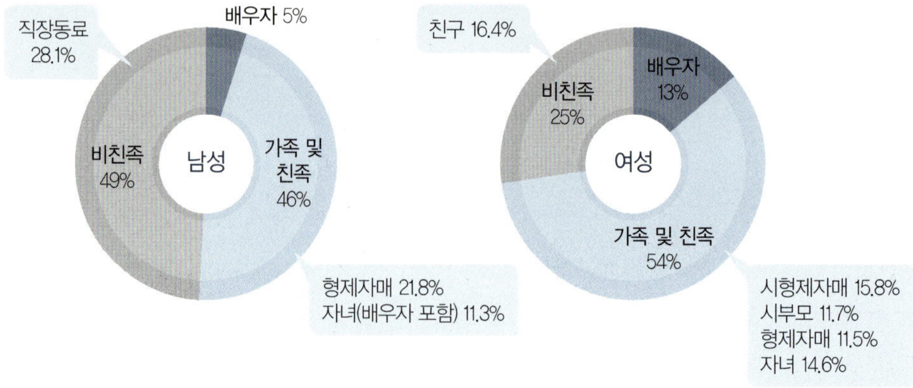

그림 7-6 중년기 남녀의 갈등 관계망 구성

등 관계망과 2차적 갈등 관계망으로 언급된 사람 사이에 위계성이 나타나 1차적 갈등 관계망으로 친족, 2차적 갈등 관계망으로 비친족을 주로 언급했다. 그러나 여성에게서는 위계성이 나타나지 않았다.

전체 갈등 관계망 구성을 보면, 첫째, 여성이 남성보다 갈등 관계망으로 배우자를 언급한 비율이 높았다. 이러한 결과는 남성이 여성보다 도움 관계망으로 배우자를 언급한 비율이 더 높았다는 점과 연결해볼 때, 결혼, 배우자 평가에서 남녀 차이가 있다는 것을 보여준다. 배우자 평가의 차이는 남성이 여성보다 배우자에게서 지지는 더 많이 받는 반면, 갈등은 더 적다는 점을 반영한 것이다.

둘째, 여성의 갈등 관계망은 배우자와 친족을 중심으로 구성되어 있는 반면, 남성의 갈등 관계망은 친족과 비친족원이 거의 같은 비율이었다. 갈등 관계망에서 남성보다 여성이 친족이 차지하는 비율이 높게 나온 것은 여성에게 귀속되는 친족유지(kin-keeping) 역할이 즐거움보다는 부담을 준다는 트롤(Troll, 1988; Antonucci et al., 1998에서 재인용)의 지적과 연결된다.

셋째, 갈등 관계망으로 언급되는 친족의 경우, 남성에서는 형제자매와 자녀가, 여성에서는 형제자매와 자녀 외에 시가의 형제자매와 시부모가 빈번하게 언급되었다. 이러한 결과는 여성이 도움 관계망으로 배우자의 형제자매나 시부모 등 시가의 식구들을 거의 언급하지 않은 것을 고려해볼 때, 중년기 여성에게 시가의 친척들은 도움보다는 갈등의 원천으로 인식된다는 것을 보여준다.

넷째, 갈등 관계망으로 언급되는 비친족의 경우, 남성은 직업과 관련된 사람을, 여성은 친구를 빈번하게 언급하였다. 이러한 결과는 남녀의 취업률과 생활의 장이 다르다는 점에 기인한다.

3) 사회적 관계망이 중년기 남녀의 심리적 복지에 미치는 영향

사회적 관계망이 정신건강에 미치는 영향을 살펴보기 위해 우울감과 심리적 복지감을 종속변수로 하는 중회귀분석을 실시하였다(표 7-8, 표 7-9). 독립변수인 사회적 관계망 변수는 도움 관계망과 갈등 관계망의 크기[25]이며, 연령, 교육 수준, 건강 상태, 총수입, 배우자 유무 등 사회인구학적 변수를 통제변수로 포함하였다.

표 7-8 성별 우울감에 대한 도움 및 갈등 관계망의 영향력

우 울 감		남성(n=446)		여성(n=502)	
		b	β	b	β
인구학적 변수	연령	0.00	.00	−0.03	−.05
	교육 수준	−.25	−.05	−.72	−.12+
	건강 상태	−1.33	−.23***	−1.33	−.24***
	총수입	0.00	.01	0.00	.04
	배우자 유무[a]	−3.84	−.15***	−2.71	−.16***
사회적 관계망 변수	도움 관계망	0.04	.01	−.21	−.04
	갈등 관계망	.69	.13**	.67	.13**
F		7.337***		11.127***	
R^2		.105		.136	

+ p<.10 * p<.05 ** p<.01 *** p<.001

[a]배우자 유무는 0(배우자 없음), 1(배우자 있음)로 가변수 처리하였다.

출처: 한경혜 · 김주현 · 김경민(2003)

먼저 사회적 관계망이 정신건강의 부정적 측면인 우울감에 미치는 영향을 살펴보면(표 7-8), 갈등 관계망의 크기가 클수록 우울감 수준이 높았다. 이러한 결과는 부정

25) 사회적 관계망의 객관적 특성은 개인의 건강이나 심리적 복지감과의 관련성을 살펴보는 데 사용되어왔다 (Seeman & Syme, 1987: Antonucci et al., 2001b에서 재인용).

적인 사회적 관계가 우울 증상, 심리적 디스트레스 등 부정적 정서와 연관된다는 선행연구(유조안, 2000; Lepore, 1992; Pagel, Erdly & Becker, 1987; Rook, 1984)와 일치한다. 그리고 도움 관계망은 남녀 모두에게서 심리적 디스트레스와 관련이 없었는데, 이는 긍정적인 사회적 유대가 심리적 디스트레스에 직접 효과를 나타내지는 않으며, 단지 완충효과가 있다고 본 연구(Okun et al., 1990)와 일치한다.

사회적 관계망이 정신건강의 긍정적 측면인 심리적 복지감에 미치는 영향을 보면(표 7-9), 도움 관계망의 크기가 클수록, 갈등 관계망의 크기가 작을수록 심리적 복지감 수준이 높았다. 여성의 경우, 관계망 변수는 심리적 복지감과 유의한 관련성을 보이지 않았다.

표 7-9 성별 심리적 복지감에 대한 도움 및 갈등 관계망의 영향력

심리적 복지감		남(n=438)		여(n=499)	
		b	β	b	β
인구학적 변수	연령	0.05	.04	0.02	.02
	교육 수준	.95	.11	1.39	.16**
	건강 상태	2.53	.28***	1.50	.18***
	총수입	0.00	.07	0.00	.05
	배우자 유무[a]	1.79	.04	1.20	.05
사회적 관계망 변수	도움 관계망	.74	.09+	.44	.06
	갈등 관계망	−.69	−.08+	−.52	−.07
F		8.308***		6.664***	
R^2		.119		.087	

+ p<.10 * p<.05 ** p<.01 *** p<.001

[a]배우자 유무는 0(배우자 없음), 1(배우자 있음)로 가변수 처리하였다.

출처: 한경혜 · 김주현 · 김경민(2003)

(2) 소결

지금까지 중년기 남녀의 도움 관계망 및 갈등 관계망의 구조를 살펴보고, 사회적 관계망과 정신건강의 관련성을 탐색했다. 사회적 관계망의 구조, 사회적 관계망과 정신건강의 관련성에서의 남녀 차이도 살펴보았는데, 이를 정리하면 다음과 같다.

첫째, 중년기 남녀의 갈등 관계망은 크기 면에서 도움 관계망보다 훨씬 더 작은데도 정신건강에 중요한 영향을 미쳤다. 갈등적 관계가 긍정적 관계보다 정신건강과 더 강력하게 연관된 것은 룩(Rook, 1990; 유조안, 2000에서 재인용)이 제안한 바와 같이 도움, 지지, 애정 등과 같은 관계망의 긍정적 기능에 비해 비난, 방해 등 관계망의 부정적 기능은 사람들이 쉽게 예측하지 못하고, 따라서 더 충격적으로 느낄 수 있기 때문이다.

다른 한편으로는 연구 대상이 전반적으로 위기상황에 놓여 있거나 스트레스를 많이 받는 사람이 아니어서 지지가 덜 필요한 집단이기 때문에 도움 관계망의 효과가 일관되지 않고 매우 약하게 나타났을 수도(Rook, 1984) 있다. 그러나 이에 대한 정확한 자료는 없으므로 앞으로 사회적 관계의 부정적 측면에 많은 관심을 두어야 한다.

둘째, 중년기 여성의 도움 관계망과 갈등 관계망의 크기는 남성보다 더 컸다. 일반적으로 여성이 남성보다 사회적 관계망이 더 크다고 인식되나, '더 큰 관계망' 속에는 '더 큰 부정적인 관계망'이 포함되어 있다. 일부 연구자들에 따르면(Antonucci et al., 1998; Turner, 1982), 여성들의 사회적 관계망이 복지감에 항상 긍정적 영향을 미치는 것은 아니며, 친밀하고 가까운 유대를 너무 넓게 유지하는 것은 오히려 부담이 될 수 있다고 하였다. 따라서 여성의 정신건강에 관계망의 부정적 측면만 영향을 미쳐 양적으로 큰 여성의 관계망이 '보상'이 아닌 '비용'으로 작용할 가능성이 크다.

셋째, 배우자에 대한 평가에서 남녀 차이가 있었는데, 남성은 배우자를 도움 관계망으로 인식하는 비율이 높은 반면, 여성은 갈등 관계망으로 인식하는 비율이 상대적으로 더 높았다. 이러한 결과는 결혼에서 남녀가 서로 다른 경험을 하며, 결혼은 남성보다는 여성에게 덜 긍정적인 경험이라고 언급한 제시 버나드(Jessie Bernard, 1972; Antonucci & Akiyama, 1997에서 재인용)의 견해를 지지하는 것으로, 결혼에서의 '보상'과 '비용'이 남녀 사이에 차이가 있음을 보여준다. 중년기 여성은 결혼에서 남성보다 '보상'은 상대적으로 적은 반면 '비용'은 많이 경험하는 것으로 해석할 수 있다.

넷째, 여성은 도움 관계망 및 갈등 관계망에서 배우자와 친족원이 차지하는 비율이 남성보다 상대적으로 높았으며, 남성은 비친족원이 관계망에 포함되는 비율이 여성보다 상대적으로 더 높았다. 이러한 결과는 여성은 가족과 친족의 보호 · 유지 역할을, 남성은 직업인으로서의 역할을 수행하는 역할 수행의 장에서의 남녀 차이를 반영하는 것이다(김명자, 1998).

다섯째, 갈등 관계망에 여성은 친족 중에서 시가 형제자매, 시부모를 빈번하게 언급했다. 여성이 도움 관계망의 성원으로는 시가 식구들을 거의 언급하지 않았던 점과 연결해볼 때, 시가의 친척은 기혼여성에게 도움보다는 갈등의 원천으로 인식되고 있음을 보여주는 것이다. 즉 우리 사회의 부계 위주의 친족관계가 특히 여성에게는 요구와 간섭을 많이 하고 책임과 의무를 지우는 갈등적 관계임을 반영하는 결과이다.

여섯째, 도움 관계망과 갈등 관계망을 함께 살펴보았을 때, 동일한 대상이 두 관계망에서 동시에 높은 비율을 차지했다. 예를 들어 남성의 관계망은 형제자매가 도움 관계망과 갈등 관계망에서 모두 14% 이상을 차지하였으며, 여성의 관계망은 배우자, 형제자매, 자녀가 두 관계망에서 동시에 높은 비율로 언급되었다. 형제자매의 경우 중년기 남녀에게 도움 관계망의 주요 구성원이자 갈등 관계망의 주요 구성원이다. 여성의 경우에는 형제자매 외에 배우자와 자녀 역시 도움 제공자이자 갈등 제공자이다. 친밀한 관계에서는 도움뿐 아니라 갈등을 주고받을 소지가 크며, 도움과 갈등이 모두 교환되는 양가적 관계는 남성보다 여성에게 더욱 두드러졌다.

Tip

사회적 관계망의 생리적 효과

미국 맥아더재단의 '성공적 노화 연구'팀은 사회적 관계망의 지지효과가 심리적 복지감과 정신건강뿐 아니라 중요한 생리적 효과를 가지고 있다는 증거를 찾아냈다. 70~79세의 노인들을 조사한 결과, 관계망의 구성원들에게서 정서적 지지를 많이 받을수록 스트레스 호르몬치가 현저히 낮아지는 것으로 나타났다. 그런데 이 효과는 남성에게서만 관찰되었으며 이러한 남녀 차이의 원인에 대한 연구가 진행 중이다.

Tip

호위대모델(Convoy model)

호위대모델은 개인은 자신에게 도움을 주는 일련의 무리(호위대, 단, convoy)와 함께 인생을 살아나간다는 것이다.

Convoy는 보호층(protective layers)으로서 가족이나 친구와 같이 개인을 둘러싸고 있으면서 인생의 도전, 과제들에 성공적으로 대처하는 데 도움을 주는 사람들로 이루어진 층을 의미한다. 이 층들은 위계적이어서 개인을 둘러싸고 있는 세 개의 동심원이라는 비유적 이미지로 제시되기도 하는데, 각 동심원은 개인과 상이한 수준의 친밀감을 가진다. 첫째 원은 가장 중요한 지지자들로서 아주 친밀한 집단이다. 둘째 원은 가장 바깥쪽 원에 비해 좀 더 친밀한 관계의 사람들을 의미한다. 역할의 경계를 넘어 상호작용하기도 하지만 완전히 독립적이지는 않다. 셋째 원은 공식적 역할에 기초하여 관련된 사람들이 여기에 해당된다. 예를 들어 직장 관련 사람이나 이웃들로서 안정적이지 않다. Convoy는 안정적이면서 역동적이어서, 개인을 둘러싸고 있는 관계는 생애 전반에 걸쳐 상당히 안정적이면서도 다소 역동적이라는 점을 알 수 있다.

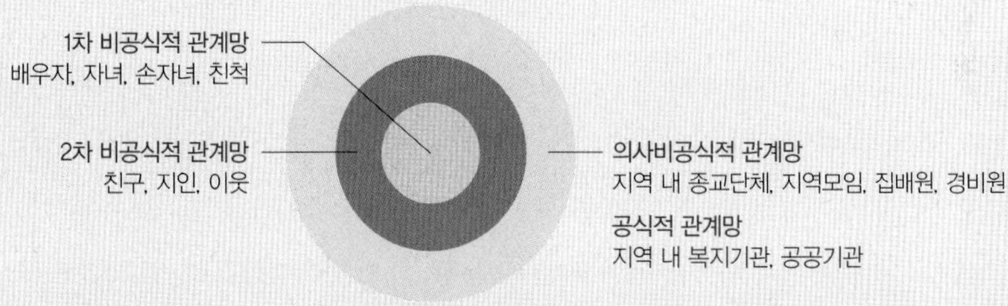

사회적 관계망의 수준

출처: Kahn & Antonucci, 1980

참고문헌

강모성, 전영주, 손태홍(2008). 「기혼 중년남성의 직무 및 가족 스트레스와 자살구상」. 『한국가족관계학회지』, 13(1), 105-134.

강유진, 한경혜(1997). 「비동거 자녀의 노부모 부양행동에 관한 연구」. 『한국노년학』, 17(1), 271-288.

강혜원, 한경혜(2005). 「부정적 가족 생활사건, 배우자 지지와 정신건강: 성별차이를 중심으로」. 『대한가정학회지』, 43(8), 55-68.

공성아, 한상완(2009). 「12주간의 유산소 운동 시 60세 이상 NIDDM 환자의 혈중 glucose와 비만도, 체력 및 혈중지질성분과의 관련성 분석」. 『한국운동생리학』, 14(3), 429-438.

국민건강보험(2011). 「최근 5년간 노인우울증 질환자 1.7배 증가」. 3. 14. 보도자료.

권태환(1989). 「신흥공업국의 사망패턴에 관한 연구」. 『한국인구학』, 12(1), 51-73.

김경민, 한경혜(2004). 「중년기 남녀의 가족생활사건 경험이 심리적 복지감에 미치는 영향」. 『한국노년학』, 24(3), 211-231.

김경원(1989). 「친족관계망 유대특성에 관한 연구-대구시를 중심으로」. 서울대학교 대학원 석사학위논문.

김광숙, 김은경, 이정렬, 유미애, 김봉정, 박소현, 이순남, 김정은(2009). 「지역사회 중년여성의 특성 및 건강행위 실천과 비만: 비만 지표에 따른 비교」. 『한국보건간호학』, 23(2), 174-183.

김남진(2002). 「중년여성의 갱년기 증상과 운동수행 정도 및 주관적 건강상태와의 관련성 연구」. 『보건교육 · 건강증진학회지』, 19(1), 133-147.

김두섭, 박경숙, 이세용(2000). 「중년층 노부모의 세대관계와 중년층 노후부양관」. 『한국인구학』, 23(1). 55-89.

김명자(1991). 「중년기 부부의 가족 스트레스에 대한 대처양식과 위기감」. 『대한가정학회지』, 29(1), 203-216.

김명자(1998). 『중년기 발달』. 교문사.

김순안, 김승용(2011). 「사회적 지지와 자아존중감이 중년 여성의 정신건강에 미치는 영향」. 『노인복지연구』, 52, 109-129.

김애순(2002). 『성인발달과 생애설계』. 시그마익스프레스.

김양호(2005). 「중년남성의 건강과 사회관계망 특성이 심리적 복지에 미치는 영향」. 『한국가족관계학회지』, 10(1), 103-126.

김양희, 김진희, 박정윤(2001). 「중년기 남성이 경험하는 스트레스 원과 대처행동에 관한 연구」. 『한국가정관리학회지』, 19(6), 157-172.

김오남, 김경신(1998). 「편모가족의 가족스트레스와 심리적 복지」. 『한국가정관리학회지』, 16(4), 107-123.

김윤정(1999). 「사회적 지지 관점으로 본 가족부양이 노인의 정신건강에 미치는 영향: 기능취약노인의 복지감과 우울감을 중심으로」. 이화여자대학교 대학원 박사학위논문.

김정석, 김익기(2000). 「세대 간 지원교환의 형태와 노인들의 생활만족도」. 『한국노년학』, 20(2), 155-168.

김정선, 신경림(2004). 「성인여성의 우울과 스트레스, 사회적 지지에 관한 연구」. 『대한간호학회』, 34(2), 352-361.

김정아, 정승교(2004). 「중년여성의 체중관리 실태와 성인병 위험도」. 『재활간호학』, 7(1), 33-47.

김진선(2000). 「여성 가족부양자의 건강상태 및 가족부양의 부정적 · 긍정적인 영향」. 『대한간호학회지』, 30(3), 632-646.

김진희, 한경혜(2002). 「남성과 여성의 일/가족 전이와 관련요인」. 『대한가정학회지』, 40(11), 55-69.

김태현(1981). 「한국에 있어서 노인부양에 관한 연구」. 고려대학교 대학원 박사학위논문.

김태현, 강인(1990). 「중년기 가족스트레스와 가족대처방안에 관한 연구」. 『대한가정학회지』, 28(4), 103-117.

김태현, 김양호(2003). 「중년남성의 남성의식, 직장생활 및 가족생활과 심리적 복지에 관한 연구」. 『한국가족관계학회지』, 8(1), 99-120.

김향은, 정옥분(1992). 「정년퇴직을 앞둔 중년 남성의 심리적 불안-퇴직 예정자의 상태, 특성불안과 현행 정년제도에 대한 시각을 중심으로」. 『대한가정학회지』, 30(2), 159-169.

김현주(1998). 「가족 체계적 특성과 가족의 정신건강, 가족 지원 가능성과의 관계」. 『가족과 문화』, 10(1). 67-90.

김혜순, 이은자(2006). 「중년여성의 웃음지수, 우울, 불안과의 관계」. 『재활간호학』, 9(2), 126-133.

김희은, 김초강(1993).「중년 여성의 갱년기 증상과 자기건강관리(Self-Care)와 관련성 조사 연구」.『한국보건교육학』, 10(1), 72-86.

민무숙(1995).「노모와 성인딸/며느리 간의 상호원조유형이 부양부담도에 미치는 영향」.『한국노년학』, 15(1), 74-90.

박경숙(2003).「세대관계의 다양성과 구조」.『한국사회학』, 36(2), 61-94.

박성옥, 김정훈(1995).「취업모의 가정생활과 일의 균형을 위한 방안 모색」.『대한가정학회지』, 33(5), 12-25.

박수정(1992).「중년기 부인의 사회관계망과 심리적 복지감에 관한 연구」. 숙명여자대학교 석사학위논문.

박재순(1995).「중년후기 여성의 건강증진 행위 모형구축」. 서울대학교 대학원 박사학위논문.

박주희(2003).「동아시아 기혼여자대학원생들과 미국 기혼여자대학원생들의 가족 및 직업역할 만족도와 긴장도」.『대한가정학회지』, 41(6), 29-45.

배진희, 김규태(2009).「무용 프로그램이 비만 중년여성의 신체조성 및 정신건강에 미치는 영향」.『한국체육과학』, 18(1), 753-760.

백기청(1991).「스트레스와 생활사건」.『한양대학교 정신건강연구』, 10, 10-36.

변외진, 김춘경(2006a).「중년여성의 우울 관련변인에 관한 연구」.『대한가정학회지』, 44(7), 125-139.

변외진, 김춘경(2006b).「중년여성의 사회인구학적 변인, 자아분화, 내면체계가 자아정체감에 미치는 영향」.『대한가정학회지』, 44(12), 155-165.

보건복지가족부(2010).「마음의 감기 우울증 자가진단 해보세요!」. 2. 10. 보도자료.

서미혜, 오가실(1993).「만성질환자 가족의 부담감에 관한 연구」.『간호학회지』, 23(3), 467-486.

서병숙, 장선주(1990).「노모와 성인 딸/며느리 간의 상호원조유형이 부양부담도에 미치는 영향」.『한국노년학』, 15(1), 74-90.

서정아, 한경혜(1998).「가족 및 직업 특성이 중 · 장년기 남성의 심리적 복지감에 미치는 영향」.『한국가정관리학회지』, 16(2), 165-177.

석지혜, 홍상욱, 배옥현(1999).「중년기 여성의 스트레스 생활사건 및 자아개념과 우울과의 관계」.『새마을지역개발연구』, 24, 99-117.

성준모(2010).「저소득층 중년여성의 관계만족과 자아존중감이 우울에 미치는 영향에 대한 종단 연구」.『보건사회연구』, 30(2), 110-133.

손연정, 송주은, 윤현경(2009).「중년여성의 비만도에 따른 냉소감, 스트레스 및 주관적 건강 상태」. 『한국모자보건학』, 13(1), 84-95.

손유기, 이정우(1999). 「남편의 가정내 역할인지와 역할수행에 관한 연구」. 『한국가정관리학』, 17(4), 1-14.

손정연, 한경혜(2009). 「장기요양보호노인을 돌보는 배우자의 부양동기, 가족관계의 질이 부양부담 및 부양경험의 보상에 미치는 영향: 남녀 차이를 중심으로」. 『가족과 문화』, 21(2), 81-109.

송진영(2009). 「중년 취업남성의 다중역할 몰입과 심리적 안녕감 간의 관계-자기효능감의 매개효과를 중심으로」. 『한국사회복지조사연구』, 22, 58-81.

송효석(1989). 「가족의 노인부양에 관한 연구」. 연세대학교 대학원 석사학위논문.

신기영(1991). 「중년기 주부의 위기감과 사회관계망 지원에 관한 연구」. 서울대학교 대학원 석사학위논문.

신기영(1999). 「중년기 기혼 취업여성의 가족역할과 직업역할의 보상/비용에 따른 심리적 복지」. 서울대학교 대학원 박사학위논문.

양옥경(2000). 「의존성 노인의 부양에 관한 연구」. 『사회과학연구논총』, 5, 167-190.

원효종(1997). 「도시 핵가족 주부의 사회관계망 유형 연구」. 서울대학교 대학원 박사학위논문.

유계숙(2010). 「맞벌이 부부의 가사분담이 남편과 부인의 결혼만족도에 미치는 영향」. 『한국자원경영학회지』, 15(1), 117-136.

유조안(2000). 「저소득층 편모의 심리적 디스트레스에 미치는 사회적 관계망의 영향」, 서울대학교 대학원 석사학위논문.

윤성은, 한경혜(2002). 「부양지원 경험의 보상이 심리적 복지감에 미치는 영향」. 『대한가정학회지』, 40(9), 207-221.

윤현숙(2003). 「노부모와 자녀 간의 지원교환이 노인의 심리적 안녕에 미치는 영향」. 『한국노년학』, 23(3), 15-28.

윤현숙, 차흥봉, 조양순(2000). 「뇌졸중 노인 부양가족의 부양부담과 우울에 미치는 영향요인에 관한 연구」. 『한국노년학』, 20(2), 137-153.

이가옥(1990). 「노인부양체계 및 노인부양지표의 개발」. 『한국노년학』, 10(1), 146-162.

이경순(1996). 「치매환자 가족의 돌봄 경험」. 『정신간호학회지』, 5(2), 50-58.

이동준, 박태섭(2009). 「중년기 비만여성에 있어서 건강지표를 위한 비만연령의 개발」. 『한국생명과학』, 19(10), 1403-1409.

이미숙(1996). 「사회적 지원의 심리적 효과: 주효과와 완충효과의 검증을 위한 이론적 모델과 방법론」. 『한국사회학』, 30(여름호), 449-472.

이미숙(2003). 「사회적 스트레스와 중년기 남성의 정신건강: 피고용 직장인을 중심으로」. 『한국사회학』, 37(3), 25-56.

이선이(1995). 「가정주부와 취업주부의 생활사건스트레스와 정신건강에 관한 연구」. 『한국보건간호학회지』, 9(2), 69-79.

이숙현 1(1995). 「남성의 취업과 가족 상호작용: 대기업 사원을 중심으로」. 『한국사회학』, 1, 271-289.

이숙현(1998). 「남성과 여성의 일/가족 갈등」. 『연세여성연구』, 3, 173-194.

이숙현(1999). 「노인과 간병」. 여성한국사회연구회 편. 『노인과 한국사회』. 사회문화연구소, 231-261.

이숙현, 손승영(1992). 「확대가족에서의 세대 간 동거만족도 비교」. 『한국사회학』, 26(겨울호), 145-164.

이순영(1993). 「한국인의 건강관심도, 건강실천행위 및 건강수준간의 구조분석」. 연세대학교 대학원 박사학위논문.

이영미, 최윤선, 홍명호(1997). 「건강한 성인 남자에서 가족기능, 생활사건 스트레스, 우울간의 상관관계」. 『가정의학회지』, 18(12), 1483-1499.

이원숙(1995). 『사회적 망과 사회적 지지이론: 실천적 접근』. 홍익재.

이윤석(2010). 「취업한 기혼 남녀의 일과 가족 전이」. 『한국인구학』, 33(2), 1-31.

이은아, 정혜정(2007). 「중년 남성의 심리적 위기감과 관련된 개인 및 가족 요인」. 『한국가족관계학회지』, 12(2), 301-329.

이은희(2000). 「일-가족 갈등의 통합적인 모형: 유입, 교차, 조절효과의 공변량 구조분석」. 전남대학교 대학원 박사학위논문.

이은희, 최정화(2004). 「농촌 중년여성의 시부모부양 스트레스와 정신건강에 관한 연구」. 『노인복지학』, 23, 231-251.

이인정(1997). 「가족 및 직장에서의 지지적 관계가 직장인들의 건강에 미치는 영향」. 『가족학논집』, 9, 107-127.

이정화(2006). 「농촌노인의 성과 연령에 따른 신체적, 정신적, 사회적 건강의 상호관계」. 『한국지역사회생활과학회지』, 17(2), 15-30.

이현송(1999). 「주관적 이혼 사유의 변화-법원 자료를 이용하여」. 『가족과 문화』, 11(2), 73-97.

이형실(1992). 「노부모 부양경험의 차이에 관한 연구」. 『한국노년학』, 12(2), 41-50.

이형실(2001). 「기혼 취업 여성과 남성의 가족 및 직업 스트레스와 심리적 복지」. 『한국가정관리학회지』, 2, 143-152.

이희백(2009).「중년기 부부갈등 요인에 관한 연구-아내의 관점에서」.『한국동서정신과학회지』, 12(1), 77-88.

임정빈, 조혜정(1993).「도시 가정의 생활사건 요인구조와 관련변인」.『대한가정학회지』, 31(4), 115-132.

장미자, 김득성(2011).「개인내적 특성과 가족 특성 및 직업만족도가 중년남성의 심리적 복지감에 미치는 영향: 베이비붐 세대 대기업 근무자를 중심으로」.『대한가정학회지』, 49(2), 1-11.

장수정, 송다영, 김은지(2009).「일가족 양립갈등에 영향을 미치는 요인 분석: 직장 내 지원과 가족지원의 영향력을 중심으로」.『사회복지정책』, 37(3), 27-52.

장하경(1992).「중년기 여성의 우울증에 관한 연구」.『한국가정관리학회지』, 10(2), 263-276.

장휘숙(2011).「호위대 모델에 기초한 한국 중년 성인들의 가까운 사회적 관계」.『한국발달심리학회지』, 24(1), 1-18.

전길량, 김태현(1993).「노모와 성인 딸 간의 상호작용과 부양기대감-부양기대요인을 중심으로」.『한국노년학』, 13(1), 17-38.

전서영, 박정윤, 김양희(2008).「기혼 남녀의 일-가족 갈등에 따른 가족건강성의 차이에 관한 연구」.『한국가족자원경영학회지』, 12(3), 59-79.

전신현(1996).「여성의 가정에서의 역할 긴장과 정신 건강: 역할정체성 이론 관점에서의 논의를 중심으로」.『가족과 문화』, 창간호, 103-126

정경희(1995).「노인들의 사회적 연계망에 관한 연구」.『한국노년학』, 15(2), 52-68.

정기원(2001).「노부모와 별거 성인자녀와의 가족유대-정서적 지원에 대한 교환 이론적 접근」.『한국인구학』, 24(1), 123-148.

정성호(2006).『중년의 사회학』. 살림.

정순희(2001).「취업주부의 역할갈등과 취업중단의사 관련 변수에 대한 연구」.『대한가정학회지』, 39(3), 35-45.

조정아, 정소희, 소천, 남기남(1999).「직장인의 스트레스 양과 정신건강 상태와의 관계」.『가정의학』, 20(2), 167-175.

차승은, 한경혜(2003).「직업, 가족 그리고 중년기 신체적 건강: 남녀 차이를 중심으로」.『가족과 문화』, 15(2), 33-60.

차승은, 한경혜, 이정화(2002).「농촌 노인의 지각된 건강과 신체 · 정신 · 사회적 건강의 관련성에 관한 연구」.『한국노년학』, 22(1), 173-190.

최광심, 오현이, 심정신(2008). 「중년여성의 갱년기 증상, 우울과 대처와의 관계」. 『농촌의학 · 지역보건』, 33(3), 335-345.

최연실(1996). 「청소년자녀기 가족의 가족 스트레스에 관한 연구」. 서울대학교 대학원 박사학위논문.

최혜경(2000). 「노인의 삶의 질 향상을 위한 가족부양의 방향」. 『노인복지연구』, 10, 141-164.

최희경(1995). 「직장생활과 가정생활의 관계: 직장-가정 갈등과 개인차변인, 가정변인, 직장변인의 관계」. 서울대학교 대학원 석사학위논문.

한경혜(1998). 「만성질환노인 부양체계로서의 가족의 역할: 21세기 변화전망 및 지원책 모색」. 『한국노년학』, 18(1), 46-58.

한경혜(1998). 「중년기 남성의 역할 중요도와 일/가족 갈등」. 『가족과 문화』, 2, 93-113.

한경혜, 김상욱(2010). 「세대 간 지원교환 설명요인에 있어서의 부계와 모계의 비교」. 『한국사회학』, 44(4), 1-31.

한경혜, 김주현, 강혜원(2004). 「성인 남녀의 이혼 과정 각 단계에서의 성별 차이」. 『한국가족관계학회지』, 9(2), 93-118.

한경혜, 김주현, 김경민(2003). 「중년기 남녀의 사회적 관계망과 정신건강」. 『한국노년학』, 23(2), 155-170.

한경혜, 송지은(2001). 「중년 남성의 건강에 가족 및 직업 특성이 미치는 영향」. 『가족과 문화』, 13(1), 51-73.

한경혜, 윤성은(2002). 「한국 성인남녀의 부양지원 제공 실태와 특성」. 『한국가정관리학』, 20(1), 65-73.

한경혜, 윤성은(2003). 「한국 성인남녀의 생애단계에 대한 인식과 연령정체성」. 한국노년학회 추계학술대회 발표자료집.

한경혜, 윤성은(2004). 「한국가족 친족관계의 양계화 경향: 세대관계를 중심으로」. 『한국인구학회지』, 20(2), 177-203.

한경혜, 이정화, Ryff, C., Marks, N.(2001). 「성공적인 중년기 발달요인 탐색: 정신건강 및 일/가족 라이프코스의 한 · 미간 비교연구」. 학술진흥재단 협동연구 결과보고서.

한경혜, 이정화, Ryff, C., Marks, N., 옥선화(2002). 「중년기 남녀의 사회적 역할과 정신건강」. 『한국노년학』, 22(2), 209-225.

한경혜, 장미나(2009). 「기혼남녀근로자의 일 · 가족 균형과 관련요인: 남녀 차이를 중심으로」. 『한국가족학회』, 21(1), 85-115.

한경혜, 최현자, 은기수, 이정화, 주소현, 김주현(2011). 「한국 베이비부머들의 삶의 지평」.

MetLife Mature Market Institute.

한경혜, 한민아(2004).「성인자녀의 세대가 지원교환 유형과 결정요인」.『가족과 문화』, 16(1), 37-61.

한경혜, 장미나(2009).「기혼남녀근로자의 일-가족 균형과 관련요인: 남녀 차이를 중심으로」.『가족과 문화』, 21(1), 85-115.

홍선희(1997).「關與, 期待 및 支持가 직장-가정 갈등에 미치는 영향: 맞벌이 부부를 중심으로」. 중앙대학교 대학원 석사학위논문.

Nick & Stinnet, N.(1999).『환상적인 가족 만들기』. 제석봉, 박경 역. 학지사.

Albert, S.M.(1991). "Cognition of Caregiving Tasks: Multidimensional Scaling of the Caregiver Task Domain." *The Gerontologist*, 31, 726-734.

Aldwin, C.M.(1991). "Does Age Affect the Stress and Coping Process? The Implication of Age Differences in Perceived Locus of Control." *Journal of Gerontology, Psychological Sciences*, 46, 174-180.

Aldwin, C.M. & Levenson, M.R.(1986). "Vulnerability to Economic Stress." *American Journal of Community Psychology*, 14, 161-175.

Aldwin, C.M. & Levenson, M.R.(2001). "Stress, Coping, and Health at Midlife: A Developmental Perspective." In M.E. Lachman(ed.). *Handbook of Midlife Development*, 188-214. New York: John Wiley & Sons, Inc.

Allen, K.R., Blieszner, R. & Roberto, K.A.(2000). "Families in the Middle and Later Years: A Review and Critique of Research in 1990's." *Journal of Marriage and the Family*, 62, 911-926.

Allport, G.W.(1961). *Pattern and Growth in Personality*. New York: Holt, Rinehart & Winston.

Aneshensel, C.S., Frerichs, R.R. & Clark, V.A.(1981). "Family Roles and Sex Differences in Depression." *Journal of Health and Social Behavior*, 22(Dec), 379-393.

Annandale, E. & Hunt, K.(2000). *Gender Inequalities in Health*. Open University Press: London.

Antonucci, T.C. & Akiyama, H.(1997). "Concern with Others at Midlife: Care, Comfort, or Compromise?" In M.E. Lachman & J.B. James(eds.). *Multiple Paths of Midlife Development*(pp. 147-169). Chicago and London: The University of Chicago Press.

Antonucci, T.C., Akiyama, H. & Lansford, J.E.(1998). "Negative Effects of Close Cocial

Relations." *Family Relations*, 47(4), 379-384.

Antonucci, T.C., Akiyama, H. & Merline, A.(2001a). "Dynamics of Social Relationships in Midlife." In Lachman, M.E.(ed.). *Handbook of Midlife Development*(pp. 571-598). New York: John Wiley & Sons Inc.

Antonucci, T.C., Lansford. J.E., Schaberg, L. & Smith, J.(2001b). "Widowhood and Illness: A Comparison of Social Networks Characteristics in France, Germany, Japan and United States." *Psychology and Aging*, 16(4), 655-665.

Archbold, P.G.(1983). "Impact of Parent-Caring on Women." *Family Relations*, 32(1), 39-45.

Avron, S.(2001) *Health in Midlife: Toward a Life-Span View*, 156-187. In Handbook of midlife.

Barer, B.M. & Johnson, C.L.(1990). "A Critique of Caregiving Literature." *The Gerontologist*, 30, 26-29.

Barnett, R.C.(1994). "Home-to-Work Spillover Revisited: A Study of Full-Time Employed Women in Dual-Earner Couples." *Journal of Marriage and the Family*, 56, 647-656.

Barnett, R.C.(1997). "Gender, Employment and Psychological-Wellbeing: Historical and Life Course Perspectives." in Lachman, M.E. & James, J.B.(eds.). *Multiple Paths of Midlife Development*. Chicago: The University of Chicago Press.

Barnett, R.C.(1999). "A New Work-Life Model for the Twenty-First Century." *The Annals of the Academy of Political and Social Science*, 562, 143-158.

Benyamini Y., Leventhal H. & Leventhal E.A.(1999). "Self-Assessments of Health: What Do People Know That Predicts Their Mortality?" *Research on Aging*, 21: (4), 477-500.

Berkman & L.B.(1983). *Health and Ways of Living*. New York, NY: Oxford University Press.

Bird, C.E.(1999). "Gender, Household Labor, and Psychological Distress: The Impact of the Amount and Division of Housework." *Journal of Health and Social Behavior*, 40, 32-45.

Blaxter, M.(1985). "Self-Definition of Health Status and Consulting Rates in Primary Care." *Quarterly Journal of Social Affairs*, 1, 131-171.

Brody, E.M.(1981). "Women in the Middle and Family Help to Older People." *The Gerontologist*, 21, 19-29.

Browman, L.C., Riba, M.L. & Trahan, M.R.(1996). "Traumatic Events and Marital Well-Being." *Journal of Marriage and Family*, 58(4), 908-916.

Brown, G.W. & Harris, T.(1978). *Social Origins of Depression: A Study Psychiatric Disorder in Women*. London: Routledge.

Brubaker, T.(1990). "Families on Later Life: A Burgeoning Research Area." *Journal of Marriage and the Family*, 52, 677-688.

Buhler, C.(1935). "The Curve of Life as Studied in Biographies." *Journal of Applied Psychology*, 19, 405-409.

Cantor, M.H.(1979). "Neighbors and Friends: An Overlooked Resource in the Informal Support System." *Research on Aging*, 1, 435-463.

Chiriboga, D.A.(1997). "Crisis, Challenge, and Stability in the Middle Years." In M.E. Lachman & J.B. James(eds.). *Multiple Paths of Midlife Development*(pp. 293-322). Chicago: The University of Chicago Press.

Clark-Plaskie, M. & Lachman, M.E.(1999). "The Sense of Control in Midlife." In S.L. Willis & J.D. Reid(eds.). *Life in the Middle*(pp. 181-208). San Diego: Academic Press.

Cohen, S. & Wills, T.A.(1985). "Stress, Social Support, and the Buffering Hypothesis." *Psychologiclal Bulletin*, 98(2), 310-357.

Coleman L.M., Antonucci, T. & Adelmann, P.K.(1987). "Role Involvement, Gender, Wellbeing." in F.J. Crosby(ed.). *Spouse, Parent, Worker: On Gender and Multiple Roles*. New haven: Yale University Press.

Coser L.A.(1974). *Greedy Institutions: Patterns of Undivided Commitment*. New York: Free Press.

Crouter, A.C.(1984). "Spillover for, Family to Work: The Neglected Side of the Work-Family Interface." *Human Relations*, 37(6), 425-442.

DeFrank, R. & Ivancevich, J.M.(1986). "Job Loss: An Individual Level Review and Model." *Journal of Vocational Behavior*, 19, 1-20.

Dohrenwend, B.S.(1973). "Social Status and Stressful Life Events." *Journal of Personality and Social Psychology*, 9, 203-214.

Due, P., Holstein, B., Lund, R., Modvig, J. & Avlund, K.(1999). "Social Relations: Network, Support and Relational Strain." *Social Science & Medicine*, 48, 661-673.

Dwyer J.W., Coward R.T.(1991). "A Multivariate Comparison of the Involvement of Adult Sons Versus Daughters in the Care of Impaired Persons." *Journal of Gerontology: Social Sciences*, 46, 259-269.

Dywer, J.W. & Miller, M.K.(1990). "Differences in Characteristics of the Caregiving Network by Area of Residence: Implications for Primary Caregiver Stress and Burden."

Family Relations, 39, 27-37.

Eagle, B.W., Icenogle, M.L., Maes, J.D. & Miles, E.W.(1998). "The Importance of Employee Demographic Profiles for Understanding Experiences of Work-Family Interrole Conflicts." ***The Journal of Social Psychology***, 138(6), 690-709.

Eagle, B.W., Miles, E.Q. & Icenogle. M.L.(1997). "Interrole Conflicts and the Permeability of Work and Family Domains: Are There Gender Differences?" ***Journal of Vocational Behavior***, 50, 168-184.

Edwards, J.R. & Rothbard, N.P.(2000). "Mechanisms Linking Work and Family: Clarifying the Relationship between Work and Family Constructs." ***Academy of Management Review***, 25(1), 178-199.

Edwards, J.R.(2001). "Multidimensional Constructs in Organizational Behavior Research: An Integrative Analytical Framework." ***Organizational Research Methods***, 4, 144-192.

Elder, G.H. Jr. & Caspi, A.(1988). "Economic Stress in Lives: Development Perspectives." ***Journal of Social Issues***, 44, 25-45.

Elder, G.H., George, L.K. & Shanahan, M.J.(1996). "Psychological Stress Over the Life Course." In Howard B. Kaplan(ed.). ***Psychosocial Stress: Perspective on Structure, Theory, Life Course, and Methods***, 247-292. Orlando. FL: Academic Press.

Ensel, W.M., Peek, M.K., Lin, N. & Lai, G.(1996). "Stress in the Life Course: A Life History Approach." ***Journal of Aging and Health***, 8(3), 389-416.

Erikson, E.H.(1959). "Identity and the Life Cycle." Part One. ***Psychological Issues***. New York: International Universities Press.

Farran C.J., Keane-Hagerty E., Salloway S., Kupferer S. & Wilken C.S.(1991). "Finding Meaning: an Alternative Paradigm for Alzhemer's Disease Family Caregivers." ***Rush University College of Nursing***, Chicago, IL.

Farran, C.J.(1997). "Theoretical Perspectives Concerning Positive Aspects of Caring for Elderly Persons with Dementia: Stress/Adaptations and Existentialism." ***The Gerontologist***, 37, 250-256.

Fox, G.L. & Chancey, D.(1998). "Sources of Economic Distress." ***Journal of Family Issues***, 19(6), 725-749.

Frone, M.R., Russell, M. & Cooper, M.L.(1992a). "Antecedents and Outcomes of Work-Family Conflict: Testing a Model of the Work-Family Interface." ***Journal of Applied Psychology***, 77(3), 65-78.

Frone, M.R., Russell, M. & Cooper, M.L.(1992b). "Prevalence of Work-Family Conflict:

Are Work and Family Boundaries Asymmetrically Permeable?" *Journal of organizational behavior*, 13, 732-729.

Frone, M.R., Russell, M. & Cooper, M.L.(1994). "Relationship between Job and Family Satisfaction: Causal or Noncausal Covariation?" *Journal of Management*, 20, 565-579.

George, L.K. & Gwyther, L.P.(1986). "Caregiver Well-Being: A Multidimensional Examination of Family Caregivers of Demented Adults." *The Gerontologist*, 26, 253-259.

Glezer, H. & Wolcott, I.(1999). "Work and Family Life; Reciprocal Effects." *Family Matters*, 53, 69-74.

Gore, S.L. & T.W. Mangione(1983). "Social Roles, Sex Roles, and Psychological Distress: Additive and Interactive Models of Sex Differences." *Journal of Health and Social Behavior*, 24, 300-312.

Gore, S. & Mangione, T.W.(1993). "Social Roles, Sex Roles and Psychological Distress: Additive and Interactive Models of Sex Difference." *Journal of Health and Social Behavior*, 24, 300-312.

Gove, W.R. & Geerkeen(1977). "The Effect of Children and Employment on the Mental Health of Married Men and Women." *Social Forces*, 56(1), 66-76.

Graham, H.(1993). *Hardship and Health in Women's Lifes*. London: Harvester Wheatsheaf.

Grzywacz, J.G. & Marks, N.F.(2000). "Reconceptualizing the Work-Family Interface: An Ecological Perspective on the Correlates of Positive and Negative Spillover between Work and Family." *Journal of Marriage and the Family*, 52, 1079-1098.

Grzywacz, J.G. & Marks, N.F.(1999). "Family Solidarity and Health Behaviors: Evidence from the National Survey of Midlife Development in the United States(MIDUS)." *Journal of Family Issues*, 20(2), 243-268.

Gutek, B.A., Searle S. & Klepa, L.(1991). "Rational Versus Gender Role Explanations for Work-Family Conflict." *Journal of Applied Psychology*, 76(4), 560-568.

Hammer, L.B. & Neal, M.B.(2000). "The Effects of Work and Family Coping Strategies on General Well-Being Time." Paper prepared for presentation at the 53rd Arrival Scientific Meeting of the Gerontological Society of America.

Hill, E.J., Hawkins, A.J., Ferris, M. & Weitzman, M.(2001). "Finding an Extra Day a Week: The Positive Influence of Perceived Job Flexibility on Work and Family Life Balance." *Family Relations*, 50, 49-54.

Hogan, D.P., Eggebeen, D.J. & Clogg, C.C.(1993). "The Structure of Intergenerational Exchanges in American Families." *American Journal of Sociology*, 98(6), 1428-1458.

Horowitz, A.(1985). "Family Caregiving to the Frail Elderly." In C. Eisdorfer, M.P. Lawton & G.L. Maddox(eds.). *Annual Review of Gerontology and Geriatrics*, 5, 194-246. New York: Springer.

Horowitz, A.(1992). "Methodological Issues in the Study of Gender within Family Caregiving Relationship." In J.W. Dwyer & R.T. Coward(eds.). *Gender, Families, and Elder Care*, 132-150. Newbury Park, CA: Sage.

Hoyert, D.L. & Seltzer, M.M.(1992). "Factors Related to the Well-Being and Life Activities of Family Caregivers." *Family Relations*, 41, 74-81.

Ingersoll-Dayton, B., M.E. Starrels and D. Dowler(1996). "Caregiving for Parents and Parents-in-law: Is Gender Important?" *The Gerontologist*, 36, 483-491.

Ingersoll-Dayton, B., Morgan, D. & Antonucci, T.(1997). "The Effects of Positive and Negative Social Exchanges on Aging Adults." *Journal of Gerontology: Social Sciences*, 52B(4), 190-199.

Jahoda, M.(1988). "Economic Recession and Mental Health: Some Conceptual Issues." *Journal of Social Issues*, 44(4), 13-23.

Jung, C.G.(1933). *Psychological Types*. New York: Harcourt, Brace.

Kahn. R.L. & Antonucci, T.C.(1980). "Convoys over the life Course: Attechment, Roles, and Social Support." In P.B. Baltes & O. Brim(eds.). *Life-Span Development and Behavior*, 3. New York: Academic Press.

Kessler, R.C.(1979). "Stress, Social Status and Psychological Stress." *Journal of Health and Social Behavior*, 20, 259-272.

Kessler, R.J., Turner, R.J. & House, J.(1987). "Intervening Processes in the Relationship between Unemployment and Health." *Psychological Medicine*, 17, 959-961.

Keyes, C.L.M. & Ryff, C.D.(1998). "Generativity in Adult Lives: Social Structural Contours and Quality of Life Consequences." In D.P. McAdams & E. de St. Aubin(eds.). *Generativity and Adult Development: How and Why We Care for the Next Generation*, 227-263. Washington, D.C.: American Psychological Association.

Keyes, C.L.M. & Ryff, C.D.(1999). "Psychological Well-Being in Midlife." In S.L. Willis & J.D. Reid(eds.). *Life in the Middle*(pp. 161-180). San Diego: Academic Press.

Kim, J.E. & Moen, P.(2001). "Moving into Retirement: Preparation and Transitions in Late Midlife." In M.E. Lachman(ed.). *Handbook of Midlife Development*, 487-527. New York: John Wiley & Sons, Inc.

Kramer, B.J.(1997). "Gain in the Caregiving Experience: Where are We? What Next?" *The*

Gerontologist, 37, 218-232.

Lahelman, E. & Rahkonen, O.(1998). "Introduction to Special Issues, Health Inequalities in Modern Societies and Beyond." *Social Sciences and Medicine*, 44(6), 721-722.

Lakey, B., Tardiff, T.A. & Drew, J.B.(1994). "Negative Social Interactions: Assessment and Relations to Social Support, Cognition, and Psychological Distress." *Journal of Social and Clinical Psychology*, 13(1), 42-62.

Lambert, S.J.(1990). "Processes Linking Work and Family: A Critical Review and Research Agenda." *Human Relations*, 43, 239-257.

Lang, A.M. & E.M. Brody(1983). "Characteristics of Middle-Aged Daughters and Help to Their Elderly Mothers." *Journal of Marriage and the Family*, 45(2), 193-202.

Lavee, Y., McCubbin, H.I. & Olson, D.H.(1987). "The Effect of Stressful Life Events and Transitions on Family Functioning and Well-Being." *Journal of Marriage and the Family*, 49, 857-873.

Lawton, M.P., Moss, M., Kleban, M.H., Glicksman, A. & Rovine. M.(1991). "A Two-Factor Model of Caregiving Appraisal and Psychological Well-Being." *Journal of Gerontology: Psychological Science*, 46, 181-189.

Lee, G.R., Netzer, J.K. & Coward, R.T.(1995). "Depression Among Older Parents: The Role of International Exchanges." *Journal of Marriage and the Family*, 57, 823-833.

Lepore, S. J.(1992). "Social Conflict, Social Support, and Psychological Distress: Evidence of Cross-Domain Buffering Effect." *Journal of Personality and Social Psychology*, 63, 857-867.

Levesque, L., Cossette, S. & Laurin, L.(1995). "A Multidimensional Examination of the Psychological and Social Well-Being of Caregivers of a Demented Relative." *Research on Aging*, 17, 332-360.

Liem, R. & Liem, J.H.(1988). "Psychological Effects of Employment on Workers and Their Families." *Journal of Social Issues*, 44, 87-105.

Marks, N.F.(1994). "Midlife caregiving: Do Effects Differ by Gender?" *NSFH Working Paper*, 64.

Marks, N.F.(1996). "Caregiving Across the Lifespan: National Prevalence and Predictors." *Family Relations*, 45, 27-36.

Marks, N.F.(1998). "Does It Hurt to Care? Caregiving, Work-Family Conflict, and Midlife Well-Being." *Journal of Marriage and the Family*, 60, 951-966.

Marks, N.F. & Lambert, J.D.(1997). "Family Caregiving: Contemporary Trends and Issues."

NSFH Working Paper No.78. Madison: A National Survey of Families and Households.

Marks, N.F. & Lambert, J.D.(1999). "Transitions to Caregiving, Gender, Psychological Well-Being: Prospective Evidence from the National Survey of Families and Households." *NSFH Working Paper*, 82.

Marks, S.R. & Macdermid, S.M.(1996). "Multiple Roles and the Self: A Theory of Role Balance." *Journal of Marriage and the Family*, 58, 417-432.

Marks, S.R.(1977). "Multiple Roles and Role Strain: Some Notes on Human Energy, Time, and Commitment." *American Sociological Review*, 42(4), 921-936.

Maslow, A.H.(1968). *Toward a Psychology of Being*. New York: D. Van Nostrand Company.

McLanahan, S. & Adams, J.(1989). "The Effects of Children on Adults' Psychological Well-Being, 1957-1976." *Social Forces*, 68, 124-146.

Merrill, D.M.(1998). "Daring for Elderly Parents: Juggling Work, Family, and Caregiving in Middle and Working Class Families." *Journal of Marriage and Family*. 60(4), 1040-1041.

Merton, R.K.(1957). *Social Theory and Social Structure*. New York: Free Press.

Milardo, R.(1988). "Families and Social Networks: An Overview of Theory and Methodology." *Networks*, 13-47. Beverly Hill: Sage.

Moen, P. & Wethington, E.(1999). "Midlife Development in a Life Course Context." In Willis, S.L., Reid, J.D.(eds.). *Life in the Middle: Psychological and Social Development in Middle Age*. San diago: Academic press.

Moen, P., Robinson, J. & Dempster-McClain, D.(1995). "Caregiving and Women's Well-Being: A Life Course Approach." *Journal of Health and Social behavior*, 36, 259-273.

Moore, G.(1990). "Structural Determinants of Man's and Women's Personal Networks." *American Sociological Review*, 55, 726-735.

Nettleton, S.(1997). *The Sociology of Health and Illness*(H.J. Cho, Trans. p. 36). Seoul: Hanwool Academy.

Neugarten, B.L.(1973). "Personality Change in Late Life: A Developmental Perspective." Em C. Eisdorfer & M.P. Lawton(Orgs.). *The Psychology of Adult Development and Aging*(pp. 311-335). Washington: American Psychological Association.

Neugarten, Bernice L.(1968). *Middle Age and Aging: A Reader in Social Psychology*. Chicago: University of Chicago Press.

Nippert-Eng, C.E. ed.(1996). *Home and Work: Negotiating Boundaries Through Everyday Life*. Chicago and London: The University of Chicago Press.

Nolan, M., Grant, G. & Keady, J.(1996). *Understanding Family Care*. Buckingham: Open University Press.

Noonan, A.E. & Tennstedt, S.L.(1997). "Meaning in Caregiving and Its Contribution to Caregiver Well-Being." *The Gerontologist*, 37, 785-794.

Norris, F.N. & Murrell, S.A.(1987). "Older Adult Family Stress and Adaptation Before and After Bereavement." *Journal of Gerontology*, 42, 606-612.

Okun, M.A. & Keith, V.M.(1998). "Effects of Positive and Negative Social Exchanges with Various Sources on Depressive Symptoms in Younger and Older Adults." *Journal of Gerontology: Social Sciences*, 53B(1), 4-30.

Okun, M.A., Melichar, J.F. & Hill, M.D.(1990). "Negative Daily Events, Positive and Negative Social Ties, and Psychological Distress Among Older Adults." *The Gerontologist*, 30(2), 193-199.

Pagel, M.D., Erdly, W.W. & Becker, J.(1987). "Social Networks: We Get by with(and in spite of) a Little Help from Our Friends." *Journal of Personality and Social Psychology*, 53(4), 793-804.

Pearlin, L.I.(1983). "Role Strains and Personal Stress." In H.B. Kaplan(ed.). *Psychosocial Stress*, 3-32. New York: Academic Press.

Pearlin, L.I.(1989). "The Sociological Study of Stress." *Journal of Health and Social Behavior*, 30, 241-256.

Pearlin, L.I., Menaghan, E.G., Lieberman, M.A. & Mullan, J.T.(1981). "The Stress Process." *Journal of Health and Social Behavior*, 22, 337-356.

Pearlin, L.I., Mullan, J.T., Semple, S.J. & Skaff, M.M.(1990). "Caregiving and Stress Process: An Overview of Concepts and Their Measures." *The Gerontologist*, 30, 583-594.

Pearlin, L.(1975). "Sex Roles and Depression." in N. Datan & L.H. Grisber(eds.). *Life-Span Developmental Psychology: Normal Life Crisis*, 191-208.

Perkins, H.W. & Harris, L.B.(1990). "Familial Bereavement and Health in Adult Life Course Perspective." *Journal of Marriage and the Family*, 52, 233-241.

Pleck(1985). *Working wives, working husbands*. Beverly Hills, CA: Sage Publication.

Pleck, J.H.(1977). "The Work-Family Role System." *Social Problems*, 24, 412-427.

Pugliesi, K.(1995). "Work and Well-being: Gender Differences in the Psychological Consequences of Employment." *Journal of Health and Social Behavior*, 36, 57-71.

Radloff, L.S.(1975). "Sex Differences in Depression: The Effects of Occupation and Marital

Status," *Sex Roles*, 1, 259-265.

Radloff, L.S. & Rae, D.S.(1981). "Components of the Sex Difference in Depression." In R. G. Simmons(ed.). *Research in Community and Mental Health*. JAI Press.

Rayman, P.(1983). *Out of Work: The Effects of Urban Unemployment*. Unpublished paper, Brandeis University.

Riedel, S.E., Fredman, L. & Langenberg, P.(1998). "Association Among Caregiving Difficulties, Burden, and Rewards in Caregivers to Older Post-Rehabilitation Patients." *Journal of Gerontology: Psychological Sciences*, 53B, 165-174.

Rogers, C.R.(1961). *On Becoming a Person*. Boston: Houghton Mifflin.

Rook, K.S.(1984). "The Negative Side of Social Interaction: Impact on Psychological Well-Being." *Journal of Personality and Social Psychology*, 46(5), 1097-1108.

Rook, K.S.(1997). "Positive and Negative Social Exchanges: Weighing Their Effects in Later Life." *Journal of Gerontology, Social sciences*, 52B(4), 167-169.

Ross, C.E. & John Mirowsky(1989). "Explaining the Social Patterns of Depression: Control and Problem Solving-or Support and Taking." *Journal of Health and Social Behavior*, 30, 206-219.

Ross, Catherine E. & Chloe E. Bird.(1994). "Sex Stratification and Health Lifestyle: Consequence for Men's and Women's Perceived Health." *Journal of Health and Social Behavior*, 35(June), 161-178.

Rossi, A.S. & Rossi, P.H.(1990). *Of Human Bonding: Parent-Child Relations Across the Life Course*. New York: Adline.

Rowe, J.W. & Kahn R.L.(1987). *Successful Aging*. Dell Publishing: New York.

Ryff, C.D., Lee, Y.H., Essex, M.J., Schmmutte, P.S.(1994). "My Children and Me: Midlife Evaluation of Grown Children and Self." *Psychological and Aging*, 9, 195-205.

Ryff, C.D. & Keyes, C.L.M.(1995). "The Structure of Psycholgical Well-Being Revisited." *Journal of Personality and Social Psychology*, 69, 719-727.

Ryff, C.D.(1989). "Happiness Is Everything, or Is It? Explorations on the Meaning of Psychological Well-Being." *Journal of Personality and Social Psychology*, 57, 1069-1081.

Ryff, C.D., Lee, Y.H. & Na, K.C.(1993). "Through the Lens of Culture: Psychological Well-Being at Midlife." Paper Presented at the Gerontological Society of America Meeting, New Orleans, LA.

Ryff, C.D., Schmutte, P.S. & Lee, Y.H.(1996). "How Children Turn Out: Implications for

Parental Self-Evaluation." In C.D. Ryff & M.M. Seltzer(eds.). *The Parental Experience in Midlife*, 383-422. Chicago: Chicago Press.

Scharlach, A.E.(1994). "Caregiving and Employment: Competing or Complementary Roles?" *The Gerontologist*, 34, 378-385.

Seigler, H.C.(1997). "Promising Health and Minimizing Stress in Midlife." In M.E. Lachman & J.B. James(eds.). *Multiple Paths of Midlife Development*. Chicago: The University of Chicago Press.

Shanas, E.(1980). "Older People and Their Families: The New Pioneers." *Journal of Marriage and the Family*, 42(1), 9-15.

Sherbourne, C. & Hays, R.(1990). "Marital Status, Social Support, and Health Transitions in Chronic Disease Patients." *Journal of Health and Social Behavior*, 4, 328-343.

Shi, L.(1993). "Family Financial and Household Support Exchange between Generations: A Survey of Chinese Rural Elderly." *The Gerontologist*, 33(4), 468-480.

Sieber, S.(1974). "Toward a Theory of Role Accumulation." *American Sociological Review*, 39, 567-578.

Simon, R.W.(1992). "Parental Role Strains, Salience of Parental Identity, and Gender Differences in Psychological Distress." *Journal of Health and Social Behavior*, 33, 25-35.

Soldo, B.J., C.A. Wolf & E.M. Agree(1990). "Family, Household, and Care Arrangements of Frail Older Woman: A Structural Analysis." *Journal of Gerontology*, 45, 238-249.

Spize, G. & Logan, J.(1990). "Sons, Daughters and Intergenerational Social Support." *Journal of Marriage and the Family*, 45, 851-857.

Staines, G.(1980). "Spillover Versus Compensation: A Review of the Literature on the Relationship between Work and Nonwork." *Human Relations*, 33, 111-129.

Starrels, M.E., Ingersoll-Dowler, B., Dowler, D.W. & Neal, M.B.(1997). "The Stress of Caring for a Parent: Effects of the Elder's Impairment on an Employed, Adult Child." *Journal of Marriage and the Family*, 59(4), 860-872.

Sterns, H.L. & Huyck, M.H.(2001). "The Role of Work in Midlife." In M.E. Lachman(ed.). *Handbook of Midlife Development*, 444-486. New York: John Wiley & Sons, Inc.

Stoller, E.P.(1985). "Exchange Patterns in the Informal Support Networks of the Elderly: The Impact of Reciprocity on Morale." *Journal of Marriage and the Family*, 47(2), 335-342.

Strawbridge, W.J. & Wallhagen, M.I.(1999). "Self-Rated Health and Mortality over Three Decades: Results from a Time-Dependent Covariate Analysis." *Research on Aging*, 21,

402-416.

Thoits, P.A.(1983). "Dimensions of Life Events That Influence Psychological Distress: An Evaluation and Synthesis of the Literature." In H.B. Kaplan(ed.). *Psychosocial Stress*, 33-103, New York: Academic.

Thoits, P.A.(1983). "Multiple Identities and Psychological Well-Being: A Reformulation and Test of the Social Isolation Hypothesis." *American Sociological Review*, 48, 174-187.

Thoits, P.A.(1992). "Identity Structures and Psychological Well-Being: Gender and Marital Status Comparison." *Social Psychology Quarterly*, 55(3), 236-256.

Thoits, P.A.(1995). "Stress, Coping and Social Support Processes: Where are We? What Next?" *Journal of Health and Social Behavior*(extra issues), 53-79.

Turner, J.C.(1982). "Towards a Cognitive Redefinition of the Social Group." In H. Tajfel(ed.). *Social Identity and Intergroup Relations*, 15-40. Cambridge, UK: Cambridge University Press.

Umberson, D.(1992). "Relationships between Adult Children and Their Parents: Psychological Consequences for Both Generations." *Journal of Marriage and the Family*, 54(6), 664-674.

Veroff, J., Douvan, E. & Kulka, R.(1981). *The Inner American: A Self-Portrait From 1957-1976*. New York: Basic Books.

Vinokur, A.D., Price, R.H. & Caplan, R.D.(1996). "Hard Times and Hurtful Partners: How Financial Strain Affects Depression and Relationship Satisfaction of Unemployed Persons and Their Spouses." *Journal of Personality and Social Psychology*, 71(1), 166-179.

Voydanoff, P. & Kelley, R.F.(1984). "Developments of Work-Related Family Problems among Employed Parents." *Journal of Marriage and the Family*, 46, 881-892.

Voydanoff, P.(1988). "Work Role Characteristics, Family Structure Demands, and Work/Family Conflict." *Journal of Marriage and the Family*, 50, 749-761.

Voydanoff, P.(1990). "Economic Distress and Family Relations: A Review of the Eighties." *Journal of Marriage and the Family*, 52, 1099-1115.

Walker, A.J., Martin, S.K. & Jones, L.L.(1992). "The Benefits and Costs of Caregiving and Care Receiving for Daughters and Mothers." *Journal of Gerontology: Social Sciences*, 47, 130-139.

Wethington, E., Cooper, H. & Holmes, C.(1997). "Turning Points in Midlife." In I.H. Gotrib & B. Weatington(eds.). *Stress and Adversity Over the Life Course: Trajectories and*

Turning Points, 215-231. New York: Cambridge University Press.

Wethington. E., McLeod, J.D. & Kessler, R.C.(1990). "The Importance of Life Events for Exlaining Sex Differences in Psychological Distress." In Barnett, R.C., Biener. L. & Baruch. G.K.(eds.). *Gender and Stress*, New York: The Free Press, 144-156.

Whitbourne, S.K.(2001). *Adult Development and Aging: Biopsychosocial Perspectives*. New York: John Wiley & Sons.

White, J.M.(1999). "Work-Family Stage and Satisfaction with Work-Family Balance." *Journal of Comparative Family Studies*, 30(2), 163-172.

Williams, K.J. & Alliger, G.M.(1994). "Role Stressors, Mood Spillover, and Perceptions of Work-Family Conflict in Employed Parents." *Academy of Management Journal*, 37(4), 837-868.

World Health Organization(1947). "The Constitution of the World Health Organization." *WHO Chronicle 1947*, 1, 6-24.

한경혜

현재 서울대학교 아동가족학과 교수로 재직 중이다. 베이비부머를 포함한, 중노년기 가족과 건강, 일/가족의 라이프코스 및 은퇴 전이, 그리고 이혼과 같은 비규범적 생애전이에 대한 다수의 연구를 진행해왔고, 앞으로도 이러한 주제의 연구를 지속, 확장하고자 한다. E-mail: ghhan@snu.ac.kr

이정화

현재 전남대학교 생활환경복지학과 부교수로 재직 중이다. 중노년기 가족연구, 중년층의 노후준비, 농촌가족/노인복지에 관한 연구를 진행해왔고 앞으로도 이러한 연구를 지속적으로 수행하고자 한다. E-mail: jhlee2@jnu.ac.kr

대한민국 중년을 치밀하게 분석한 보고서

지금, 중년을 말할 때

2012년 8월 5일 초판 인쇄 · 2012년 8월 10일 초판 발행

지은이 한경혜 · 이정화 ▪ 펴낸이 류제동 ▪ 펴낸곳 (주)교 문 사

책임편집 이상희 ▪ 본문편집 북큐브 ▪ 표지디자인 이수미 ▪ 제작 김선형 ▪ 영업 이진석 · 정용섭 · 송기윤
출력 현대미디어 ▪ 인쇄 동화인쇄공사 ▪ 제책 한진제본

주소 413-756 경기도 파주시 교하읍 문발리 출판문화정보산업단지 536-2 ▪ 전화 031-955-6111(代) ▪ 전송 031-955-0955
등록 1960. 10. 28 제406-2006-000035호 ▪ 홈페이지 www.kyomunsa.co.kr ▪ 이메일 webmaster@kyomunsa.co.kr ▪ **값 16,000원**
ISBN 978-89-363-1292-3 (93330) *잘못된 책은 바꿔 드립니다. *저자와의 협의하에 인지를 생략합니다.